Ralph Westerhoff **Sachenrecht III**

JURIQ Erfolgstraining

Herausgegeben von JURIQ® Juristisches Repetitorium, Köln

Sachenrecht III

Kreditsicherungsrecht

von

Dr. jur. Ralph Westerhoff, Dipl. Kfm.

Professor für Wirtschafts- und
Arbeitsrecht an der Hochschule
Koblenz RheinAhrCampus Remagen

3., neu bearbeitete Auflage

CFM C.F. Müller

Bibliografische Information der Deutschen Nationalbibliothek
Die Deutsche Nationalbibliothek verzeichnet diese Publikation in der Deutschen Nationalbibliografie; detaillierte bibliografische Daten sind im Internet über <http://dnb.d-nb.de> abrufbar.

ISBN 978-3-8114-5413-2

E-Mail: kundenservice@cfmueller.de
Telefon: +49 89/2183-7923
Telefax: +49 89/2183-7620

www.cfmueller.de
www.cfmueller-campus.de

Satz: TypoScript, München
Illustrationen: Mattfeldt & Sänger, München
Druck: Kessler Druck+Medien, Bobingen

Liebe Leserinnen und Leser,

die Reihe „JURIQ Erfolgstraining" zur Klausur- und Prüfungsvorbereitung verbindet sowohl für Studienanfänger als auch für höhere Semester die Vorzüge des klassischen Lehrbuchs mit meiner Unterrichtserfahrung zu einem umfassenden Lernkonzept aus Skript und Online-Training.

In einem ersten Schritt geht es um das **Erlernen** der nach Prüfungsrelevanz ausgewählten und gewichteten Inhalte und Themenstellungen. Einleitende Prüfungsschemata sorgen für eine klare Struktur und weisen auf die typischen Problemkreise hin, die Sie in einer Klausur kennen und beherrschen müssen. Neu ist die **visuelle Lernunterstützung** durch

- ein nach didaktischen Gesichtspunkten ausgewähltes Farblayout
- optische Verstärkung durch einprägsame Graphiken und
- wiederkehrende Symbole am Rand

= Definition zum Auswendiglernen und Wiederholen

= Problempunkt

= Online-Wissens-Check

Illustrationen als „Lernanker" für schwierige Beispiele und Fallkonstellationen steigern die Merk- und Erinnerungsleistung Ihres Langzeitgedächtnisses.

Auf die Phase des Lernens folgt das **Wiederholen und Überprüfen** des Erlernten im **Online-Wissens-Check**: Wenn Sie im Internet unter **www.juracademy.de/skripte/login** das speziell auf das Skript abgestimmte Wissens-, Definitions- und Aufbautraining absolvieren, erhalten Sie ein direktes Feedback zum eigenen Wissensstand und kontrollieren Ihren individuellen Lernfortschritt. Durch dieses aktive Lernen vertiefen Sie zudem nachhaltig und damit erfolgreich Ihre sachenrechtlichen Kenntnisse!

Frage 1 (Punkte: 1)

Ein unter aufschiebender Bedingung vereinbarter Eigentumserwerb nach §§ 929, 158 I BGB findet nicht statt, wenn

Antwort

Aussagen	Antwort	Aussagerichtigkeit und Kommentar
a) der Erwerber den Besitz nach Übergabe und vor Bedingungseintritt verliert.	☐ ✓	Falsch. Da bereits eine Übergabe vollzogen wurde, genügt dies für eine Übertragung des Eigentums nach § 929 BGB. Diese Regel verlangt nicht, dass der Erwerber zum Zeitpunkt des Bedingungseintritts noch im Besitz der Sache sein muss.
b) die Einigung nach Übergabe und vor Bedingungseintritt widerrufen wird.	☐ ✓	Falsch. Ein Widerruf nach Übergabe ist nicht möglich.
c) die Verfügungsbefugnis des Veräußerers nach Übergabe und vor Eintritt der Bedingung entfällt.	☐ ✓	Falsch. § 929 BGB bezieht die Verfügungsbefugnis des Veräußerers nach seiner Formulierung lediglich auf den Zeitpunkt der Einigung und der Übergabe, nicht aber auf den späteren Bedingungseintritt.
d) der Veräußerer nach Übergabe aber vor Bedingungseintritt geschäftsunfähig wird.	☐ ✓	Falsch. Nach § 130 II BGB besteht die zunächst wirksam abgegebene Willenserklärung trotz nunmehr fehlender Geschäftsfähigkeit wirksam fort.
e) die Bedingung nicht eintritt.	☑ ✓	Richtig.

→ **Richtig**
Punkte für diese Antwort: 1/1.

Schließlich geht es um das **Anwenden und Einüben** des Lernstoffes anhand von Übungsfällen verschiedener Schwierigkeitsstufen, die im Gutachtenstil gelöst werden. Die JURIQ **Klausurtipps** zu gängigen Fallkonstellationen und häufigen Fehlerquellen weisen Ihnen dabei den Weg durch den Problemdschungel in der Prüfungssituation.

Das **Lerncoaching** jenseits der rein juristischen Inhalte ist als zusätzlicher Service zum Informieren und Sammeln gedacht: Ein erfahrener Psychologe stellt u.a. Themen wie Motivation, Leistungsfähigkeit und Zeitmanagement anschaulich dar, zeigt Wege zur Analyse und Verbesserung des eigenen Lernstils auf und gibt Tipps für eine optimale Nutzung der Lernzeit und zur Überwindung evtl. Lernblockaden.

Im vorliegenden Band beschäftigen wir uns mit dem Kreditsicherungsrecht. Dabei kommt den Realsicherheiten des Sachenrechts eine große Bedeutung zu. Aber auch schuldrechtliche Themen im Bereich der Personalsicherheiten sowie die wichtigen Ausgleichs- und Regressansprüche sollen aus didaktischen Gründen parallel in den Blick genommen werden, um die Strukturen und Probleme besser zu erfassen. Mit diesem Band erlernen Sie das juristische Handwerkszeug zur Lösung von Sachverhalten, deren praktische Relevanz gar nicht überschätzt werden kann. Somit haben Fälle, in denen es um die Frage „wer haftet wie für einen Kredit" geht, auch eine hohe Bedeutung im juristischen Staatsexamen.

Das Konzept dieser Skriptenreihe basiert auf der Erkenntnis, dass Sie nicht jedes Problem, das in einer Klausur vorkommen kann, vorher en detail gelernt haben können. Sie erlernen mit diesem Skript, wie Sie einen Fall aus dem Bereich Kreditsicherungsrecht analysieren, systematisieren und mit dem erworbenen Systemverständnis lösen können.

Wie bei allen Bänden aus dieser Reihe ist sowohl der Fußnotenapparat als auch das Literaturverzeichnis „übersichtlich". Das Skript will gar nicht den Anspruch erheben, das Schrifttum auch nur annähernd vollständig zu belegen. Das kann und will es nicht leisten. Betrachten Sie die Literaturangaben – genauso wie die Angaben der zitierten Rechtsprechung – als persönliche Leseempfehlung.

Ich habe mich sehr über die freundliche Aufnahme der ersten beiden Auflagen gefreut. Besonderen Dank schulde ich allen Lesern, die mir ihre Meinung, Kritik und Verbesserungsvorschläge übermittelt haben.

Auf geht's – ich wünsche Ihnen viel Freude und Erfolg beim Erarbeiten des Stoffs!

Und noch etwas: Das Examen kann jeder schaffen, der sein juristisches Handwerkszeug beherrscht und kontinuierlich anwendet. Jura ist kein „Hexenwerk". Setzen Sie nie ausschließlich auf auswendig gelerntes Wissen, sondern auf Ihr Systemverständnis und ein solides methodisches Handwerk. Wenn Sie Hilfe brauchen, Anregungen haben oder sonst etwas loswerden möchten, sind wir für Sie da. Wenden Sie sich gerne an C.F. Müller GmbH, Waldhofer Straße 100, 69123 Heidelberg, E-Mail: kundenservice@cfmueller.de. Dort werden auch Hinweise auf Druckfehler sehr dankbar entgegen genommen, die sich leider nie ganz ausschließen lassen. Oder Sie wenden sich direkt an den Verfasser unter westerhoff@rheinahrcampus.de.

Remagen, im Juli 2016 *Prof. Dr. Ralph Westerhoff*

JURIQ Erfolgstraining – die Skriptenreihe von C.F. Müller mit Online-Wissens-Check

Mit dem Kauf dieses Skripts aus der Reihe **„JURIQ Erfolgstraining"** haben Sie gleichzeitig eine Zugangsberechtigung für den Online-Wissens-Check erworben – ohne weiteres Entgelt. Die Nutzung ist freiwillig und unverbindlich.

Was bieten wir Ihnen im Online-Wissens-Check an?

- Sie erhalten einen individuellen Zugriff auf **Testfragen zur Wiederholung und Überprüfung des vermittelten Stoffs**, passend zu jedem Kapitel Ihres Skripts.
- Eine individuelle **Lernfortschrittskontrolle** zeigt Ihren eigenen Wissensstand durch Auswertung Ihrer persönlichen Testergebnisse.

Wie nutzen Sie diese Möglichkeit?

Online-Wissens-Check

Registrieren Sie sich einfach für Ihren kostenfreien Zugang auf **www.juracademy.de/skripte/login** und schalten sich dann mit Hilfe des Codes für Ihren persönlichen Online-Wissens-Check frei.

Ihr persönlicher User-Code: 723655270

Der Online-Wissens-Check und die Lernfortschrittskontrolle stehen Ihnen für die **Dauer von 24 Monaten** zur Verfügung. Die Frist beginnt erst, wenn Sie sich mit Hilfe des Zugangscodes in den Online-Wissens-Check zu diesem Skript eingeloggt haben. Den Starttermin haben Sie also selbst in der Hand.

Für den technischen Betrieb des Online-Wissens-Checks ist die JURIQ GmbH, Unter den Ulmen 31, 50968 Köln zuständig. Bei Fragen oder Problemen können Sie sich jederzeit an das JURIQ-Team wenden, und zwar per E-Mail an: info@juriq.de.

Inhaltsverzeichnis

	Rn.	Seite
Vorwort		V
Codeseite		VII
Literaturverzeichnis		XIV
1. Teil		
Überblick	1	1
A. Bedeutung und Möglichkeiten der Kreditsicherung	1	1
I. Bedeutung und Grundstruktur der Kreditsicherung	1	1
1. Bedeutung der Kreditsicherung	1	1
2. Grundstruktur der Kreditsicherung	2	1
3. Weitere Darstellung	4	2
II. Arten der Kreditsicherung	5	2
1. Unterscheidungsmerkmale	6	3
2. Die Personalsicherheiten im Überblick	11	4
a) Die akzessorischen Personalsicherheiten	11	4
b) Die nicht akzessorischen Personalsicherheiten	14	4
3. Mobiliarsicherheiten	16	5
4. Immobiliarsicherheiten	27	7
B. Der Regress	32	8
I. Die konstruktiven Möglichkeiten des Regresses	32	8
II. Überblick über die Regressansprüche	40	10
1. Der Aufwendungsersatzanspruch	40	10
2. Übergeleitete Ansprüche bei akzessorischen Sicherungen	41	10
3. Regressansprüche bei nichtakzessorischen Sicherheiten	42	10
2. Teil		
Die Personalsicherheiten	43	12
A. Die Haftung des Bürgen	43	12
I. Die Voraussetzungen der Bürgenhaftung	44	12
1. Vertragliche Einigung	45	13
a) Geltung der allgemeinen Regeln	45	13
b) Abgrenzung von verwandten Rechtsinstituten	46	13
2. Form	49	14
3. Keine Unwirksamkeit aus anderen Gründen	56	17
a) Anfechtungsgründe beim Bürgschaftsvertrag	58	18
b) Die Sittenwidrigkeit von Bürgschaftsverträgen	61	19
c) Inhaltskontrolle von Bürgschafts-AGB	71	23
4. Entstehen der gesicherten Forderung	78	24
5. Umfang der Haftung	81	25
6. Sonstige Voraussetzungen/Einwendungen	86	26

	Rn.	Seite
II. Anspruch erloschen?	88	27
1. Erfüllung und Erfüllungssurrogate	89	27
2. Erlöschen der Hauptforderung	90	27
3. Widerruf des Bürgen nach § 355	91	28
a) Wirkung	91	28
b) Widerrufsrecht analog § 495?	92	28
c) Widerrufsrecht des Verbrauchers?	93	28
4. Bürgschaftsspezifische Einwendungen der §§ 776 f.	94	29
a) Befreiung nach § 776 wegen Aufgabe anderer Sicherheiten	94	29
b) Befreiung nach § 777 wegen Zeitablaufs	96	29
III. Anspruch durchsetzbar	98	30
1. Fälligkeit durch Eintritt des Sicherungsfalls	99	30
2. Einreden	101	30
a) Einreden aus dem Verhältnis Gläubiger – Hauptschuldner	103	31
b) Einreden aus dem Verhältnis Bürge – Gläubiger	107	32
IV. Spezielle Ausprägungen der Bürgschaft	109	32
B. Andere akzessorische Sicherungsmittel	115	33
I. Der Kreditauftrag	115	33
II. Die Patronatserklärung	120	35
C. Nichtakzessorische Sicherungsmittel	123	35
I. Der Schuldbeitritt	123	35
II. Der Garantievertrag	125	36
D. Übungsfall Nr. 1	126	37
3. Teil Mobiliarsicherheiten	128	45
A. Das Pfandrecht an beweglichen Sachen	128	45
I. Die Bedeutung des Pfandrechts	128	45
1. Das Pfandrecht in der Praxis	128	45
2. Rechte aus dem Pfandrecht	129	45
a) Verwertungsrecht des Eigentümers	130	45
b) Recht zum Besitz	133	46
c) Schutzansprüche	134	46
d) Sonstige Ansprüche und Rechte	136	47
II. Entstehung eines vertraglichen Mobiliarpfandrechts	138	48
1. Einigung zwischen Sicherungsgeber und Gläubiger	139	48
2. Allgemeine Wirksamkeitsvoraussetzungen	140	48
3. Übergabe	142	49
4. Einigsein bei Übergabe	145	50
5. Berechtigung des Verpfänders	146	50
6. Gutgläubiger Erwerb, § 1207	147	51
7. Entstehen der gesicherten Forderung	150	52
III. Entstehen eines Pfandrechts kraft Gesetzes (BGB)	151	52
1. Überblick	151	52
2. Gutgläubiger Erwerb?	153	52

	Rn.	Seite
IV. Erlöschen des Mobiliarpfands	165	57
V. Gläubigerwechsel	172	58
B. Das Pfandrecht an Rechten	173	59
C. Die Sicherungsübereignung	175	59
I. Bedeutung und Struktur der Sicherungsübereignung – Ein Überblick	175	59
1. Bedeutung, Zulässigkeit und fiduziarischer Charakter	175	59
2. Grundstruktur der Sicherungsübereignung	177	60
II. Erwerb und Bestand des Sicherungseigentums	181	61
1. Erwerb nach §§ 929, 930	181	61
2. Wegfall durch Erfüllung der gesicherten Forderung?	182	62
3. Verlust des Sicherungseigentums an Dritte	185	63
a) Verfügung des Sicherungsgebers (Schuldners)	185	63
b) Verfügung des Sicherungsnehmers (Gläubigers)	190	64
c) Gesetzlicher Erwerb durch Dritte	197	66
III. Die Verwertung des Sicherungseigentums	198	66
D. Der Eigentumsvorbehalt	202	67
I. Bedeutung des Eigentumsvorbehaltes	202	67
II. Grundstruktur des Eigentumsvorbehaltes	205	67
III. Varianten des Eigentumsvorbehalts	210	68
1. Einfacher Eigentumsvorbehalt	210	68
2. Erweiterter Eigentumsvorbehalt	212	69
a) Der Kontokorrentvorbehalt	213	69
b) Der Konzernvorbehalt	214	69
3. Der nachgeschaltete Eigentumsvorbehalt	215	69
4. Der weitergeleitete Eigentumsvorbehalt	216	70
5. Verlängerter Eigentumsvorbehalt	217	70
E. Die Sicherungszession	223	71
I. Überblick über die Sicherungszession	223	71
II. Probleme in der Anspruchsprüfung	227	72
1. Entstehung des Anspruchs aus abgetretenem Recht	228	73
a) Anspruch zwischen Zedent und Drittem	228	73
b) Wirksame Abtretung des Anspruchs	229	73
2. Rechtsvernichtende Einwendungen	245	80
a) Allgemeine Einwendungstatbestände	245	80
b) Forderungsrückfall an Sicherungsgeber bei Bedingung	248	80
c) Gläubigerwechsel durch weitere Verfügung	249	80
3. Anspruch durchsetzbar	254	83
F. Übungsfall Nr. 2	255	84
4. Teil		
Hypothek und Grundschuld	257	87
A. Die Hypothek	257	87
I. Überblick	257	87
1. Klausurrelevanz	257	87
2. Akzessorietät	258	87
3. Arten der Hypothek	261	88

	Rn.	Seite
II. Anspruch gegen den Eigentümer des Grundstücks aus einer Verkehrshypothek (Ersterwerb)	263	90
1. Anspruchsentstehung	264	91
a) Dingliche Entstehung der Hypothek	264	91
b) Entstehen der gesicherten Forderung	281	94
aa) Die Rechtslage bis zur Entstehung der Forderung	281	94
bb) Wirksame Entstehung der gesicherten Forderung	283	95
c) Umfang der hypothekarischen Haftung des Grundstücks	286	95
aa) Gesicherter Forderungskreis	287	95
bb) Haftungsmasse neben dem Grundstück	290	96
2. Rechtsvernichtende Einwendungen	296	96
a) Zahlung durch Schuldner (gleichzeitig auch Eigentümer)	298	97
b) Zahlung durch Schuldner (nicht gleichzeitig Eigentümer)	300	97
c) Zahlung durch Eigentümer (nicht gleichzeitig Schuldner)	304	98
d) Zahlung durch Dritten	307	99
3. Anspruch durchsetzbar	311	100
a) Fälligkeit	312	100
b) Einreden	313	100
III. Anspruch gegen den Eigentümer des Grundstücks aus einer Verkehrshypothek (Zweiterwerb)	320	102
1. Anspruchsentstehung nach Abtretung der Hypothek	321	103
a) Der Normalfall	322	103
b) Problem Nr. 1: keine Forderung	328	105
c) Problem Nr. 2: keine Hypothek	332	106
d) Spezialfall: Forderung und Hypothek unwirksam abgetreten	335	107
2. Rechtsvernichtende Einwendungen	338	108
3. Durchsetzbarkeit	339	108
a) Einreden aus dem Verhältnis Eigentümer – (Erst-)Gläubiger	340	108
b) Einreden aus dem Vertragsverhältnis Gläubiger – Schuldner	342	109
IV. Hinweis auf Sicherungshypothek	344	109
B. Ansprüche aus einer Grundschuld	347	110
I. Sinn der Grundschuld	347	110
II. Anspruch aus §§ 1192, 1147 (Ersterwerb)	353	111
1. Anspruchsentstehung	354	111
a) Die Entstehung der Grundschuld als dingliches Recht	354	111
b) Umfang der Grundschuldhaftung	362	113
2. Rechtsvernichtende Einwendungen	363	113
a) Grundschulderwerb durch Dritten	365	113
b) Inhaberwechsel wegen Zahlung an Gläubiger	368	114
3. Anspruch durchsetzbar	384	118
a) Fälligkeit, § 1193	384	118
b) Einreden	386	119
III. Besonderheiten beim Zweiterwerb	392	120
1. Übertragungstatbestand	393	120
2. Gutgläubiger einredefreier Erwerb	394	120
3. Folgen der Trennung von Grundschuld und Forderung	397	121

	Rn.	Seite
5. Teil		
Die Regress- und Ausgleichsansprüche	401	123
A. Die Grundproblematik	401	123
B. Der Regress gegen den Schuldner	404	123
I. Regress bei akzessorischen Sicherungsmitteln	404	123
1. Eigener Ersatzanspruch des Sicherungsgebers	405	124
2. Ersatzanspruch aus übergegangenem Recht (cessio legis)	407	124
a) Anspruchsentstehung	408	125
b) Rechtsvernichtende Einwendungen	414	126
c) Anspruch durchsetzbar	415	126
II. Der Regress gegen den Schuldner bei nichtakzessorischen Sicherungsmitteln	420	127
1. Aufwendungsersatzanspruch	420	127
2. Anspruch aus übergegangener Forderung?	422	127
a) Vorbemerkung	422	127
b) Voraussetzungen und Umsetzung des Forderungserwerbs	425	128
c) Besonderheiten bei der Prüfung der abgetretenen Forderung	435	130
C. Der Ausgleich bei mehreren Sicherungsgebern	439	130
I. Vorbemerkungen	439	130
II. Der Ausgleich bei Zahlung	444	131
1. Erwerb der Forderung des Gläubigers	445	132
2. Zweite Sicherheit akzessorisch	447	132
3. Zweite Sicherheit nichtakzessorisch	453	133
D. Übungsfall Nr. 3	458	135
Sachverzeichnis		141

Literaturverzeichnis

Bönninghaus	BGB Allgemeiner Teil I und II, je 3. Aufl. 2014
Bönninghaus	Schuldrecht Allgemeiner Teil I und II, je 3. Aufl. 2014
Bönninghaus	Schuldrecht Besonderer Teil I und II, je 3. Aufl. 2015
Bönninghaus	Sachenrecht II, 2.Aufl. 2013
Bülow	Recht der Kreditsicherheiten, 8. Aufl. 2012
Buck-Heeb	Examens-Repetitorium Besonderes Schuldrecht/2, Gesetzliche Schuldverhältnisse, 5. Aufl. 2015, (zitiert: *Buck-Heeb*, Besonderes Schuldrecht 2)
Emmerich	BGB – Schuldrecht Besonderer Teil, 14. Aufl. 2015 (zitiert: *Emmerich* Schuldrecht BT)
Gursky	Schuldrecht Besonderer Teil, 5. Aufl. 2005 (zitiert: *Gursky* SRBT)
Habersack	Examens-Repetitorium Sachenrecht, 8. Aufl. 2016 (zitiert: *Habersack* Sachenrecht)
Huber/Bach	Examens-Repetitorium Besonders Schuldrecht/1, 5. Aufl. 2016 (zitiert: *Huber/Bach* SRBT 1)
Koller/Roth/Morck	Kommentar zum HGB, 7. Aufl. 2011 (zitiert: Koller/Roth/Morck-*Bearbeiter)*
Looschelders	Schuldrecht Besonderer Teil, 10. Aufl. 2015 (zitiert: *Looschelders* Schuldrecht Besonderer Teil)
Medicus/Petersen	Bürgerliches Recht, 25. Aufl. 2015
Palandt	Bürgerliches Gesetzbuch, 74. Aufl. 2015, (zitiert: Palandt-*Bearbeiter)*
Petersen	Examens-Repetitorium Allgemeines Schuldrecht, 7. Aufl. 2015 (zitiert: *Petersen* Allgemeines Schuldrecht)
Ritter	Sachenrecht I, 2. Auflage 2013
Schade	Handels- und Gesellschaftsrecht, 3. Aufl. 2014
Westerhoff	Schuldrecht Besonderer Teil III, 2015

Tipps vom Lerncoach

Warum Lerntipps in einem Jura-Skript?

Es gibt in Deutschland ca. 1,6 Millionen Studierende, deren tägliche Beschäftigung das Lernen ist. Lernende, die stets ohne Anstrengung erfolgreich sind, die nie kleinere oder größere Lernprobleme hatten, sind eher selten. Besonders juristische Lerninhalte sind komplex und anspruchsvoll. Unsere Skripte sind deshalb fachlich und didaktisch sinnvoll aufgebaut, um das Lernen zu erleichtern.

Über fundierte Lerntipps wollen wir darüber hinaus all diejenigen ansprechen, die ihr Lern- und Arbeitsverhalten verbessern und unangenehme Lernphasen schneller überwinden wollen.

Diese Tipps stammen von *Frank Wenderoth,* der als Diplom-Psychologe seit vielen Jahren in der Personal- und Organisationsentwicklung als Berater und Personal Coach tätig ist und außerdem Jurastudierende in der Prüfungsvorbereitung und bei beruflichen Weichenstellungen berät.

Wie lernen Menschen?

Die Wunschvorstellung ist häufig, ohne Anstrengung oder ohne eigene Aktivität „à la Nürnberger Trichter" lernen zu können. Die modernen Neurowissenschaften und auch die Psychologie zeigen jedoch, dass Lernen ein aktiver Aufnahme- und Verarbeitungsprozess ist, der auch nur durch aktive Methoden verbessert werden kann. Sie müssen sich also für sich selbst einsetzen, um Ihre Lernprozesse zu fördern. Sie verbuchen die Erfolge dann auch stets für sich.

Gibt es wichtigere und weniger wichtige Lerntipps?

Auch das bestimmen Sie selbst. Die Lerntipps sind als Anregungen zu verstehen, die Sie aktiv einsetzen, erproben und ganz individuell auf Ihre Lernsituation anpassen können. Die Tipps sind pro Rechtsgebiet thematisch aufeinander abgestimmt und ergänzen sich von Skript zu Skript, können aber auch unabhängig voneinander genutzt werden.

Verstehen Sie die Lerntipps „à la carte"! Sie wählen das aus, was Ihnen nützlich erscheint, um Ihre Lernprozesse noch effektiver und ökonomischer gestalten zu können!

Lernthema 1
Lernprozesse und Lernmotivation

Gerade beim Lernen setzen wir uns schnell unter hohen Leistungsdruck, haben hohe Erwartungen an uns. Das Ziel, also die Prüfung, ist weit entfernt, wir sehen häufig nicht, was wir schon erreicht haben, sondern nur das, was wir noch nicht geschafft haben – gemessen an der noch großen Distanz bis zum Ziel „Examen". Es dauert häufig viele Wochen bis Monate bis wir eine Rückmeldung in Form einer Zensur erhalten. Das fördert leider nicht unsere unmittelbare Lernmotivation und unser aktuelles Lernverhalten.

Unser Gehirn lernt durch Erfolge und durch Misserfolge und möchte gerade in unangenehmen Stresssituationen (langweiliger Stoff, Leistungsdruck) „pfleglich" behandelt werden. Durch positive Rückmeldungen, Anerkennung und Belohnungen werden wir darin bekräftigt, bestimmte Tätigkeiten weiter (intensiver, besser) auszuüben. Diesen Umstand können Sie nutzen.

Durch entsprechende Zielsetzungs-, Feedback- und Verstärkungsmechanismen kann man sich motivieren bzw. auch neu eingeübte Lernprozesse verstärken. Sie können Lernfortschritte und Erfolge auch nach kurzen Lernphasen und Zeitabschnitten deutlicher wahrnehmen.

Lerntipps

Planen Sie herausfordernde aber realistische Ziele!

Ein Ziel befindet sich am Ende eines Weges. Am besten Sie planen Etappenziele. Stellen Sie sich z. B. vor, was genau Sie nach vier Wochen, einer Woche, an diesem Tag, bis zur ersten Pause erreicht haben wollen. Fragen Sie sich, woran Sie Ihr erfolgreiches Lernen festmachen wollen. Und wie Sie den Erfolg überprüfen (lassen) wollen. Setzen Sie sich klare, anspruchsvolle aber realistische Lernziele anhand eines individuellen Lernplanes. Fordern Sie sich ruhig (positiver leistungsförderlicher Stress), aber erzeugen Sie keinen zu hohen Erwartungsdruck und damit so genannten leistungshemmenden Dis-Stress. Nutzen Sie einen Wochenplaner – mit Stundenplan wie in der Schule – und machen Sie sich eine Tagesplanung einschließlich Pausen, Freizeitaktivitäten, Haushalt etc.

Setzen Sie sich positive Anreize!

Da Sie sich gut kennen, werden Sie recht leicht eigene Vorstellungen zur Belohnung entwickeln. Sie können sich materiell verstärken, z. B. mit dem Download eines neuen Songs oder dem Kauf neuer Schuhe, die Sie schon immer haben wollten. Da diese Art von Verstärkern schnell an finanzielle Grenzen stoßen können, sollten Sie sie für besondere Gelegenheiten nutzen. Andere Verstärker können Lesen, Fernsehen, Klavier spielen, Musik hören, ein Nickerchen, der Kneipenbesuch, das Kino, Sport und sogar der ungeliebte Abwasch sein. Machen Sie doch erst einmal eine Ideensammlung, welche Verstärker für Sie attraktiv sein könnten.

Körperliche Betätigung ist ein optimaler Verstärker!

Körperliche Aktivitäten sind für Lernende eine optimale Verstärkungsmöglichkeit. Als Ausgleich zum langen Sitzen braucht es in besonderem Maße Bewegung. Bewegung ist dann Abwechslung, Erholung und Ausgleich. Wenn Sie sich körperlich bewegen, wird einerseits das Stresshormon Adrenalin abgebaut, andererseits wird das „Glückshormon" Serotonin verstärkt ausgeschüttet. Sportliche Betätigung führt zu körperlicher Ermüdung und fördert einen besseren Schlaf.

Belohnen Sie sich mit Konzept!

Mit Ihren Verstärkern und Belohnungen sollten Sie am besten abwechslungsreich und erfinderisch sein. Es sollte kleine und größere Belohnungen geben, gemessen an dem Anspruchsniveau der Zielsetzungen oder der Dauer der Lernphasen. Hier orientieren Sie sich an der Zielplanung. Das Anspruchsniveau ist ganz individuell zu betrachten. Die Belohnungen sollten direkt nach Zielerreichung erfolgen können, also z. B. nach eineinhalb Stunden, fünf geschriebenen Seiten, sieben bearbeiteten Fällen, am Ende eines erfolgreichen Tages.

Überprüfen Sie Ihren Erfolg und verhalten Sie sich konsequent!

Ist das angestrebte Ziel erreicht, muss sofort die Belohnung eingetauscht werden, damit das Gehirn den Zusammenhang zwischen Zielerreichung in der Sache und gutem Gefühl abspeichert. Ist das Ziel nicht erreicht, dann darf es keine Belohnung geben. Es ist dann wichtig, sich genauer damit zu beschäftigen, warum Sie das Ziel nicht erreicht haben. Dadurch nehmen Sie eine Analyse vor, aus der Sie die erforderlichen Veränderungen ableiten können.

Keine Belohnung – was dann?

Falls Sie sich über längere Zeit (mehrere Tage) nicht mehr belohnen konnten, dann sollten Sie eine Analyse vornehmen. Wahrscheinlich werden Sie sehr schnell merken, an welchen Stellen Schwächen oder Stärken Ihres Lernsystems zu finden sind. Die Analyse sollte sich sachlich an Ihrem Lernsystem und auch an Ihrem Lernverhalten orientieren. Es sollte keine „persönliche Selbstgeißelung" sein. Das setzt Ihr Gehirn unter negativen emotionalen Stress, und das können Sie beim Lernen und in der Phase der Prüfungsvorbereitung am wenigsten gebrauchen.

Reflektieren Sie Ihr Lernverhalten bei Misserfolg!

Eine Kurzanalyse und Reflexion soll Ansatzpunkte für mögliche Veränderungen liefern. Dafür einige Leitfragen:

- Ist mein eigener Leistungsanspruch zu hoch?
- Habe ich insgesamt (zeitmäßig) zu wenig gearbeitet?
- Zuviel an Ablenkung?
- Wie habe ich es geschafft, das Lernen zu vermeiden?
- Nehme ich mein Lernen ernst genug?
- Mache ich es mir zu bequem?
- Mangelnde Konsequenz in der Planung und im Einhalten des Lernpensums, der Belohnung?
- Bin ich zu großzügig im Belohnen?
- Gab es unerwartete Ereignisse, die mich behindert haben?
- Habe ich zuviel gearbeitet? Warum?
- Bin ich zu erschöpft? Woran liegt das?
- Habe ich zu wenig behalten und verstanden trotz vieler Arbeit?
- Ist der Stoff zu schwer?
- Gab es (emotional) hemmende Gründe (in der Familie, bei Freunden, wegen Geldsorgen)?
- Wer oder was könnte mir bei Schwierigkeiten helfen?

Erkennen Sie Ihr persönliches Vermeidungsverhalten!

Sie kennen das vielleicht: Bevor es mit dem Lernen losgeht – Zeitung lesen, noch einmal zur Toilette gehen, Blumen gießen, etwas aus dem Kühlschrank holen, noch schnell etwas einkaufen gehen … Wir versuchen unangenehme Tätigkeiten vor uns her zu schieben. Hierdurch vermeiden wir, uns in eine vermeintlich aversive Situation zu begeben. Durch das Vermeidungsverhalten entziehen wir uns der Arbeit und belohnen uns für Verzögerungen. Das hat zur Folge, dass wir lernen, die primär angestrebte Tätigkeit immer öfter zu vermeiden. Betrachten Sie Ihr Vermeidungsverhalten und seine Auswirkungen einmal genauer! Kurzfristig hilft es, vermeintlichen Stress (Aversion) abzubauen, langfristig kann das Ganze Ihnen wirklich über den Kopf wachsen.

Bauen Sie Vermeidungsverhalten Schritt für Schritt ab!

Der riesige Berg an Arbeit, der vor uns liegt, lässt uns häufig ausweichen. Man geht Dinge nicht an, weil man die Befürchtung hat, den Überblick zu verlieren oder sie insgesamt nicht bewältigen zu können („Wie soll ich das denn alles schaffen?"). Hier entsteht negativer Stress für unser Gehirn. Damit ist Vermeidungsverhalten erst einmal (emotional) vernünftig. Nur in der Sache kommen Sie nicht weiter.

Folgende Tipps können weiterhelfen:

- Bei Lernproblemen das Pensum anfänglich bewusst reduzieren.
- Den Lernstoff in für Sie überschaubare Lerneinheiten portionieren.
- Die einzelnen Lerneinheiten in angenehme Mengen- und Zeiteinheiten unterteilen.
- Besonders angenehme Anfangstätigkeiten finden.
- Strenge Disziplin, d. h. striktes, selbst auferlegtes Verbot von Vermeidungsverhalten.
- Sitzen bleiben. Wenn Sie nicht mit der Arbeit beginnen können, notieren, was Sie eigentlich arbeiten wollen, was Ihnen schwierig erscheint, welche Aspekte behindern, welche vielleicht sogar Freude machen könnten.

1. Teil
Überblick

A. Bedeutung und Möglichkeiten der Kreditsicherung

I. Bedeutung und Grundstruktur der Kreditsicherung

1. Bedeutung der Kreditsicherung

Wer einen Kredit will, muss zunächst beweisen, dass er eigentlich keinen braucht. So oder ähnlich denken viele, wenn es um das Recht der Kreditsicherung geht. 1

Dabei gibt es wohl niemanden (gleich ob als Unternehmer oder als Verbraucher), der nicht mit der Kreditsicherung zu tun hat. Tatsächlich hatte nämlich ein durchschnittlicher Haushalt 2008 rund 5700 € Schulden bei der Bank. Das klassische Bankdarlehen ist zudem nach wie vor das wichtigste Finanzierungsinstrument für die gewerbliche Wirtschaft. Alle diese Kredite sind – in welcher rechtlichen Form auch immer – mit einem Instrument aus dem Baukasten des Kreditsicherungsrechts hinterlegt.

Aber nicht nur zur Absicherung von Darlehen dienen die Instrumente der Kreditsicherung. Jeder Ratenkauf wird (mindestens) durch den Eigentumsvorbehalt des liefernden Unternehmens abgesichert, genauso wie sich der Lieferant, der seinem Kunden ein Zahlungsziel einräumt, nahezu immer das Eigentum an den gelieferten Waren vorbehält.

Der Kredit ist also der wesentliche Schmierstoff, ohne den der Wirtschaftsmotor sofort blokkieren würde. Die Sicherheit dient der Abfederung – im Idealfall des Ausgleichs – für den Fall, dass der Schuldner seinen Verpflichtungen nicht mehr nachkommen kann. Die Kreditsicherung ist somit, wie *Bülow* es formuliert, der Ausdruck des Misstrauens des Gläubigers in die künftige Solvenz des Schuldners.[1]

Das Kreditsicherungsrecht, das mithin die entscheidende Frage beantwortet, ob und gegebenenfalls wie viel der Gläubiger vom Sicherungsgeber im Fall des Ausfalls des Schuldners erhält, ist daher von immenser praktischer Relevanz und zugleich ein zentrales Element der von Ihnen abzulegenden juristischen Prüfung.

2. Grundstruktur der Kreditsicherung

Sämtliche im Nachfolgenden zu besprechenden Instrumenten der Kreditsicherung haben eine gemeinsame Struktur. Sie sind alle als Dreieckskonstellation ausgelegt. Es gibt immer einen Gläubiger, der von einem Schuldner etwas (fast immer Geld) verlangen kann. Diesen Anspruch sichert ein Dritter (Sicherungsgeber) ab. 2

Beispiel Abiturient A beabsichtigt, die Laufbahn eines Berufspiloten einzuschlagen. Er schreibt sich bei einer entsprechenden Flugschule ein. Die Kosten für die Ausbildung betragen 70 000 €. A kann von der B Bank ein entsprechendes Darlehen erhalten. B verlangt aber, dass der Vater von A eine Bürgschaft für den Rückzahlungsanspruch der B übernimmt. ■

1 *Bülow* Kreditsicherheit Rn. 1.

3 Natürlich kommt es (gar nicht selten) vor, dass Schuldner und Sicherungsgeber personenidentisch sind.

Beispiel Studienrat O erwirbt ein Grundstück mit Haus. Hierzu erhält er ein Darlehen über 100 000 €, das er durch die Bewilligung einer Grundschuld auf dem Grundstück absichert. ■

Doch auch in diesem Fall bleibt es dabei, dass die Kreditebene von der Sicherungsebene gedanklich zu trennen ist.

3. Weitere Darstellung

4 Ich möchte Ihnen zunächst einen Überblick über die Arten und Instrumente der Kreditsicherung geben. Das hat zwei entscheidende Vorteile: Erstens sehen Sie in einer gerafften Zusammenfassung, mit welchen Rechtsinstituten wir uns beschäftigen werden. Zweitens kann ich Ihnen die zentralen Begriffe der Akzessorietät sowie der fiduziarischen Sicherung sozusagen vor der Klammer erörtern. Das erspart uns bei der ab dem 2. Teil detaillierten Erarbeitung der einzelnen Anspruchsgrundlagen zeit- und nervtötende Wiederholungen.

II. Arten der Kreditsicherung

5

Die Instrumente der Kreditsicherung im Überblick

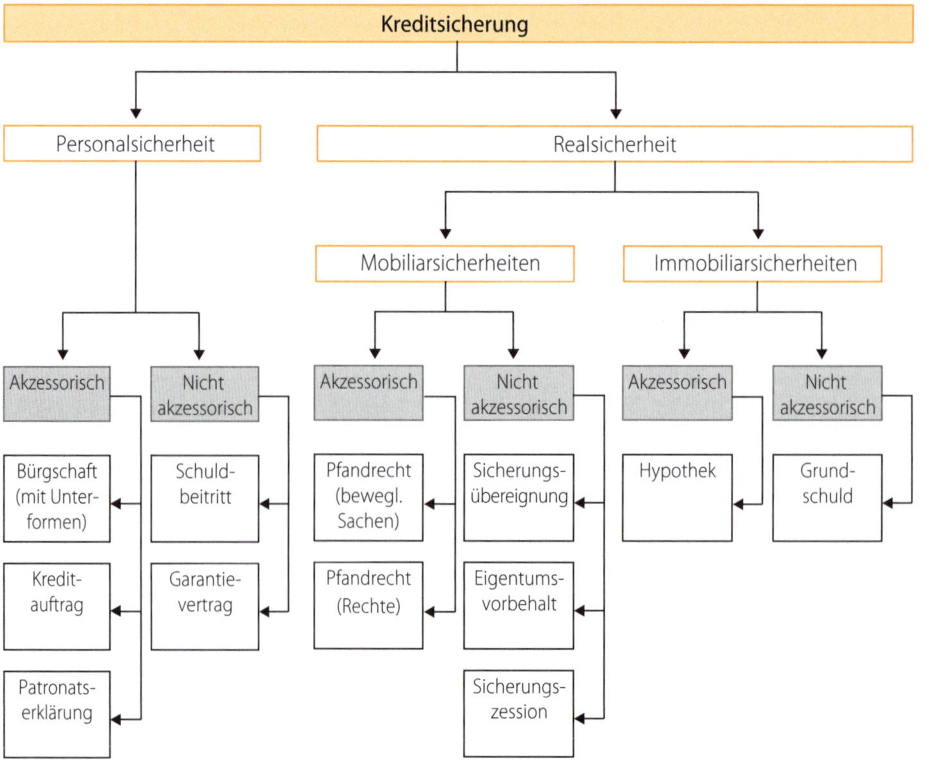

1. Unterscheidungsmerkmale

Wie Sie dem obigen Schaubild entnehmen können, wird im Kreditsicherungsrecht einmal 6
zwischen den Personalsicherheiten einerseits und den Realsicherheiten andererseits unterschieden. Bei den Realsicherheiten unterteilen wir dann noch die Sicherheiten aufgrund von beweglichen Gegenständen (Sachen und Rechten) sowie die Sicherheiten, die an unbeweglichen Gegenständen (also Grundstücken)[2] entstehen können. In jeder der so entstehenden Gruppen unterscheiden wir dann, ob die Sicherung akzessorisch ist oder nicht.

Personalsicherheiten sind solche, bei denen die Bonität des Sicherungsgebers dem Gläubi- 7
ger genügt. Bei den Personalsicherheiten geht es also immer um einen Zahlungsanspruch des Gläubigers gegen den Sicherungsgeber.

Realsicherheiten dagegen geben dem Gläubiger im Sicherungsfall das Recht, den 8
Gegenstand (Sache, Recht, Grundstück), an dem das Recht bestellt ist, zu Geld machen zu dürfen.

Sowohl aber bei den Personalsicherheiten als auch bei den Realsicherheiten gibt es **akzesso-** 9
rische und nicht akzessorische Rechte.

Was bedeutet nun Akzessorietät und welche Konsequenzen hat diese? 10

> Ein Sicherungsrecht ist dann **akzessorisch**, wenn sein Entstehen oder Erlöschen, sein Umfang, seine rechtliche Zuordnung und seine Durchsetzbarkeit vom Bestehen der Hauptschuld abhängt.[3]

Ein akzessorisches Sicherungsrecht ist unselbständig und hängt in seinem Bestand von der gesicherten Forderung ab. Gibt es die gesicherte Forderung nicht (mehr), gibt es auch keine Rechte (mehr) aus der Sicherheit.

Beispiel S hat bei P ein Darlehen von 1000 € aufgenommen. Zu Sicherung der Darlehensrückzahlung hat E seine Uhr zugunsten des P verpfändet. Zahlt S dem P das Darlehen vollständig zurück, hat P keinerlei Rechte mehr an der verpfändeten Uhr. Das Pfandrecht ist akzessorisch und erlischt folglich mit der Forderung (vgl. § 1252).[4]

Ganz anders, wenn E dem P Sicherungseigentum an der Uhr übertragen hätte. In diesem Fall führt das Erlöschen der Forderung P gegen S nicht automatisch zu einem Erlöschen bzw. „Rückfall" des Sicherungseigentums. ■

» **Die Akzessorietät der Sicherheit ist eine der entscheidenden Verständnisfragen im Rahmen des Kreditsicherungsrechts. Hierauf sollten Sie viel Mühe verwenden. Wir werden diesen Begriff immer wieder brauchen.** «

Außerdem lassen sich akzessorische Sicherungsrechte nicht isoliert übertragen, sondern immer nur zusammen mit der gesicherten Forderung (vgl. §§ 401, 1153, 1250).

Damit haben Ansprüche aus akzessorischen Sicherungsmitteln eine andere Struktur (und damit einen unterschiedlichen Prüfungsaufbau) als solche, die nicht akzessorisch sind. Auch die Fragen des Regresses (siehe Rn. 401 ff.) sowie des gutgläubigen Erwerbs sind unterschiedlich zu beantworten.

---

2 In diesem Skript werden die sehr speziellen Fragen der Schiffs- und Luftfahrzeugregister nicht erörtert.

3 Palandt-*Sprau* vor § 765 Rn. 2.

4 Siehe hierzu detailliert unter Rn. 150.

2. Die Personalsicherheiten im Überblick

a) Die akzessorischen Personalsicherheiten

11 Die mit Abstand wichtigste akzessorische Personalsicherheit ist die **Bürgschaft**. Sie ist dadurch gekennzeichnet, dass der Bürge sich verpflichtet, „im Fall der Fälle" für die Erfüllung der Schuld des Schuldners gegenüber dem Gläubiger einzustehen. Die Bürgschaft selber gibt es zwar in unterschiedlichen Ausprägungen (dazu ausführlich unter Rn. 109 ff.), alle Formen der Bürgschaft sind aber in ihrer Grundstruktur identisch.

12 Ein weiterer Anspruch eines Gläubigers gegen einen Dritten kann sich aus § 778 (lesen!) ergeben. Der Kreditauftrag führt im Ergebnis nämlich zu einer Haftung „wie ein Bürge". Diese Vorschrift hat folgende Fallkonstellation im Blick:

Jemand beauftragt z.B. eine Bank damit, einem anderen Kredit zu gewähren. Erfüllt die Bank diesen Auftrag und gewährt dem Dritten den Kredit, haftet ihr der Vertragspartner, als wenn er sich für den Kredit verbürgt hätte, obwohl er eine solche Willenserklärung gar nicht abgegeben hat.

» Lesen Sie hierzu §§ 17, 18 AktG. «

13 Drittens schließlich ist als akzessorisches Sicherungsmittel die **Patronatserklärung** zu erwähnen. Sie ist gesetzlich nicht geregelt. In der Praxis kommt sie insbesondere bei Konzernen im „Mutter-Tochter-Verhältnis" vor, also wenn eine Gesellschaft eine andere beherrscht. Wenn nun „die Muttergesellschaft" eine hohe Bonität hat, „die Tochtergesellschaft" hingegen unsicher dasteht, kommt es vor, dass Gläubiger bei „der Konzernmutter" eine solche Patronatserklärung einfordern. Wenn dann „die Konzernmutter" etwa erklärt: „Wir übernehmen die Verpflichtung, unsere Tochtergesellschaft finanziell so auszustatten, dass sie stets in der Lage ist, ihren Verbindlichkeiten Ihnen gegenüber nachzukommen", hat der Gläubiger bei Verletzung dieser Verpflichtung einen Anspruch gegen die Konzernmutter.

Gemeinsam mit der Bürgschaft hat der Anspruch aus einer solchen **harten Patronatserklärung**[5] die Akzessorietät. Nur dann, wenn auch der Anspruch gegen „die Tochter" besteht, besteht auch der Anspruch gegen „die Mutter".

Der konstruktiv entscheidende Unterschied liegt darin begründet, dass Anspruchsinhalt nicht die Erfüllung der Verbindlichkeit der Tochtergesellschaft ist, sondern der Schadenersatz aus der Verletzung der Patronatsverpflichtung.

b) Die nicht akzessorischen Personalsicherheiten

14 Beim (gesetzlich nicht geregelten) **Schuldbeitritt** – auch „kumulative Schuldübernahme" genannt – will der Beitretende sich bildlich gesprochen neben den Schuldner als weiteren Schuldner stellen. Nach einem Schuldbeitritt ist der Sicherungsgeber somit Gesamtschuldner neben dem ursprünglich allein haftenden Schuldner.

Der Schuldbeitritt ist noch gefährlicher als die Bürgschaft – insbesondere die in § 766 angeordnete Schriftform gilt nicht – und wird deshalb nur unter sehr engen Voraussetzungen angenommen (siehe Rn. 123).

5 Zur Abgrenzung zur weichen Patronatserklärung siehe unten Rn. 121.

Schließlich kann ein Sicherungsgeber mit dem Gläubiger auch einen **Garantievertrag** schließen. Dieser begründet dann eine selbstständige Schuld des Sicherungsgebers und nicht nur eine akzessorische Haftung des Sicherungsgebers für eine fremde Schuld. Ein Garantievertrag wird wegen seiner weitreichenden Haftung (siehe Rn. 125) aber – ähnlich wie der Schuldbeitritt – nur unter sehr engen Voraussetzungen anerkannt. **15**

3. Mobiliarsicherheiten

Wie bereits erwähnt, unterscheiden wir bei den Realsicherheiten solche, die Mobilien und solche, die Immobilien zum Gegenstand haben. Gemeinsam haben beide Formen der Kreditsicherung, dass der Gläubiger nicht auf die Zahlungsfähigkeit des Sicherungsgebers vertraut (so wie bei den Personalsicherheiten), sondern auf den Wert des Sicherungsgegenstandes. **16**

Beispiel Wenn der künftige Pilot aus dem *Beispiel* in Rn. 2 keine Bürgschaft seines Vaters beibringt, sondern seine Großmutter überzeugen kann, zugunsten der Bank auf ihrem Grundstück eine Hypothek zu bewilligen, so wird die Bank nicht prüfen, ob die Großmutter aus eigenen Einkünften die Schuld des Flugschülers begleichen könnte, sondern vielmehr, ob der Wert des Grundstückes (nebst Gebäude sowie mithaftendes Zubehör) im Falle der Zwangsversteigerung das Darlehen wird ausgleichen können. ■

Die gesetzliche Grundform aller Mobiliarsicherheiten ist das **Pfandrecht**. Ein Pfandrecht kann an einer **beweglichen Sache (§§ 1204 ff.)** sowie **an Rechten (§§ 1273 ff.)** bestellt werden. Beide Pfandrechte gehören zu den **akzessorischen Sicherheiten**. Beiden ist zudem gemeinsam, dass sie vom Gesetzgeber als Instrumente der Kreditsicherung geschaffen wurden und beide haben schließlich die Gemeinsamkeit, dass ihre praktische Bedeutung gering ist. **17**

Exkurs: Gelegentlich finden Sie in der Literatur die Unterscheidung zwischen *gesetzlichen* und *kautelarischen* Sicherungsmitteln[6].Gemeint ist damit Folgendes. Das BGB bot ursprünglich nur akzessorische Sicherungsmittel an. Bewegliche Sachen sollten zum Beispiel rechtsgeschäftlich nur dann verpfändet werden dürfen, wenn der Eigentümer für die Zeit des Pfandrechts den unmittelbaren Besitz auf den Pfandgläubiger überträgt. Dieses sogenannte Faustpfandrecht entsprach aber nicht den Bedürfnissen der Praxis. Es musste ein Sicherungsmittel gefunden werden, mit dem einerseits der Gläubiger gesichert ist, andererseits die Sache weiter genutzt werden kann. Die Kautelarpraxis entwickelte daher das Institut der Sicherungsübereignung.

Das **vertragliche Pfandrecht** an beweglichen Sachen entsteht durch ein Verfügungsgeschäft. **18**

Hinweis

Sie erinnern sich: Eine Verfügung ist ein Rechtsgeschäft, das unmittelbar auf die Aufhebung, Übertragung, Belastung oder inhaltliche Veränderung eines bestehenden Rechtes gerichtet ist.[7]

6 So für alle: *Bülow* Kreditsicherung ab Rn. 1543.
7 Palandt-*Ellenberger* vor § 104 Rn. 16.

» Lesen Sie hierzu §§ 1205, 1206 im Gesetz mit. «

Gemäß § 1205 muss der Eigentümer (Sicherungsgeber) mit dem Gläubiger darüber einig sein, dass ein Pfandrecht an der Sache entstehen soll, und muss ihm die Sache übergeben. Von der Struktur her ähnelt also § 1205 für die Bestellung des vertraglichen Pfandrechts dem § 929 bei der Eigentumsübertragung beweglicher Sachen.

19 Das Problem beim vertraglichen Pfandrecht liegt aber im Übergabeerfordernis. Da das vertragliche Pfandrecht die Übergabesurrogate der §§ 930 ff. nicht kennt,[8] verliert der verpfändende Eigentümer den Besitz und kann die verpfändete Sache bis zum Erlöschen des Pfandrechts nicht mehr nutzen.

Beispiel Zwar könnte man bei einem mithilfe eines Darlehens finanzierten Kauf eines Kraftfahrzeuges das Fahrzeug der Bank als Sicherheit verpfänden. Dazu muss aber die Bank alleinige Besitzerin werden – bildlich gesprochen muss das Auto also in der Tiefgarage der Bank stehen. Das ist aber mit dem wirtschaftlichen Sinn des finanzierten Abzahlungskaufs nicht zu vereinbaren. ■

Deshalb ist die Bedeutung des vertraglichen Pfandrechts gering. In der Praxis kommt es bei den Pfandleihhäusern vor sowie beim sog. Lombardgeschäft der Banken.[9] Das vertragliche Pfandrecht ist fast vollständig durch die Sicherungsübereignung (siehe Rn. 175 ff.) verdrängt worden.

20 Größere Bedeutung hat hingegen das **gesetzliche Pfandrecht**, das Sie vor allem aus dem Mietrecht (§ 562 ff.) und Werkvertragsrecht (§ 647) kennen.[10] Weil gemäß § 1257 die Regeln des vertraglichen Pfandrechts auch beim gesetzlichen Pfandrecht anwendbar sind, müssen wir zunächst das vertragliche Pfandrecht bearbeiten, bevor wir das gesetzliche Pfandrecht verstehen können.

21 Das gleiche Schicksal wie das vertragliche Pfandrecht an beweglichen Sachen hat das vertragliche Pfandrecht an Rechten ereilt. Ursprünglich vom (historischen) Gesetzgeber als Kreditsicherungsmittel gedacht, ist es für den praktisch wichtigsten Fall durch die Sicherungszession ersetzt. Die Ursache liegt in § 1280. Ist das zu verpfändende Recht nämlich eine Forderung, muss neben der Einigung zwischen Sicherungsgeber und Gläubiger auch noch eine Anzeige an den Drittschuldner erfolgen. Eine „stille Verpfändung" (ohne dass der Drittschuldner davon etwas mitbekommt) ist daher nach den §§ 1273 ff. nicht möglich.

22 Die größte praktische Bedeutung haben im Bereich der Mobiliarsicherheiten daher die **Sicherungsübereignung**, die **Sicherungszession** sowie der **Eigentumsvorbehalt**. Alle drei sind nicht akzessorische Sicherungsrechte. Und alle drei sind sogenannte **fiduziarische Sicherungsrechte**.[11] Dies bedeutet, dass der Gläubiger vom Sicherungsgeber mehr an Rechtsmacht erhält, als er im Innenverhältnis soll ausnutzen dürfen:

8 Vgl. §§ 1205, 1206.

9 Palandt-*Bassenge* vor § 1204 Rn. 1; auf das Lombardgeschäft werden wir nicht weiter eingehen.

10 Weitere Beispiele für das gesetzliche Pfandrecht siehe: Palandt-*Bassenge* § 1257 Rn. 1 sowie umfassend: *Schwerdtner* JURA 1988, S. 251 ff.

11 Zu diesem Begriff siehe *Medicus/Petersen* Bürgerliches Recht Rn. 126 sowie Rn. 488 ff.

Bei der **Sicherungsübereignung** überträgt der Sicherungsgeber dem Gläubiger das volle Eigentum an der Sache nach den §§ 929 ff. Der große Vorteil hierbei: Im Gegensatz zum Pfandrecht kann ein Besitzmittlungsverhältnis vereinbart werden, sodass z.B. der Eigentümer eines Autos dieses zu Sicherheit übereignen kann und trotzdem weiter Besitzer bleiben darf. Die Probleme entstehen aber dadurch, dass der Gläubiger mehr erhält (volles Eigentum), als er wirtschaftlich erhalten soll (nur Absicherung seiner Forderung gegen den Schuldner). 23

Ganz ähnlich verhält es sich mit der **Sicherungszession**. Hier tritt der Sicherungsgeber eine (oder in der Praxis gleich mehrere) Forderungen gegen Drittschuldner an den Gläubiger ab. Wirtschaftlich soll aber nur die Verbindlichkeit des Schuldners abgesichert werden. Regelmäßig wird die Abtretung aber den Drittschuldnern nicht offenbart (angezeigt). Das ist bei der Zession auch nicht notwendig, wohl aber bei der Verpfändung (§ 1280, s.o. Rn. 21). 24

Daraus resultieren die Schwierigkeiten dieses Sicherungsinstrumentes: Die Drittschuldner können befreiend an den Sicherungsgeber zahlen (obwohl dieser gar nicht mehr Inhaber der Forderung ist). Das ergibt sich aus § 407.

Beim **Eigentumsvorbehalt** schließlich geht es um die Sicherung von Lieferantenkrediten. In der wirtschaftlichen Praxis liefern fast alle Unternehmen „auf Ziel". Das heißt im Ergebnis, dass sie ihre Ware liefern, bevor sie vom Käufer das Geld dafür erhalten.[12] In dieser Zeit ist der Verkäufer ungeschützt. Deshalb vereinbaren fast alle Lieferanten mit ihren Kunden einen sogenannten Eigentumsvorbehalt, der gesetzlich in § 449 anerkannt ist. 25

Wenn wir also die nicht akzessorischen Mobiliarsicherheiten erörtern, werden wir einen besonderen Schwerpunkt auf die aus dem Charakter der Sicherungsübereignung, des Eigentumsvorbehaltes sowie der Sicherungszession als fiduziarische Sicherungsrechte resultierenden Schwierigkeiten einzugehen haben. 26

4. Immobiliarsicherheiten

Die Tatsache, dass es nur zwei Arten der Realsicherheiten bei Immobilien gibt, mag zunächst zur Annahme verleiten, dass hier kein Schwerpunkt im Recht der Kreditsicherheiten liegt. Das Gegenteil ist, wie Sie bemerken werden, der Fall. 27

Außerdem kann man die Grundschuld (und die mit ihr verbundenen Probleme im Rahmen der Kreditsicherung) nur begreifen, wenn man zuvor die Hypothek verstanden hat. Dies wiederum setzt voraus, dass Ihnen der Begriff der Akzessorietät geläufig ist.[13] Im Überblick:

Eine **Hypothek** ist eine **akzessorische Realsicherheit**. Das klingt kompliziert, ist aber durch den Vergleich mit der Bürgschaft leicht zu verstehen: Auch der Bürge haftet nur soweit, wie die Forderung besteht. Geht sie unter oder ist sie erst gar nicht entstanden, gibt es auch keine Rechte aus der Bürgschaft. Ähnliches gilt für die Hypothek: Sie steht dem Gläubiger nicht zu, wenn die gesicherte Forderung nicht entsteht bzw. wieder erloschen ist, § 1163. 28

» Sehen Sie sich hierzu die §§ 401, 1113, 1153, 1163 an. «

Auch bei der Übertragung der Forderung wandert die Hypothek genauso mit wie die Bürgschaft. Eine isolierte Übertragung der Forderung ist also konstruktiv ausgeschlossen, § 1153. Oder, um es exakt zu formulieren: Eine Hypothek kann gar nicht abgetreten werden. Abgetreten wird immer nur die Forderung, an der die Hypothek „klebt".

12 Das durchschnittliche Zahlungsziel in Deutschland beträgt derzeit rund 30 Tage!
13 So auch eindringlich *Westermann* Sachenrecht Rn. 544.

29 Im Unterschied zur Bürgschaft kann man den Sicherungsgeber einer Hypothek (= Eigentümer des belasteten Grundstücks) aber nicht auf Zahlung verklagen, sondern „nur" auf Duldung der Zwangsvollstreckung, § 1147. Natürlich kann der Eigentümer zahlen, um das zu vermeiden (§ 1142). Dadurch erwirbt er die Forderung, wie sich aus § 1143 ergibt. Der Sicherungsgeber (= Eigentümer des Grundstücks) bezahlt also nicht etwa die Verbindlichkeit des Schuldners. Diese bleibt vielmehr bestehen und steht dem Eigentümer als Möglichkeit des Regresses zu (siehe gleich Rn. 32 f.).

Sie sehen also, dass die Hypothek nur ein „Anhängsel" der gesicherten Forderung ist. Sie ist eben akzessorisch.

30 Obwohl die in den §§ 1191 ff. geregelte **Grundschuld** ganz ähnlichen Zwecken dienen kann, wie die eben skizzierte Hypothek, ist sie doch völlig anders konstruiert. Im Unterschied zur Hypothek ist die Grundschuld nicht mit der gesicherten Forderung „verkoppelt". Sie ist eben nicht akzessorisch. Das sagt § 1192 ausdrücklich. Die Grundschuld ist mit der besicherten Forderung nur schuldrechtlich, sozusagen „locker" mit der besicherten Forderung durch den sogenannten Sicherungsvertrag verbunden. Sollte im Sicherungsvertrag als Zweck der Grundschuld die Absicherung einer Forderung vereinbart worden sein, spricht man von einer Sicherungsgrundschuld (siehe auch Wortlaut des § 1192 Abs. 1a)

31 Das hat weitreichende Konsequenzen. Kurz gesagt werden wir uns mit folgenden Problemen zu beschäftigen haben: Wie erhält der Sicherungsgeber „seine" Grundschuld zurück, wenn der besicherte Kredit (ob durch ihn oder den Schuldner) bezahlt wurde? Wie kann der Sicherungsgeber geschützt werden, wenn der Gläubiger (vertragswidrig) Forderung und Grundschuld trennt?

B. Der Regress

I. Die konstruktiven Möglichkeiten des Regresses

32 Der Regress, auch Rückgriff genannt, ist ein **Spezialfall des Aufwendungsersatzes**. Beim Aufwendungsersatz gibt es aber nur zwei Personen: Denjenigen, der Aufwendungen gemacht hat, und den, der daraus einen Vorteil zieht und deshalb die Aufwendungen zu erstatten hat.[14] Beim Spezialfall des Regresses sind aber **zwingend drei Personen** beteiligt.[15]

33 Sie erinnern sich: Alle Kreditsicherungen haben die gleiche Struktur (s. Rn. 2 ff.). In **jedem** Sachverhalt aus dem Bereich des Kreditsicherungsrechts gibt es (gedanklich) drei beteiligte Personen:

1. Der **Gläubiger**, also derjenige, der den Kredit zur Verfügung stellt.
2. Der **Schuldner**, also derjenige, der den Kredit erhält und
3. der **Sicherungsgeber**, also der, der mit einem Instrument des Kreditsicherungsrechts die Forderung absichert.

14 *Medicus/Petersen* Bürgerliches Recht Rn. 905.
15 *Medicus/Petersen* Bürgerliches Recht Rn. 905.

Dass in vielen Fällen Schuldner und Sicherungsgeber identisch sind, ändert nichts daran, dass ihre Rolle (und damit die Anspruchsgrundlagen) andere sind, je nachdem, ob der Gläubiger aus der Forderung oder aus der Sicherheit vorgeht.

Regressfragen stellen sich also nur dann, wenn Schuldner und Sicherungsgeber verschiedene **34**
Personen sind.

Beispiel Wenn der Studienrat O aus unserem *Beispiel* Rn. 3 die Raten für den Kredit für sein Grundstück nicht mehr bezahlt, kann die Bank entweder ihn auf Zahlung aus dem Kreditvertrag verklagen oder (was sie meistens tut) aus der dinglichen Sicherheit vorgehen. Wie das genau geht, erarbeiten wir weiter unten ab Rn. 371. ■

Es macht in diesem *Beispiel* keinen Sinn über einen Regress nachzudenken. Denn wenn O sein Grundstück im Wege der Zwangsversteigerung verliert, dann doch deswegen, weil er die Raten nicht mehr bezahlt hat. Auf wen sollte er also im Sinne der folgenden Definition das Opfer, das er erbracht hat, abwälzen?

Nach allem können wir den Begriff Regress wie folgt definieren: **35**

> Der **Regress** ist ein Aufwendungsersatzanspruch gegen eine Person, die durch die Leistung des Anspruchstellers an einen Dritten begünstigt ist, damit das in der Leistung liegende Opfer von dem Leistenden auf den Begünstigten abgewälzt werden kann.[16]

Grundsätzlich gibt es drei Wege, wie der Sicherungsgeber sich beim Schuldner schadlos hal- **36**
ten kann:

Als erste (und leicht übersehene) Anspruchsgrundlage kommt natürlich eine **Vereinbarung** **37**
zwischen Schuldner und Sicherungsgeber in Betracht. Niemand kommt schließlich „einfach so" auf den Gedanken, sich für die Schuld eines anderen z.B. zu verbürgen.

In aller Regel dürfte ein **Auftrag oder auftragsähnliches Vertragsverhältnis** vorliegen. Die entsprechende Anspruchsgrundlage für den Aufwendungsersatz ist dann § 670.

Bei **allen akzessorischen Sicherungsmitteln** gewährt der Gesetzgeber dem leistenden **38**
Sicherungsgeber einen besonderen Anspruch. Da der Sicherungsgeber nicht eine fremde Schuld tilgen wollte, sondern vielmehr aufgrund seiner Haftung zahlt, geht die Forderung im Verhältnis zum Schuldner nicht unter. Der leistende Sicherungsgeber erwirbt diese **kraft gesetzlicher Abtretung** (cessio legis).[17] Der Sicherungsgeber erhält also die Forderung des Gläubigers und kann aus dieser gegen den Schuldner vorgehen.

Nun fragen Sie sich vielleicht zu Recht, warum der Gesetzgeber diesen speziellen Regress gewährt, wenn doch ein Rückgriff – jedenfalls in aller Regel – durch den Vertrag zwischen Schuldner und Sicherungsgeber gewährleistet ist.

Die Antwort liegt in der Rechtsnatur der Abtretung: Da der Sicherungsgeber die Forderung erhält, gehen mit der Forderung auch alle noch bestehenden weiteren akzessorischen Sicherheiten auf den Sicherungsgeber über (vgl. §§ 401, 412).

» **Lesen Sie hierzu bitte unbedingt die §§ 401, 412!** «

16 Definition nach *Medicus/Petersen* a.a.O.
17 **Cessio** (lat.) = Abtretung; **legis** (lat, Genitiv von lex: das Gesetz) = des Gesetzes.

39 Schließlich kommen, wenn sozusagen alles nichts hilft, besondere Rückgriffsansprüche in Betracht. Wichtig sind in diesem Zusammenhang die **Regelungen in § 426 (Regress bei Gesamtschuld)**. Dann gibt es noch weitere Regressansprüche, die zwar juristisch hochinteressant sind, aber im Bereich des hier behandelten Kreditsicherungsrechts keine Rolle spielen.[18]

Hinweis

In der Rechtswirklichkeit sind Auseinandersetzungen wegen Regressansprüchen eher selten. Dies hat keine juristischen, sondern hauptsächlich wirtschaftliche Gründe. Wird nämlich ein Kredit notleidend und der Gläubiger nimmt dies zum Anlass, den Sicherungsgeber in Anspruch zu nehmen, so hat das in aller Regel seinen Grund darin, dass der Schuldner nicht mehr zahlungsfähig ist. Dann macht es aber für den Sicherungsgeber wenig Sinn, diesen ohnehin nicht mehr leistungsfähigen Schuldner zu verklagen, auch wenn er noch so „schöne" Ansprüche hat. Sinn macht das Vorgehen also nur, wenn der Gläubiger den Sicherungsgeber deswegen in Anspruch nimmt, weil dieser liquider als der Schuldner ist. Das ist dann z.B. der Fall, wenn der Schuldner zwar über Vermögen (Grundstücke, Beteiligungen etc.) verfügt, aber zum Fälligkeitszeitpunkt der Verbindlichkeit nicht genügend Barmittel hat.

II. Überblick über die Regressansprüche

1. Der Aufwendungsersatzanspruch

40 Wie gerade erwähnt, sollten Sie niemals vergessen, den Anspruch aus § 670 zu prüfen, wenn es in Ihrem Fall darum geht, dass der Sicherungsgeber in Anspruch genommen wurde und er nun den Schuldner in Regress nimmt. Dieser Anspruch gilt sowohl für die akzessorischen Sicherheiten als auch für die nichtakzessorischen Instrumente der Kreditsicherung.

2. Übergeleitete Ansprüche bei akzessorischen Sicherungen

41 Der (vor allem) für die Klausur wichtigste Regressanspruch des Sicherungsgebers ergibt sich bei akzessorischen Kreditsicherungen aus der kraft cessio legis übergangenen Forderung gegen den Schuldner. Der Forderungsübergang ist für die hier behandelten Instrumente für die folgenden drei Fälle gesetzlich angeordnet:

1. der zahlende Bürge: § 774 Abs. 1;
2. der zahlende Eigentümer im Falle der Hypothek, § 1143 Abs. 1;
3. der zahlende Verpfänder beim Pfandrecht, § 1225.

3. Regressansprüche bei nichtakzessorischen Sicherheiten

42 Die „Automatik" der Legalzession kann es bei den nichtakzessorischen Sicherheiten nicht geben. Denn die Forderung klebt nicht an der Sicherheit, sodass diese bei Zahlung auf die Sicherheit nicht automatisch übergeht.

18 Vgl. zur Rückgriffskondiktion im Skript „Schuldrecht BT II" Rn. 339 ff.

Trotzdem muss es irgendwie doch möglich sein, dass die Sicherungsgeber nichtakzessorischer Kreditsicherungen auch die Forderung gegen den Schuldner erhalten und nicht nur auf ihrem vertraglichen Anspruch aus § 670 beschränkt bleiben. Dass das nämlich wichtig werden kann, zeigt folgendes *Beispiel*:

Beispiel U benötigt für seinen Geschäftsbetrieb ein größeres Darlehen, das er bei Bank B beantragt. Diese besteht auf Sicherheiten, die U nicht hat. Er betreibt sein Unternehmen auf dem Gelände des V. V will seinen Mieter nicht verlieren und hilft U, in dem er auf dem Grundstück eine Sicherungsgrundschuld zugunsten der B bestellt und mit B einen Sicherungsvertrag schließt, dass diese Grundschuld der Absicherung des Darlehens dient. Gleichzeitig verbürgt sich der schwerreiche Großonkel O für dieses Darlehen. U wird zahlungsunfähig und B will das Grundstück verwerten. V zahlt. ■

Hätte V als Regressanspruch nur den § 670 gegen U, so wäre O aus dem sprichwörtlichen Schneider. Denn seine Bürgschaft sichert nur das Darlehen, nicht aber den Anspruch des V gegen U aus § 670. Im Ergebnis ist man sich einig, dass der Sicherungsgeber einer nichtakzessorischen Kreditsicherung bei Zahlung ebenfalls die Forderung erhalten muss.[19] Lediglich der Weg ist streitig – siehe dazu näher unter 445 ff.

19 So zur Grundschuld: *Westermann* Sachenrecht Rn. 542.

2. Teil
Die Personalsicherheiten

A. Die Haftung des Bürgen

PRÜFUNGSSCHEMA

43 **Anspruch des Gläubigers gegen den Bürgen gemäß § 765 Abs. 1**

I. Anspruchsentstehung

1. Vertragliche Vereinbarung einer Bürgschaft
   - Abgrenzung zu verwandten Rechtsinstituten Rn. 46
2. Form, § 766
   - Blankettkurkunde Rn. 52
   - Formfreiheit der Bürgschaft eines Kaufmannes Rn. 54
3. Keine Unwirksamkeit aus anderen Gründen
   - Anfechtung wegen Irrtums Rn. 58
   - Sittenwidrigkeit von Bürgschaften naher Angehöriger Rn. 62
   - Inhaltskontrolle von Bürgschafts-AGB Rn. 71
4. Entstehen der gesicherten Forderung
   - Absicherung eines Ersatzanspruchs Rn. 80
5. Umfang der Haftung
6. Sonstige Voraussetzungen/Einwendungen
   - Gegenanspruch des Bürgen aus c.i.c. Rn. 86

II. Rechtsvernichtende Einwendungen, insbesondere:

1. Erfüllung und Erfüllungssurrogate
2. Erlöschen der Hauptforderung
3. Widerruf des Bürgen
   - Widerrufsrecht aus § 312 Rn. 91
4. Erlöschen nach §§ 776, 777

III. Durchsetzbarkeit

1. Eintritt des Sicherungsfalles
2. Einreden des Hauptschuldners, § 768
3. Einrede der Anfechtbarkeit/Aufrechenbarkeit, § 770
4. Einrede der Vorausklage, § 771
5. Sonstige Einreden

I. Die Voraussetzungen der Bürgenhaftung

44 Wir betrachten die Bürgschaft anhand des primären Anspruchs des Gläubigers gegen den Bürgen aus dem Bürgschaftsvertrag gemäß § 765 Abs. 1. Wir gehen den Anspruch anhand der Prüfungsschritte „Anspruch entstanden?", „Anspruch erloschen?" und „Anspruch durchsetzbar?" im Einzelnen durch und behandeln auf jeder Stufe die sich dort stellenden Probleme.

1. Vertragliche Einigung

a) Geltung der allgemeinen Regeln

Die Bürgschaft ist ein **einseitig verpflichtender Vertrag**, durch den sich der Bürge gegen- 45
über dem Gläubiger des vom Gesetz als „Hauptschuldner" bezeichneten Dritten verpflichtet, für die Erfüllung der Verbindlichkeit einzustehen.[1]

Wichtig ist zu erkennen, dass der Bürge durch die Bürgschaft **eine eigene, von der Hauptschuld unabhängige Verpflichtung** eingeht. Es ist also nicht etwa so, dass der Bürge bei seiner Inanspruchnahme die Verbindlichkeit des Hauptschuldners erfüllt. Dann nämlich würde die gesicherte Forderung untergehen. Dass sie es nicht tut, zeigt der Blick auf § 774 Abs. 1. Mit der Zahlung geht die Hauptforderung auf den zahlenden Bürgen über (cessio legis, siehe Rn. 38). Das könnte sie nicht, wenn der Bürge die Schuld des Hauptschuldners beglichen hätte.[2]

» Sind Ihnen die Technik und die grundlegenden Prüfungsschritte zum Zustandekommen von Rechtsgeschäften noch geläufig? Wenn nicht, sollten Sie den Stoff jetzt wiederholen.[3] «

Es ist also wichtig zu begreifen, dass der Anspruch des Gläubigers gegen den Bürgen ein „ganz normaler" vertraglicher Anspruch ist. Wie bei jedem Vertrag brauchen wir also zwei übereinstimmende Willenserklärungen, nämlich das Angebot und die Annahme.

Beim Abschluss eines Bürgschaftsvertrages gelten also alle Regeln über das Zustandekommen und die Wirksamkeit von Verträgen.

b) Abgrenzung von verwandten Rechtsinstituten

Wirtschaftlich gesehen führt die Bürgschaft dazu, dass dem Gläubiger neben seinem eigentli- 46
chen Schuldner eine weitere Person zur Verfügung steht, die für die Verbindlichkeit einzustehen hat. Dieses Ziel kann aber auch anders erreicht werden. Gerade wenn eine mündliche „Verbürgung" und damit eine im Zweifel unwirksame (§ 766, Schriftformerfordernis, siehe Rn. 49 ff.) Bürgschaft vorliegt, wird gerne versucht, die Haftung des „Bürgen" auf eine andere Anspruchsgrundlage zu stützen, die nicht dieser Form bedarf. Praktisch wichtig sind dabei der Schuldbeitritt sowie der selbstständige Garantievertrag. Diese unterliegen nach herrschender Meinung nicht dem Formerfordernis des § 766. Ob nun eine Bürgschaft, ein Schuldbeitritt oder ein Garantievertrag vorliegt, muss durch Auslegung des Vertrages ermittelt werden.[4]

Bei dem Schuldbeitritt (auch Schuldmitübernahme, kumulative Schuldübernahme) haftet der 47
Beitretende nicht für eine fremde Schuld, sondern will die Verbindlichkeit des „Hauptschuldners" zu seiner eigenen machen.[5] Das hat zur Konsequenz, dass er nicht untergeordnet (subsidiär) zu dem Schuldner haftet, sondern gleichrangig mit diesem. Es liegt eine klassische Gesamtschuld vor mit der Folge, dass sich der Gläubiger aussuchen kann, wen er in Anspruch nimmt, § 421.

1 *Gursky* SRBT S. 169; *Looschelders* Schuldrecht Besonderer Teil Rn. 934.
2 Siehe dazu auch Palandt-*Sprau* vor § 765 Rn. 1.
3 Z.B. im Skript „BGB AT II", dort insbesondere Rn. 252 ff.
4 *Huber/Bach* SRBT 1 Rn. 689.
5 *Emmerich* Schuldrecht BT § 14 Rn. 5; *Huber/Bach* SRBT 1 Rn. 687; *Gursky* SRBT S. 170; *Looschelders* Schuldrecht Besonderer Teil Rn. 941.

Dies und der Umstand, dass der Schuldbeitritt nicht der Form des § 766 bedarf, macht das Rechtsinstitut noch gefährlicher als es die ohnehin schon riskante Bürgschaft ist. Deshalb legt die Rechtsprechung die Willenserklärung im Zweifel dahin gehend aus, dass die ungefährlichere Bürgschaft und nicht der Schuldbeitritt gewollt ist. Etwas anderes gilt nur dann, wenn der Beitretende ein unmittelbares wirtschaftliches oder rechtliches Interesse an der Tilgung der Hauptschuld hat.[6]

Beispiel Das Maschinenbauunternehmen M GmbH ist in der Krise. Lieferant L erfährt davon und will M nur noch gegen Vorkasse beliefern. Geschäftsführer G, der zugleich Hauptgesellschafter der M GmbH ist, erklärt telefonisch, dass er persönlich für die Forderung des L „geradestehe".

In einem solchen Fall will der G sein Unternehmen retten. Er selbst ist der unmittelbar Begünstigte, da er Hauptgesellschafter ist. Hier liegt ein unmittelbares wirtschaftliches Interesse des G vor, sodass von einem Schuldbeitritt auszugehen ist. ■

Hinweis

Liegt ein Verbraucherdarlehen vor (Definition: § 491), muss der Darlehensvertrag gem. § 492 schriftlich geschlossen werden. Diese Formvorschrift gilt analog auch für den Schuldbeitritt eines Verbrauchers (§ 13) zu einem solchen Vertrag. Deshalb hat im Bereich der Verbraucherkreditverträge die Abgrenzung zwischen formbedürftiger Bürgschaft und formfreiem Schuldbeitritt einiges an Bedeutung verloren, da hier nunmehr (wenn auch mit anderer Begründung) ebenfalls Schriftform erforderlich ist.[7]

48 Schließlich ist es auch möglich, dass der Gläubiger mit dem Dritten einen (formlos gültigen) **Garantievertrag** schließt. Er ist mit der Bürgschaft insofern verwandt, als auch hier der Dritte seine Bonität für eine Schuld eines anderen zur Verfügung stellt. Im Unterschied zur Bürgschaft aber entsteht eine eigene Schuld des Garanten. Diese ist unabhängig davon, ob und in welcher Höhe eine wirksame Hauptschuld besteht. Der Garantievertrag ist also nicht akzessorisch. Wann und in welcher Höhe der Garant zu zahlen hat, ergibt sich aus der Auslegung des Garantievertrages.

Damit ist der Garantievertrag genauso gefährlich wie der gerade besprochene Schuldbeitritt. Nicht von ungefähr ist die Rechtsprechung und herrschende Lehre genauso zurückhaltend mit bei der Auslegung einer Willenserklärung als Garantieversprechen.[8] Im Zweifel liegt eine Bürgschaft vor. Lediglich dann, wenn ein starkes wirtschaftliches Eigeninteresse des Garanten an der Erfüllung der Hauptverbindlichkeit angenommen werden kann, kommt ein solcher Garantievertrag in Betracht.

2. Form

49 § 766 verlangt, dass die Bürgschaftserklärung in schriftlicher Form zu erteilen ist. Der Schriftform bedarf folglich nur die Bürgschaftserklärung, also **die Willenserklärung des Bürgen**. Die Annahmeerklärung des Gläubigers ist formlos möglich.[9]

6 *Emmerich* Schuldrecht BT § 14 Rn. 5; *Huber/Bach* SRBT 1 Rn. 687; *Gursky* SRBT S. 170; *Looschelders* Schuldrecht Besonderer Teil Rn. 941.

7 Siehe hierzu im Skript „Schuldrecht BT II" unter Rn. 467 f.

8 *Emmerich* Schuldrecht BT § 14 Rn. 5; *Huber/Bach* SRBT 1 Rn. 687; *Gursky* SRBT S. 170; *Looschelders* Schuldrecht Besonderer Teil Rn. 941.

9 *Emmerich* Schuldrecht BT § 14 Rn. 10.

Mehr noch: Wie Sie wissen, ist die Annahme eines Angebotes regelmäßig eine empfangsbedürftige Willenserklärung.[10] Sie wird also grundsätzlich erst wirksam, wenn die Annahmeerklärung dem Anbietenden gemäß § 130 zugeht. Von diesem Erfordernis des Zugangs der Annahmeerklärung macht § 151 eine Ausnahme. Verzichtet der Erklärende auf den Zugang der Annahmeerklärung oder ist diese nach der Verkehrssitte nicht zu erwarten, so kommt der Vertrag auch ohne Zugang einer Annahmeerklärung zustande.

Genau dies nimmt die herrschende Meinung bei der Annahme der Bürgschaft durch den Gläubiger an.[11] Aber beachten Sie: Mindestens konkludent annehmen muss der Gläubiger das zugesandte Bürgschaftsangebot schon, in dem z.B. der Bankmitarbeiter die Urkunde zu den Kreditakten nimmt. Die Annahmeerklärung muss nur nicht mehr dem erklärenden Bürgen zugehen.

50 Der Gesetzgeber hat die Schriftform vorgesehen, weil er – nicht ganz zu Unrecht – die Bürgschaft für ein sehr gefährliches Instrument hält. Deshalb ist in § 766 S. 2 auch die elektronische Form, die ansonsten unter den Voraussetzungen des § 126a die Schriftform ersetzen kann, ausdrücklich ausgeschlossen.

Auch ein Telefax genügt nicht. Dies hat folgenden Grund: empfangsbedürftige Willenserklärungen werden – wie gerade ausgeführt – erst dann wirksam, wenn die formgerecht errichtete Urkunde den Empfänger erreicht. Beim Fax erreicht den Empfänger aber nur eine Kopie der formgerecht errichteten Urkunde.[12]

51 Wird der Bürge bei der Abgabe der Bürgschaftserklärung vertreten, so bedarf auch die Vollmacht des Vertreters der Form des § 766. Diese wohl allgemeine Meinung[13] überrascht zunächst. Denn § 167 Abs. 2 sagt ausdrücklich:

Die Erklärung bedarf nicht der Form, welche für das Rechtsgeschäft bestimmt ist, auf das sich die Vollmacht bezieht.

Die Vollmacht bedarf aber dann doch der Form des Rechtsgeschäftes, für die sie erteilt wird, wenn ansonsten die Formvorschrift umgangen würde. Das ist dann der Fall, wenn der Vertretene durch die Erteilung der Vollmacht rechtlich und tatsächlich in gleicher Weise gebunden wird wie durch die Vornahme des formbedürftigen Rechtsgeschäftes.[14] Die Bürgschaft ist dafür ein Paradebeispiel.

52 In diesen Zusammenhang gehört auch die Problematik der **Blanketturkunde**. Der Bürge unterschreibt zwar die vorgesehene Bürgschaftsurkunde, in der aber noch wesentliche Elemente (z.B. Höhe der gesicherten Schuld, Schuldgrund etc.) nicht enthalten sind. Gleichzeitig bevollmächtigt er einen Dritten (Gläubiger, Schuldner oder eine andere Person) die noch fehlenden Elemente nachträglich einzufügen (sog. **Ausfüllungsermächtigung**).

Zunächst erfüllt dieses Blankett nicht die Form des § 766, da die notwendigen Vertragsbestandteile einer Bürgschaftserklärung (sogenannte „essentialia negotii"[15]) nicht enthalten sind.

---

10 Statt aller: Palandt-*Ellenberger* § 147 Rn. 1.

11 Palandt-*Ellenberger* § 151 Rn. 4 m.w.N.

12 Siehe dazu im Skript „BGB AT II" unter Rn. 304.

13 Siehe nur Palandt-*Sprau* § 766 Rn. 2.

14 Siehe dazu im Skript „BGB AT II" unter Rn. 308 mit Übungsfall.

15 Hierzu lesen Sie bitte noch einmal: im Skript „BGB AT I" Rn. 264 ff.

Genauso aber, wie bei der Bürgschaft eine Stellvertretung möglich ist (Rn. 51), ist auch die Erteilung einer Ausfüllungsermächtigung anerkannt. Die Vorschriften der Stellvertretung passen zwar nicht direkt, da das Ausfüllen keine Willenserklärung, sondern ein **Realakt** ist. Dennoch gelten die **§§ 164 ff. analog**. Daher bedarf die Ausfüllungsermächtigung genauso wie die Erteilung der Vollmacht der schriftlichen Form. § 167 würde sonst den Schutz, den § 766 bezweckt, unterlaufen.[16]

53 Fraglich ist aber, was passiert, wenn der Ermächtigte die ihm vom Erklärenden übergebene Blanketturkunde ohne schriftliche Ermächtigung oder abredewidrig falsch ausfüllt, und/oder abredewidrig in den Verkehr bringt.

Beispiel B unterschreibt eine Bürgschaft und gibt sie seinem Neffen, damit er damit bei der Bank einen Kredit absichern kann. Die Höhe der Schuld lässt er offen und weist den N an, keinesfalls mehr als 100 000 € einzutragen. Als die Bank eine Bürgschaft über 200 000 € verlangt, füllt N die Urkunde abredewidrig aus und schickt sie der Bank. ■

Hier ist die **analoge Anwendung der §§ 172, 173** anerkannt.[17] Der Bürge, der die Blankettbürgschaft freiwillig aus der Hand gegeben hat, muss sich den dadurch erzeugten Rechtsschein zurechnen lassen. Voraussetzung ist (neben der gerade erwähnten freiwilligen Herausgabe), dass beim Empfänger ein schutzwürdiges Vertrauen erzeugt wurde. Kannte der Gläubiger also die fehlende Ermächtigung, die Urkunde in der vorgelegten Form auszufüllen, oder fehlte ihm diese Kenntnis infolge Fahrlässigkeit, so kann er sich nicht auf den Rechtsschein berufen (§ 173 analog).[18]

54 Eine Ausnahme vom strengen § 766 enthält aber **§ 350 HGB**. Wenn ein Kaufmann eine Bürgschaft abgibt, die zum Betrieb seines Handelsgewerbes gehört, ist diese auch ohne Beachtung der Form des § 766 gültig. So klar diese Norm auf den ersten Blick ist, bietet sie doch einige „Fallen“:

Erstens muss der **Bürge Kaufmann** sein.[19]

JURIQ-Klausurtipp

(Ist-)Kaufmann ist nach § 1 HGB, wer ein Handelsgewerbe betreibt. Das ist jeder Gewerbebetrieb, der einen in kaufmännischer Weise eingerichteten Geschäftsbetrieb erfordert (§ 1 Abs. 1 und Abs. 2 HGB).

Achten Sie in der Klausur auf Schlüsselwörter bei der Beschreibung eines Geschäftsbetriebes: ‚klein‘ oder ‚handwerksmäßig betrieben‘ sind Indizien dafür, dass der Klausursteller einen Nichtkaufmann im Auge hatte. Danach prüfen Sie, ob der Schuldner Kaufmann nach §§ 2 oder 3 HGB („Kann-Kaufmann“), nach § 5 HGB („Fiktivkaufmann“) oder § 6 HGB („Formkaufmann“) ist. Wenn auch das nicht zur Kaufmannseigenschaft führt, ist schließlich an den Scheinkaufmann zu denken.

16 Siehe im Skript „BGB AT II“ unter Rn. 308 f. mit Übungsfall.

17 Im Skript „BGB AT II“ Rn. 308 f.

18 Zum Rechtsscheintatbestand des § 172 vgl. im Skript „BGB AT II“ Rn. 76 ff.

19 An dieser Stelle können wir nicht den Kaufmannsbegriff des HGB erschöpfend behandeln, siehe dazu im Skript „Handels- und Gesellschaftsrecht“ unter Rn. 10 ff.

Zweitens muss die **Bürgschaftserklärung zum Betrieb des Handelsgewerbes** gehören. Zwar wird bei Geschäften eines Kaufmannes nach § 344 HGB vermutet, dass das Geschäft zum Betrieb seines Handelsgewerbes gehört und deshalb ein Handelsgeschäft ist. Aber diese Vermutung ist widerleglich.

Beispiel Ein nervöser Bankangestellter ruft beim Kaufmann K an und fragt an, ob er für die neuerliche Überziehung des Girokontos seines volljährigen Sohnes S die Bürgschaft übernehme. K ist in Hektik und sagt leichtsinnig zu. S erhält deshalb von der Bank 250 000 €, mit denen er sich absetzt. ■

In diesem Fall dürfte K der Beweis gelingen, dass die Bürgschaftserklärung nicht zu seinem Handelsgewerbe gehört hat und deshalb die mündliche Bürgschaft nach §§ 766, 125 S. 1 nichtig ist.

Drittens möchte ich Sie in diesem Zusammenhang auf den gerne gemachten Fehler hinweisen, die **Organe juristischer Personen** (insbesondere GmbH-Geschäftsführer oder Vorstände von Aktiengesellschaften) als Kaufmann anzusehen. Kaufmann im Sinne des HGB ist **nur die Gesellschaft** gemäß § 6 HGB, also die GmbH oder die AG als juristische Person (vgl. § 3 Abs. 1 AktG und § 13 Abs. 1 GmbHG)[20] und nicht das für sie handelnde Organ.[21]

Beispiel Übernimmt der Geschäftsführer einer GmbH persönlich im eigenen Namen die Bürgschaft z.B. für Schulden der von ihm geführten GmbH, so bedarf diese Erklärung der Form des § 766 (dazu auch Rn. 75). ■

Grundsätzlich reicht es für die Wahrung des Formerfordernisses aus, dass der Verbürgungswille **55**
und die **essentialia negotii** der Bürgschaft – Gläubiger, Bürge, Hauptschuldner, Schuldgrund – in der Erklärung genannt sind. Beim Schuldgrund genügt, wenn sie nach Art und Umfang jedenfalls **durch Auslegung bestimmbar** ist. Das wird z.B. bei der Verbürgung für alle „gegenwärtigen und künftigen Verbindlichkeiten gegenüber dem spezifischen Gläubiger" bejaht.

Auf einen etwaigen Verstoß gegen §§ 305 ff. kommen wir unten Rn. 71 ff. zurück.

3. Keine Unwirksamkeit aus anderen Gründen

Beim Abschluss der Bürgschaft darf kein sonstiger Nichtigkeitsgrund vorliegen. Es gelten die **56**
allgemeinen Regeln über die Wirksamkeit vertraglicher Rechtsgeschäfte.[22] Auf die folgenden Nichtigkeitsgründe wollen wir hier näher eingehen:

Wie Sie aus der Rechtsgeschäftslehre wissen, können etwa Willensmängel zur Nichtigkeit **57**
eines Vertrages infolge **Anfechtung** führen. Dazu muss der Erklärende ein Anfechtungsrecht haben und seine Willenserklärung rechtzeitig anfechten. Ein anfechtbares Rechtsgeschäft ist nach der Anfechtung nichtig, und zwar von Anfang an (§ 142, sogenannte Ex-tunc-Wirkung der Anfechtung).

» Wiederholen Sie ggf. die Anfechtung von Rechtsgeschäften im Skript „BGB Allgemeiner Teil II" Rn. 332 ff. «

Als zweiten wichtigen Nichtigkeitsgrund müssen Sie die Rechtsprechung zur **Sittenwidrigkeit** von Bürgschaftsverträgen insbesondere für nahe Angehörige kennen.

20 *BGH* in BGHZ 165, 43 ff. = NJW 2006, 431 ff.
21 Siehe zum Begriff und Funktion des Organs juristischer Personen im Skript „BGB AT II" Rn. 25 ff.
22 Siehe hierzu ausführlich das Skript „BGB AT II".

Schließlich kann eine Bürgschaft auch wegen Verstoßes gegen die **Regelungen der §§ 305 ff.** (Allgemeine Geschäftsbedingungen) unwirksam sein.

a) Anfechtungsgründe beim Bürgschaftsvertrag

58 Zwei Probleme aus dem Bereich der Anfechtung möchte ich Ihnen im Zusammenhang mit der Abgabe einer Bürgschaftserklärung erläutern:

59 Ein Bürge könnte auf folgenden Gedanken kommen: Er habe die Bürgschaft für den Schuldner nur deswegen übernommen, weil er aufgrund des üppigen Lebensstils des Schuldners von einem hohen Vermögen und entsprechenden Einkünften ausgegangen sei. Jetzt muss er feststellen, dass dem nicht so ist. Er befand sich also zum Zeitpunkt der Abgabe der Willenserklärung in einem **Irrtum über eine verkehrswesentliche Eigenschaft einer Person**. Deshalb fechte er jetzt den Bürgschaftsvertrag nach § 119 Abs. 2 an.

Die **Leistungsfähigkeit des Hauptschuldners** ist ohne Frage eine verkehrswesentliche Eigenschaft. Und doch: Eine Anfechtung wegen dieses Irrtums ist hier ausgeschlossen. Es ist geradewegs das Wesen des Bürgschaftsvertrages, dass der Bürge das Risiko und damit die Ungewissheit über die Leistungsfähigkeit des Schuldners übernimmt.[23] Eine andere Lösung schlägt *Medicus*[24] vor: Zwar könne der Bürge anfechten und der Vertrag sei nichtig. Dann aber schulde der Bürge dem Gläubiger die Schadloshaltung aus § 122.

60 Eine weitere Möglichkeit, sich durch Anfechtung von einer Bürgschaft wieder zu befreien, könnte in § 123 liegen. Häufig dürften Schuldner ihren potenziellen Bürgen nicht alles offenbaren, im Zweifel sogar ihre Vermögensverhältnisse „schönen“. In diesen Fällen könnte eine **Anfechtung wegen arglistiger Täuschung** in Betracht kommen.

Aber Vorsicht! Der Vertrag kommt zwischen Bürgen und Gläubiger zustande. § 123 Abs. 2 sagt ausdrücklich, dass dann, wenn ein Dritter die Täuschung verübt, der Vertragspartner nur dann die Anfechtung hinzunehmen hat, wenn er die Täuschung kannte oder kennen musste.[25] Dies wird bisweilen auch Lagertheorie genannt.

Zwar ist nicht jeder außer dem Erklärungsempfänger Dritter im Sinne des § 123 Abs. 2. So ist z.B. der Vertreter des Erklärungsempfängers (in unserem Fall des Gläubigers) nicht Dritter. Aber die herrschende Meinung geht noch weiter: Dritter ist nicht, wer Vertrauensperson des Erklärungsempfängers ist.[26]

Wenn man den Hauptschuldner als Vertrauensperson des Gläubigers ansieht, wäre dieser nicht Dritter und die Täuschung des Bürgen würde als Täuschung des Gläubigers gelten mit der Folge, dass der Bürge den Vertrag anfechten könnte.

Wie *Medicus*[27] dazu aber treffend feststellt: „Das geht zu weit.“ Schuldner und Gläubiger eines Darlehens sind keine Vertrauenspersonen, sondern stehen geradezu typisch auf verschiedenen Seiten. Und wenn der Hauptschuldner einen Bürgen sucht, nimmt er eigene Interessen wahr und nicht die Interessen des Gläubigers. Denn ohne Bürgen gäbe es den vom Hauptschuldner gewünschten Kredit eben nicht.

---

23 *Looschelders* Schuldrecht Besonderer Teil Rn. 949; *Huber/Bach* SRBT 1 Rn. 708.
24 *Medicus/Petersen* Bürgerliches Recht Rn. 143.
25 Siehe dazu im Skript „BGB AT II“ Rn. 419 f.
26 *Medicus/Petersen* Bürgerliches Recht Rn. 149.
27 *Medicus/Petersen* Bürgerliches Recht Rn. 149.

b) Die Sittenwidrigkeit von Bürgschaftsverträgen

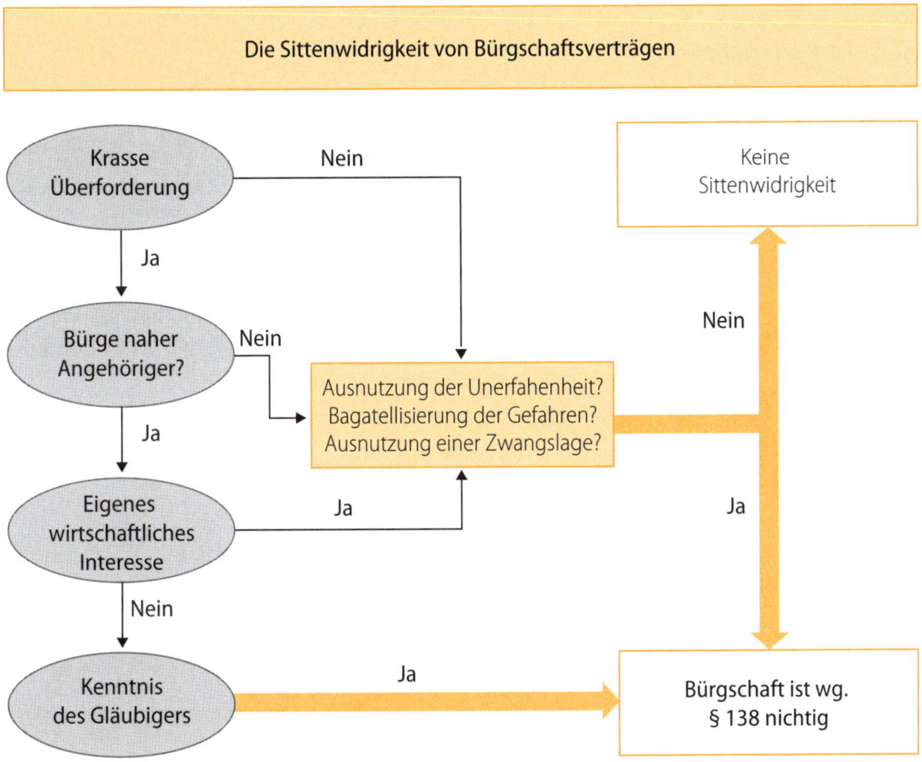

61

aa) Überblick

62 Ein heftig diskutiertes Problem ist die Frage, unter welchen Voraussetzungen ein Bürgschaftsvertrag gemäß § 138 Abs. 1[28] nichtig ist. Hintergrund der hierzu ergangenen Rechtsprechung[29] ist die (zumindest bis zu dieser Rechtsprechung) übliche Bankpraxis bei der Vergabe von Krediten, insbesondere an selbstständige Unternehmer, immer auch den Ehepartner des Kreditnehmers und oft auch seine Kinder als Bürgen mit in die Haftung zu nehmen. Dabei nimmt der Gläubiger (Kreditgeber) in Kauf, dass diese die Bürgschaft nur aus der Zwangslage (entweder Bürgschaft oder eben keinen Kredit) heraus wegen der besonderen emotionalen Bindung zum Schuldner übernehmen und (gerade bei jungen Erwachsenen) die Folgen der eingegangenen Verpflichtung nicht überblicken können.

28 Der Wuchertatbestand nach § 138 Abs. 2 kommt bei der Bürgschaft mangels synallagmatischer Verpflichtungen nie in Betracht!

29 Siehe grundlegend *BVerfG* NJW 1994, 36, 2749; BGHZ 125, 206; *BGH* NJW 2001, 815.

Beispiel U betreibt einen Autohandel und ist in das Händlernetz des Herstellers X eingebunden. X verlangt von U, dass er seine Verkaufsräume grundlegend umgestaltet und renoviert. Würde er das nicht tun, würde X den Händlervertrag kündigen. U beantragt bei seiner Hausbank einen Kredit über 2 Mio. €. Die jährliche Zinslast beträgt 160 000 €. Die Bank ist bereit, den Kredit zu gewähren, verlangt aber, dass Us Ehefrau F, die als Krankenschwester arbeitet, eine Bürgschaft unterzeichnet. F, die ihren Mann liebt und nicht mit ansehen möchte, wie die Existenz der Familie zerstört wird, unterschreibt. Als U im Zuge der Wirtschaftskrise dennoch in die Insolvenz gerät, nimmt die Bank F in Anspruch. ■

63 Zwar bedeutet Privatautonomie auch Selbstverantwortung.[30] Drastisch gesagt: Der Staat hindert grundsätzlich niemanden daran, sich selbst zu ruinieren.

Die Grenze zur Sittenwidrigkeit ist aber dann überschritten, wenn der Bürgschaftsvertrag Ausdruck einer **strukturellen Unterlegenheit des Bürgen** ist und für ihn eine nicht hinnehmbare, mit **seinen Einkommens- und Vermögensverhältnissen unvereinbare, finanziell krass überfordernde Belastung** begründet.[31]

PRÜFUNGSSCHEMA

Sittenwidrigkeit der Bürgschaft nach § 138 Abs. 1

I. Besondere Nähebeziehung zwischen Bürgen und Hauptschuldner?
Bürgschaft des Arbeitnehmers oder von Geschwistern Rn. 66

II. Krasse finanzielle Überforderung?

III. Kein eigenes wirtschaftliches Interesse?

IV. Kenntnis des Gläubigers?

64 **JURIQ-Klausurtipp**

Bei Sachverhalten, die Anlass zur Problematisierung der Sittenwidrigkeit des Bürgschaftsvertrages geben, gehen Sie wie folgt vor:

Sie werfen die Frage auf, ob der Bürgschaftsvertrag gemäß § 138 Abs. 1 nichtig sein könnte, und formulieren dies zum Beispiel wie folgt:

„Der Bürgschaftsvertrag könnte aber wegen Sittenwidrigkeit nach § 138 Abs. 1 nichtig sein. Dazu müsste er gegen die guten Sitten verstoßen. Ein Rechtsgeschäft verstößt

30 Palandt-*Ellenberger* § 138 Rn. 36.

31 Diese Definition findet sich so oder ähnlich überall. Siehe z.B. *Looschelders* Schuldrecht Besonderer Teil Rn. 957, 958; *Emmerich* Schuldrecht BT § 14 Rn. 14; *Huber/Bach* SRBT 1 Rn. 699 f.; Palandt-*Ellenberger* § 138 Rn. 37.

dann gegen die guten Sitten, wenn es mit dem Anstandsgefühl aller billig und recht Denkenden nicht vereinbar ist.[32]

Dies könnte hier fraglich sein, weil der Schuldner bei Abschluss des Bürgschaftsvertrages voll geschäftsfähig und grundsätzlich jeder für die Folgen seines geschäftlichen Handelns selbst verantwortlich ist. Vorliegend muss aber die persönliche Nähe zum Hauptschuldner sowie das strukturelle Ungleichgewicht zwischen der Bank und dem Bürgen berücksichtigt werden. Die Grenze zur Sittenwidrigkeit ist dann überschritten, wenn der Bürgschaftsvertrag Ausdruck einer strukturellen Unterlegenheit des Bürgen ist und für ihn eine nicht hinnehmbare, mit seinen Einkommens- und Vermögensverhältnissen unvereinbare Belastung begründen."

Dann prüfen Sie die Voraussetzungen gemäß obigem (Rn. 63) Prüfungsschema.

bb) Besondere Nähebeziehung des Bürgen zum Schuldner

Erste Voraussetzung für die Nichtigkeit ist also, dass der Bürge naher Angehöriger des Hauptschuldners ist. Anerkannte „nahe Angehörige" sind Ehepartner, Kinder, Partner einer nicht ehelichen Lebensgemeinschaft, Verlobte sowie die Eltern. 65

Bei diesem Personenkreis geht man davon aus, dass ihre Entscheidung, die Bürgschaftsverpflichtung zu übernehmen, nicht von rationalen Überlegungen gesteuert, sondern **Ausfluss der besonderen emotionalen Bindung** ist.

Bei anderen Personen – wie z.B. erwachsene Geschwister oder Arbeitnehmer des Hauptschuldners – gilt diese Rechtsprechung nicht.[33] 66

Hinweis

Wenn Sie feststellen, dass der Bürge nicht zu dem Personenkreis zählt, bei dem eine Bürgschaft bei krasser Überforderung sowie fehlendem eigenen Interesse sittenwidrig ist, kann die Bürgschaft dennoch nach § 138 Abs. 1 nichtig sein. Dazu muss aber mehr vorliegen, als nur die krasse Überforderung und das fehlende eigene wirtschaftliche Interesse. Eine solche Bürgschaft ist dann sittenwidrig, wenn der Gläubiger bewusst die geschäftliche Unerfahrenheit ausnutzt, die wirtschaftlichen Folgen einer Bürgschaft gegenüber dem Bürgen bagatellisiert oder eine Zwangslage missbraucht.[34]

Im Gegensatz zur Rechtsprechung zur Sittenwidrigkeit von Bürgschaften naher Angehöriger trägt aber hier der Bürge die volle Beweislast.

cc) Krasse finanzielle Überforderung

Zweitens muss der Bürge durch die Übernahme der Bürgschaft finanziell krass überfordert sein. Wenn dies der Fall ist (siehe gleich folgende Definition), dann besteht eine tatsächliche Vermutung dafür, dass die Übernahme der Bürgschaft nicht aus rationalen, sondern aus rein emotionaler Verbundenheit mit dem Hauptschuldner übernommen wurde.[35] Dies hat für den 67

32 Diese sogenannte „Anstandsklausel" ist nach wie vor der Ausgangspunkt bei § 138 (Palandt-*Ellenberger* § 138 Rn. 2), auch wenn man sich wohl darüber einig ist, dass es sich um eine inhaltsleere Floskel handelt (vgl. auch *Looschelders* Schuldrecht Besonderer Teil Rn. 1290 mit vertiefenden Hinweisen).

33 Palandt-*Ellenberger* § 138 Rn. 38.

34 Palandt-*Ellenberger* § 138 Rn. 38.

35 Palandt-*Ellenberger* § 138 Rn. 38b.

Bürgen folgende prozessuale Konsequenz: Legt er dar, dass er Angehöriger ist und dass die Bürgschaft ihn wirtschaftlich krass überfordert, muss er nicht mehr beweisen, dass er die Bürgschaft aus emotionaler Verbundenheit übernommen hat. Vielmehr muss der Gläubiger nachweisen, dass die Übernahme der Bürgschaft rational motiviert war.

Eine **finanziell krasse Überforderung** liegt dann vor, wenn der Bürge voraussichtlich nicht einmal in der Lage ist, die Zinsen des Kredites, für den er mithaftet, aufzubringen.

dd) Kein eigenes wirtschaftliches Interesse

68 Drittens müssen Sie feststellen, ob der Bürge nicht ein eigenes wirtschaftliches Interesse am Kredit für den Hauptschuldner hatte. Erlangt nämlich der Bürge durch den aufgenommenen Kredit unmittelbar einen Vorteil, so ergibt die Gesamtwürdigung, dass trotz der Überforderung keine Sittenwidrigkeit anzunehmen ist.[36]

Dies ist hauptsächlich dann der Fall, wenn der Bürge Miteigentümer des durch den Kredit angeschafften Gegenstandes oder Mitunternehmer bei dem mit dem Kredit finanzierten Vorhaben wird und dabei erhebliche Gewinnaussichten hat.[37]

ee) Kenntnis des Gläubigers

69 Schließlich muss der Gläubiger in Kenntnis dieser Umstände die Bürgschaft verlangt und somit die besonderen Umstände ausgenutzt haben. Ein bewusstes „Sichverschließen" vor Tatsachen, die auf der Hand liegen, wird noch als „Kenntnis" gewertet und ist damit nicht geeignet, den Gläubiger zu entlasten.[38] Ein bewusstes Ausnutzen des Gläubigers wird bei Bürgschaften naher Angehöriger bis zum Beweis des Gegenteils vermutet.

Hinweis

In den Fällen von Bürgschaften naher Angehöriger trägt der Gläubiger also auch hier die volle Darlegungs- und Beweislast. Liegen alle objektiven Voraussetzungen vor, dürfte es einem Gläubiger (fast immer Banken) sehr schwer fallen, diese Unkenntnis tatsächlich zu beweisen.

70 Sollten die Voraussetzungen der Nichtigkeit einer Familienbürgschaft nicht vorliegen, so kann die Bürgschaft dennoch gemäß § 138 Abs. 1 nichtig sein. Denkbar sind hier Fälle, in denen der Gläubiger eine (seelische) Zwangslage ausnutzt, die geschäftliche Unerfahrenheit des Bürgen missbraucht oder die Gefahren einer Bürgschaft bagatellisiert.[39]

Die Schwierigkeit hier ist weniger, ob ein solcher Fall vorliegt, sondern mehr, ob der Bürge in der Lage ist, dem Gläubiger ein solches u.U. Jahre zurück liegendes Verhalten auch zu beweisen.

36 Palandt-*Ellenberger* § 138 Rn. 38c.
37 *Huber/Bach* SRBT 1 Rn. 700; *Looschelders* Schuldrecht Besonderer Teil Rn. 960.
38 *Huber/Bach* a.a.O.
39 *Bülow* Kreditsicherheit Rn. 890.

c) Inhaltskontrolle von Bürgschafts-AGB

Häufig werden Bürgschaften (gerade im Massenverkehr der Banken) im Rahmen von vorformulierten Vertragsbedingungen im Sinne des § 305 Abs. 1 übernommen. Derartige Verträge unterfallen daher den Regelungen der §§ 305 ff. Anlass für eine Prüfung bieten insbesondere Klauseln, wonach der Bürge nicht nur für die Verbindlichkeit des Hauptschuldners zum Zeitpunkt des Abschlusses des Vertrages (sogenannte **Anlassverbindlichkeit**), sondern auch für alle künftigen Verbindlichkeiten des Hauptschuldners gegenüber dem Gläubiger **(Globalbürgschaft)** die Bürgschaft übernimmt. Haben Sie mit einem Fall der Globalbürgschaft zu tun, gehen Sie wie folgt vor: 71

aa) Globalklausel als AGB

Wurde die Globalbürgschaft unter Verwendung von **vorformulierten Vertragsbedingungen** übernommen? Ist dies nicht der Fall (liegt also eine Individualabrede vor), ist mangels Allgemeiner Geschäftsbedingung der Anwendungsbereich der Klauselkontrolle durch die §§ 305 ff. schon gar nicht eröffnet. 72

bb) Kontrolle nach § 305c oder § 307 Abs. 2 Nr. 1

Sie stellen dann fest, dass die Übernahme der Bürgschaft für Verbindlichkeiten über die Anlassverbindlichkeit hinaus durch eine AGB-Klausel grundsätzlich gegen **§ 305c (Verbot der überraschenden Klausel)** verstößt. Grundsätzlich muss ein Sicherungsgeber, der aus Anlass eines Darlehens eine Bürgschaft übernimmt, wegen der mit diesem Anlass verbundenen Zweckvorstellung in Bezug auf die von ihm gegebenen Sicherheit nicht damit rechnen, auch für alle künftigen Verbindlichkeiten des Hauptschuldners zu haften. Er wird durch die Klausel gewissermaßen „überrumpelt".[40] Dem steht auch nicht die Vorschrift des § 765 Abs. 2 entgegen, da die dort vorgesehene Möglichkeit, eine Bürgschaft für künftige Forderungen zu übernehmen, nichts darüber besagt, ob der Bürge mit solchen Erweiterungen der Bürgschaft im konkreten Einzelfall rechnen muss.[41] 73

Eine Ausnahme gilt nur für diejenigen, die **das Risiko einer Erweiterung selbst steuern können** und zudem aufgrund ihrer beruflichen Stellung und Erfahrung mit der Üblichkeit derartiger Globalsicherungsklauseln vertraut sind, so dass diese ausnahmsweise nicht des Schutzes nach § 305c Abs. 1 bedürfen.[42] Dies sind in der Regel die geschäftsführenden Gesellschafter einer GmbH, die für „ihre" GmbH die Bürgschaft übernehmen. 74

Ferner können Sie die Wirksamkeit der Globalbürgschaft im Rahmen von AGB auch an **§ 307 Abs. 2 Nr. 1** scheitern lassen, in dem Sie § 767 Abs. 1 S. 3 zitieren. Dort heißt es: 75

„Durch ein Rechtsgeschäft, das der Hauptschuldner nach der Übernahme der Bürgschaft vornimmt, wird der Umfang der Bürgschaft nicht erweitert."

Dieses **Verbot der Fremddisposition** ist ein wesentlicher Grundgedanke der gesetzlichen Regelung, von der zwar in individuell ausgehandelten Verträgen, nicht aber in AGB abgewichen werden darf.[43]

---

40 St. Rspr. seit BGHZ 126, 176ff. = NJW 1994, 2145; für sonstige Sicherungsverträge: *BGH* NJW 1995, 1674 m.w.N. zu der Rechtsprechungsentwicklung.

41 So ausdrücklich der *BGH* in BGHZ 126, 176 ff. = NJW 1994, 2145.

42 *BGH* in BGHZ 130, 19 ff. = NJW 1995, 2553 ff.

43 *BGH* in BGHZ 130, 19 ff. = NJW 1995, 2553 ff.

Etwas anderes gilt – wie bei § 305c – nur dann, wenn es der Bürge selbst in der Hand hat, welche Verbindlichkeiten von der Globalbürgschaft erfasst werden sollen. Das ist vor allem dann der Fall, wenn der Geschäftsführer einer GmbH sich (auch) für die künftigen Verbindlichkeiten der GmbH verbürgt. In diesem Fall bedarf er ausnahmsweise nicht des Schutzes durch § 307 Abs. 2 Nr. 1.

cc) Rechtsfolgen bei einer unwirksamen Globalklausel

76 Ist die Globalklausel nach § 305c bzw. § 307 Abs. 2 Nr. 1 unwirksam, bleibt die Bürgschaft für die Anlassverbindlichkeit wirksam. Die Rechtsfolge der Unwirksamkeit besteht also darin, dass (nur) die Einbeziehung der sonstigen Forderungen in die Bürgschaft nichtig ist.[44]

77 Hier handelt es sich nicht um eine (grundsätzlich unzulässige) geltungserhaltene Reduktion. Man reduziert die unwirksamen Globalklauseln nicht einfach bis zum „gerade noch" zulässigen Umfang. Vorliegend liegt der Sachverhalt nämlich anders:

Die Umformulierung der Klausel (Bürgschaft nur für „Anlassforderung") soll dazu dienen, dass die Bürgschaft einen Leistungsinhalt behält, der **den Vorstellungen des Bürgen bei der Abgabe der Bürgschaftserklärung entspricht**, sodass seine berechtigten Interessen voll berücksichtigt werden. Die **Totalnichtigkeit der Bürgschaft wäre – gemessen am Schutzzweck der AGB-Normen – eine überschießende Rechtsfolge**.[45] Deshalb ist es nicht zum Schutze des Bürgen verboten, das von den Parteien bei Vertragsschluss gewünschte Ergebnis durch Umformulierung einer Globalklausel zu bewirken.[46]

4. Entstehen der gesicherten Forderung

78 Wir haben es ja nun schon mehrfach erwähnt: Die Bürgschaft ist eine **akzessorische Sicherheit**. Deshalb gehört zum haftungsbegründenden Tatbestand, dass auch die mit der Bürgschaft gesicherte Forderung entstanden ist, vgl. § 767 Abs. 1 S. 1.

Hinweis

Ist die gesicherte Forderung entstanden, aber später (ganz oder teilweise) erloschen, so begründe dies eine rechtsvernichtende Einwendung des Bürgen. Kraft Akzessorietät besteht die Bürgschaft nur noch in der restlichen Höhe der gesicherten Schuld. Ist die Schuld vollständig getilgt, besteht überhaupt kein Anspruch des Gläubigers gegen den Bürgen mehr.[47]

79 Zwar ist es möglich, eine Bürgschaft für eine **künftige oder bedingte Forderung** zu übernehmen, wie § 765 Abs. 2 ausdrücklich sagt. Der Gläubiger kann aber erst in dem Zeitpunkt Rechte aus der Bürgschaft herleiten, in dem die Forderung auch wirklich entstanden und noch nicht wieder erloschen ist.

44 So auch *Looschelders* Schuldrecht Besonderer Teil Rn. 961; ähnlich, aber mit differenzierter Begründung: *Huber/Bach* SRBT 1 Rn. 696 ff.

45 *BGH* in BGHZ 130, 19 ff. = NJW 1995, 2553 ff.

46 *BGH* in BGHZ 130, 19 ff. = NJW 1995, 2553 ff.

47 Palandt-*Sprau* § 765 Rn. 29.

Problematisch wird es allerdings dann, wenn zwar die eigentlich gesicherte Forderung nicht entstanden ist, an ihre Stelle aber ein **Ersatzanspruch** getreten ist. 80

Beispiel Kredithai G gewährt Schuldner S, der dringend auf das Geld angewiesen ist und außer K keinen Kreditgeber finden kann, ein Darlehen zu 28% Zinsen p.a. (= pro anno = (lat.) jährlich). Zusätzlich verlangt G eine Bürgschaft, die der Freund F des S schließlich schriftlich übernimmt. F sind die Vertragsbedingungen des Darlehens bekannt. ■

Ohne auf die Einzelheiten eingehen zu können: Der Darlehensvertrag zwischen G und S ist nach § 138 Abs. 2 nichtig (Wucherdarlehen).[48] G hat zwar keinen Anspruch auf Zinszahlung, wohl aber einen bereicherungsrechtlichen Anspruch auf die Rückzahlung der Darlehensvaluta aus § 812 Abs. 1 S. 1 Alt. 1.[49]

Fraglich ist, ob dieser Anspruch durch die Bürgschaft, die sich auf einen Darlehensanspruch bezog, abgesichert ist. Die Frage ist streitig.

Die eine Meinung argumentiert formal: Der Anspruch des Gläubigers sei nie entstanden und deshalb habe es auch nie eine diesen Anspruch absichernde Bürgschaft geben können.[50]

Die (wohl herrschende) Gegenmeinung argumentiert, dass es für die rechtsunkundigen Beteiligten gleichgültig sein dürfte, ob der Rückzahlungsanspruch nun aufgrund des Darlehensvertrages oder aufgrund eines Bereicherungsanspruches begründet ist.[51]

Ich empfehle Ihnen, sich der herrschenden Auffassung anzuschließen, zumal sie auch von der Rechtsprechung vertreten wird.

5. Umfang der Haftung

Das Gesetz geht als Regelfall davon aus, dass sich der Bürge für eine Verbindlichkeit des Hauptschuldners komplett, d.h. in voller Höhe verpflichtet. Sollte diese Schuld z.B. durch Erfüllung ganz oder teilweise untergegangen sein, so entfällt damit auch eine Haftung des Bürgen (s.o. Rn. 78). § 767 Abs. 1 S. 1 stellt dies noch einmal klar. Ansonsten enthält § 767 zwei Erweiterungen der Bürgschaftsschuld sowie eine Einschränkung: 81

Der Bürge haftet auch für die **Verzugskosten**, die dem Gläubiger gegen den Hauptschuldner zustehen, wie sich aus § 767 Abs. 1 S. 2 ergibt. 82

Hinweis

In einer Klausur kann damit im Rahmen eines Bürgschaftsanspruchs inzident ein Fall aus dem Allgemeinen Schuldrecht zum Verzug eingebaut werden.

Ferner haftet der Bürge dem Gläubiger für die Kosten der Kündigung des Darlehensvertrages sowie für die Kosten der Rechtsverfolgung, § 767 Abs. 2. 83

48 Vgl. zum Wucherdarlehen im Skript „Schuldrecht BT II" Rn. 474 ff.

49 Zu den bereicherungsrechtlichen Problemen der Rückabwicklung derartiger Wucherdarlehen siehe im Skript „Schuldrecht BT III" Rn. 174 sowie 179 ff.

50 So *Medicus* Schuldrecht II Rn. 521.

51 Palandt-*Sprau* § 765 Rn. 21 m.w.N.; *Looschelders* Schuldrecht Besonderer Teil Rn. 968.

84 Alle anderen Rechtsgeschäfte, die der Hauptschuldner mit dem Gläubiger nach Abschluss der Bürgschaftsvereinbarung trifft, belasten den Bürgen hingegen nicht (§ 767 Abs. 1 S. 3).

Beispiel Vereinbart der Hauptschuldner mit dem Gläubiger bei Streit über die Darlehensforderung ein Anerkenntnis (mit der Folge des § 212 Abs. 1 Nr. 1, Neubeginn der Verjährung), so gilt dies nur für das Verhältnis Gläubiger-Schuldner, nicht aber zwischen Gläubiger und Bürgen. ■

85 In der Praxis sind aber vertraglich vereinbarte Grenzen der Haftung des Bürgen möglich und üblich. Der Hauptfall ist die sogenannte **Höchstbetragsbürgschaft**. Üblicherweise[52] verbürgt sich in einem solchen Fall der Bürge für eine bestimmte Schuld des Bürgen, vereinbart aber mit dem Gläubiger, dass er nur bis zu einer betragsmäßigen Höchstgrenze haften will.[53]

Beispiel G ist Minderheitsgesellschafter in der A GmbH. Die A GmbH beantragt einen Investitionskredit bei der B-Bank. G verbürgt sich für diesen Kredit mit der Maßgabe, dass er nur bis zu einem Maximalbetrag von 100 000 € haftet. ■

6. Sonstige Voraussetzungen/Einwendungen

86 Den Parteien eines Bürgschaftsvertrages steht es frei, weitere Voraussetzungen für die Entstehung einer Bürgenhaftung (etwa aufschiebenden Bedingungen) zu vereinbaren.

87 In bestimmten Fällen kann die Haftung des Bürgen nach dem Gedanken des **„Dolo Agit"-Einwands**[54] (§ 242) wegen eines gegenläufigen Schadensersatzanspruches aus c.i.c. nach §§ 280 Abs. 1, 241 Abs. 2, 311 Abs. 2 Nr. 1, 249 Abs. 1 von Anfang an ausgeschlossen sein.[55]

Hinweis

§ 242 wirkt über sein Verbot rechtsmissbräuchlichen Verhaltens als immanente Schranke eines Rechts. Besteht der Vorwurf bereits von Anfang an, begründet § 242 eine rechtshindernde Einwendung gegen einen treuwidrig erlangten Anspruch.[56]

Beispiel Die geschäftlich unerfahrene Großtante T des N begleitet den N auf sein Bitten hin mit zur Bank. N füllt dort eine Menge Papiere aus. Plötzlich drückt der Sachbearbeiter S der überrumpelten T einen Stift in die Hand und fordert sie auf, an einer bestimmten Stelle zu unterschreiben. Auf ihre Nachfrage, was das denn solle, erklärt der Sachbearbeiter der Bank, das sei reine Formsache und sie müsse sich keine Gedanken machen. N unterschreibt daraufhin das mit „Selbstschuldnerische Bürgschaft" überschriebene Formular. ■

In diesen Fällen (die leider kein Produkt fantasiebegabter Juristenhirne, sondern bittere Realität sind),[57] kann man der T auf vielfältige Weise helfen. Einmal ist zu prüfen, ob hier nicht der

52 Der Fantasie der im Leben stehenden Personen ist natürlich keine Grenze gesetzt.
53 Palandt-*Sprau* vor § 765 Rn. 7.
54 „Dolo agit, qui petit, quod statim redditurus est" = Lateinisch für: „Arglistig handelt, wer etwas verlangt, was er augenblicklich wieder zurückgeben müsste".
55 Zur (freien) Konkurrenz von c.i.c. und Anfechtung siehe im Skript „Schuldrecht AT II" Rn. 409 ff.
56 Palandt-*Grüneberg* § 242 Rn. 38, 41.
57 Vgl. auch *Emmerich* Schuldrecht BT § 14 Rn. 14.

Bürgschaftsvertrag infolge Anfechtung[58] oder wegen § 138 Abs. 1 nichtig ist. Die Voraussetzungen haben wir bereits in Rn. 61 ff. besprochen.

Sollten diese Tatbestände nicht vorliegen, prüfen Sie weiter, ob dem Bürgschaftsanspruch der Dolo-Agit-Einwand nach § 242 wegen eines gegenläufigen Schadensersatzanspruches entgegensteht.

In dem Verhalten des Sachbearbeiters kann man nämlich eine Pflichtverletzung im Rahmen des Schuldverhältnisses mit der T erblicken (Verletzung der Aufklärungspflicht). Der daraus resultierenden Schadenersatzanspruch aus §§ 280 Abs. 1, 241 Abs. 2, begründet dann einen rechtshindernden Einwand gegen die Verpflichtung des Bürgen.[59]

JURIQ-Klausurtipp

Den „Dolo-Agit-Einwand" erkennen Sie ganz deutlich durch eine einfache „Nagelprobe": Angenommen, die T würde auf die Bürgschaft zahlen. Dann würde sich ihr Aufhebungsanspruch gegen die Bank aus §§ 280 Abs. 1, 241 Abs. 2, 249 Abs. 1 sofort in einen Rückzahlungsanspruch verwandeln. Die Bank müsste die Zahlung also postwendend zurückerstatten.

Die nach § 249 Abs. 1 geschuldete Naturalrestitution ist auf Aufhebung bzw. Rückabwicklung des Vertrages gerichtet, wenn der Schaden in dem Zustandekommen des Vertrages und der damit verbundenen Belastung mit einer Verbindlichkeit besteht.[60] Hat der Geschädigte die Verbindlichkeit bereits erfüllt, begründet die geschuldete Naturalrestitution eine Pflicht zur Rückerstattung der Leistung.[61]

II. Anspruch erloschen?

Wie bei jedem anderen Anspruch auch müssen Sie beim Anspruch des Gläubigers gegen den Bürgen nunmehr prüfen, ob dieser Anspruch durch eine rechtsvernichtende Einwendungen untergegangen ist. 88

1. Erfüllung und Erfüllungssurrogate

Zunächst kann die Bürgschaftsverpflichtung aus allgemeinen Grundsätzen heraus erloschen sein. Zu diesen Einwendungen zählt die Erfüllung des Bürgschaftsanspruchs (§ 362 Abs. 1) oder die Aufrechnung mit einer Gegenforderung des Bürgen (§ 389).[62] 89

2. Erlöschen der Hauptforderung

Aus der Akzessorietät der Bürgschaft folgt zwingend, dass die Haftung des Bürgen insoweit erlischt, als die gesicherte Forderung nachträglich erloschen ist.[63] § 767 Abs. 1 S. 1 spricht dies 90

58 Z.B. wegen fehlenden Erklärungsbewusstseins nach § 119 Abs. 1 Var. 2 (siehe dazu im Skript „BGB AT I" unter Rn. 237 ff.) oder wegen arglistiger Täuschung nach § 123.

59 *Huber/Bach* SRBT 1 Rn. 711.

60 Palandt-*Grüneberg* § 249 Rn. 4.

61 Palandt-*Grüneberg* § 311 Rn. 40, 55.

62 *Looschelders* Schuldrecht Besonderer Teil Rn. 975.

63 Palandt-*Sprau* § 765 Rn. 29 und § 767 Rn. 1.

noch einmal ausdrücklich an (siehe bereits Rn. 78). Erlischt also etwa die Hauptforderung durch Erfüllung (§ 362 Abs. 1), Aufrechnung (§ 389) oder Erlass[64] (§ 397), entfällt insoweit auch der Anspruch gegen den Bürgen.

3. Widerruf des Bürgen nach § 355

a) Wirkung

91 Bürgschaften können (und werden in Praxis tausendfach) von Verbrauchern übernommen. Hat nun ein Verbraucher eine Bürgschaft übernommen und „reut" ihn das, stellt sich die Frage, ob ihm ein Widerrufsrecht i.S.d. § 355 zusteht. Ein solches könnte er möglicherweise aus einer (analogen) Anwendung des § 495 (Widerrufsrecht bei Verbraucherdarlehen), aus § 312 (Widerruf bei Haustürgeschäften) und endlich aus § 312d (Widerrufsrecht bei Fernabsatzverträgen) herleiten.

Durch einen wirksamen Widerruf wandelt sich der Bürgschaftsvertrag wie bei Ausübung eines Rücktritts ex nunc in ein Rückgewährschuldverhältnis nach §§ 357 Abs. 1 S. 1, 346 ff. um.[65] Die Haftung des Bürgen erlischt damit.

b) Widerrufsrecht analog § 495?

92 Die Bürgschaft selbst ist kein Darlehen.[66] Folglich kann ein Widerrufsrecht eines Verbrauchers, der eine Bürgschaft übernommen hat, nur durch analoge Anwendung der § 495 abgeleitet werden. Eine analoge Anwendung setzt aber eine **planwidrige Regelungslücke** voraus,[67] die von der herrschenden Meinung **nicht angenommen** wird.[68]

c) Widerrufsrecht des Verbrauchers?

93 Das „Verbraucherrichtlinienumsetzungsgesetz" vom 20.9.2013 hat die Rechte des Verbrauchers bei Verbraucherverträgen umfassend neu gestaltet. Eine eingehende Darstellung würde den thematischen Rahmen dieses Buches sprengen.

Für unseren Sachzusammenhang müssen Sie sich nur merken, dass nach ganz herrschender Meinung die Bürgschaft zwischen einem Unternehmer als Gläubiger und einem Verbraucher als Bürgen als „entgeltliches" Geschäft im Sinne der Verbraucherschutzvorschriften anzusehen ist.[69]

Begründet wird dies mit einer „richtlinienkonformen" Auslegung. *Bülow* lässt darüber hinaus die in der Bürgschaft liegende „mittelbare Entgeltlichkeit" genügen.[70] Gemeint ist damit, dass die Bürgschaft selbst zwar nur ein einseitig verpflichtender Vertrag sei, jedoch in einem

---

64 Achtung: § 767 Abs. 1 S. 3 betrifft nur Rechtsgeschäfte zwischen Gläubiger und Schuldner zu Lasten des Bürgen, nicht solche Rechtsgeschäfte, die die Haftung des Bürgen beschränken und ihm daher günstig sind, vgl. Palandt-*Sprau* § 767 Rn. 1.

65 Palandt-*Grüneberg* § 357 Rn. 2.

66 *Looschelders* Schuldrecht Besonderer Teil Rn. 686.

67 Im Skript „BGB AT I" Rn. 54.

68 *Looschelders* Schuldrecht Besonderer Teil Rn. 965; *Füller* in: Ebenroth/Boujong/Joost/Strohn, Bank- und Börsenrecht, IV. Das Kreditgeschäft und die Kreditsicherung, dort Rn. 508 f.

69 Siehe Palandt-*Grüneberg* § 312 Rn. 5.

70 *Bülow* Kreditsicherheit Rn. 934.

engen Zusammenhang zum gesicherten Vertrag stehe (Bülow nennt dies „Bezugsobjekt“) und dieser Vertrag sei entgeltlich.

Ich halte das für falsch. Denn typischerweise ist zwar ein Darlehen eines Unternehmers an einen Verbraucher „entgeltlich“, weil der Verbraucher Zinsen zu zahlen hat. Was aber, wenn sich Verbraucher B für das Darlehen von Verbraucher A, das sich dieser im Rahmen einer inzwischen häufig anzutreffenden sogenannten „Null-Prozent-Finanzierung“ vom Unternehmer gewähren lässt, verbürgt. In diesem Fall wäre das Bezugsobjekt ebenfalls ein unentgeltlicher Vertrag.

Was bleibt ist die Berufung auf die angeblich gebotene „richtlinienkonforme Auslegung“. Diese ist aber keinesfalls zwingend.[71] Deshalb erscheint mir die Heranziehung dieser Auslegungsmethode zur Erzielung gewollter Ergebnisse entgegen Wortlaut und Gesetzessystematik weder geboten noch wünschenswert.

4. Bürgschaftsspezifische Einwendungen der §§ 776 f.

a) Befreiung nach § 776 wegen Aufgabe anderer Sicherheiten

Das Gesetz enthält in § 776 einen bürgschaftsspezifischen Einwendungstatbestand. Gibt der **94** Gläubiger nämlich ein anderes mit der Forderung verbundenes Sicherungsrecht (also eine andere akzessorische Sicherheit) auf, so wird der Bürge insoweit frei, als er nach § 774 aus dieser Sicherheit hätte Ersatz verlangen können.

Das klingt kompliziert, ist aber auf den zweiten Blick ziemlich einleuchtend: Wie wir eingangs schon besprochen haben, kann der Bürge nach Eintritt des Sicherungsfalles Regress nehmen. Sein wichtigster Regressanspruch ist die in § 774 angeordnete Legalzession. Er erhält also kraft Gesetzes die Forderung gegen den Schuldner und damit über §§ 401, 412 alle mit der Forderung akzessorisch verbundenen Rechte. Diese Rechte (z.B. eine Hypothek) können den Schaden, den der Bürge durch seine Inanspruchnahme erlitten hat, erheblich reduzieren (auf den Ausgleich bei mehreren Sicherungsgebern kommen wir ausführlich unter Rn. 439 ff. zu sprechen).

Gibt nun der Gläubiger ein solches Sicherungsrecht auf, kann dies der Bürge nicht verhindern. Weil aber der Gläubiger damit den sonst möglichen Regress gegen den anderen Sicherungsgeber vereitelt, verliert er bei Verzicht auf ein akzessorisches Sicherungsrecht zugleich auch die zusätzlich bestehende Bürgschaft insoweit, als er durch den Verzicht den Regress des Bürgen zerstört.

Dies gilt nach § 766 S. 2 ausdrücklich sogar dann, wenn das Sicherungsmittel erst nach Über- **95** nahme der Bürgschaft entstanden ist und der Gläubiger später darauf wieder verzichtet. Allerdings wird eine analoge Anwendung für nichtakzessorische Sicherungen abgelehnt.[72]

b) Befreiung nach § 777 wegen Zeitablaufs

Hat der Bürge seine Haftung nach der Vereinbarung mit dem Gläubiger nur zeitlich befristet über- **96** nommen, sog. „Zeitbürgschaft“, wird er nach §§ 158 Abs. 2, 163 von seiner Haftung frei, es sei denn, dass der Gläubiger gegen den Hauptschuldner ohne schuldhafte Unterbrechungen vor-

71 Was auch *Bülow* a.a.O. konzediert.
72 Palandt-*Sprau* § 776 Rn. 4.

gegangen ist und den Bürgen unverzüglich nach Maßgabe des § 777 Abs. 1 in Anspruch genommen hat. Der Umfang der Haftung bestimmt sich dann nach § 777 Abs. 2.

97 Von der befristeten „Zeitbürgschaft" i.S.d. § 777 ist eine Bürgschaft zu unterscheiden, bei der die Zeitangabe lediglich gegenständlich wirken und den zu sichernden Forderungskreis beschränken soll.[73]

Beispiel Zeitbürgschaft: „Ich verbürge mich für die Forderungen des X gegen Y aus Kaufvertrag vom [Datum] in Höhe von [EUR] für zwei Jahre ab Fälligkeit."

Bürgschaft mit gegenständlich wirkender Zeitangabe: „Ich verbürge mich für die Forderungen des X gegen Y aus Kaufverträgen der nächsten zwei Jahre." ■

III. Anspruch durchsetzbar

98 Endlich stellt sich die Frage auf der dritten Ebene der Anspruchsprüfung, ob der Anspruch (schon jetzt) gerichtlich durchsetzbar ist.

1. Fälligkeit durch Eintritt des Sicherungsfalls

99 Damit der Gläubiger den Bürgen in Anspruch nehmen kann, muss ferner der Sicherungsfall eingetreten sein. Die Voraussetzung stellt sicher, dass der Bürge nur dann zahlen muss, wenn die vertraglich oder gesetzlich definierten Umstände eingetreten sind, dass nunmehr der Bürge haften soll.

Der Sicherungsfall setzt grundsätzlich die **Fälligkeit der Hauptforderung** voraus. Der Gläubiger muss also gegenüber dem Bürgen darlegen und beweisen, dass seine Forderung gegenüber dem Hauptschuldner fällig ist.[74]

100 Im Bürgschaftsvertrag können noch weitere Fälligkeitsvoraussetzungen vereinbart werden, etwa der Nachweis einer erfolglosen Inanspruchnahme des Schuldners (sonst nur Einrede nach § 771).[75]

2. Einreden

101 Weiter ist zu prüfen, ob der Bürge gegen den (bestehenden und nicht erloschenen) Anspruch des Gläubigers eine Einrede erheben kann, wodurch die Durchsetzbarkeit des Anspruchs zeitweise (dilatorisch) oder sogar auf Dauer (peremptorisch) gehemmt wird.

Hinweis

Sie erinnern sich: Der Unterschied zwischen den gerade besprochenen Einwendungen und den hier behandelten Einreden lag in Folgendem: Eine Einwendung ist vom Gericht, sofern ihre Voraussetzungen vorgetragen und ggf. bewiesen wurden, von sich aus zu beachten. Auf eine Einrede muss sich der Schuldner ausdrücklich berufen. Der Merksatz lautete: „Bei der Einrede muss man reden".[76]

73 Palandt-*Sprau* § 777 Rn. 1 f.
74 Palandt-*Sprau* § 765 Rn. 25.
75 Palandt-*Sprau* § 765 Rn. 25.
76 Im Skript „BGB AT I" Rn. 41 ff.

Bei der Bürgschaft ist nun wieder die Besonderheit zu beachten, dass die Einreden einerseits aus dem Vertragsverhältnis zwischen Bürgen und Gläubiger und andererseits aus dem Vertrag zwischen Gläubiger und Schuldner herrühren können. Wir haben also zu beachten, dass bei akzessorischen Sicherheiten Einreden „doppelt" zu prüfen sind: **102**

a) Einreden aus dem Verhältnis Gläubiger – Hauptschuldner

aa) Einreden des Hauptschuldners, § 768

Die mehrfach erwähnte Akzessorietät der Bürgschaft findet einen sehr deutlichen Ausfluss in der Regelung des § 768. Es heißt dort in Abs. 1 S. 1: **103**

Der Bürge kann die dem Hauptschuldner zustehenden Einreden geltend machen.

Das hat für Sie in der Klausursituation die Konsequenz, dass Sie an dieser Stelle sämtliche Einreden, die dem Hauptschuldner gegen den Gläubiger zustehen, prüfen müssen.

Der Bürge kann sich also insbesondere darauf berufen, dass **104**
- die Hauptforderung verjährt ist (§ 214),
- der Gläubiger dem Hauptschuldner die Schuld gestundet hat,
- oder dass dem Hauptschuldner gegen den Gläubiger ein Zurückbehaltungsrecht zusteht (etwa aus § 273 oder § 320).

Das Recht des Bürgen, sich auf Einreden aus dem anderen Vertragsverhältnis berufen zu dürfen, ist sehr stark ausgeprägt. Der Bürge verliert nach § 768 Abs. 2 nicht einmal dann die Einrede, wenn der Hauptschuldner auf diese verzichtet. **105**

Beispiel B hat sich für eine Forderung des G gegen S verbürgt. Kurz vor Ablauf der Verjährung des Anspruchs des G erkennt S seine Verpflichtung gegenüber G an. ■

Die Anerkennung der Forderung führt gemäß § 212 Abs. 1 Nr. 1 zu einem Neubeginn der Verjährung. Dies gilt aber nicht für den Bürgen. Wenn also der G nach Ablauf der ursprünglichen Verjährung den B aus der Bürgschaft in Anspruch nimmt, kann dieser sich über § 768 auf die Verjährung berufen. G kann dann also nur noch gegen S vorgehen.

Hinweis

„Verzicht" im Sinne des § 768 Abs. 2 ist also sehr weit zu verstehen. Darunter fällt also nicht nur der ausdrückliche Verzicht auf eine Einrede, sondern jedes Verhalten des Schuldners, das die Rechtsstellung des Bürgen im Hinblick auf die dem Schuldner gegen den Gläubiger zustehenden Einreden verschlechtert.[77] § 768 Abs. 2 entspricht dem Schutzgedanken des § 767 Abs. 1 S. 3.

bb) Einrede der Anfechtbarkeit oder Aufrechenbarkeit, § 770

Eine weitere bürgschaftsspezifische Einrede gewährt § 770. Der Zweck dieser Norm ist es, dem Bürgen ein Leistungsverweigerungsrecht (dilatorische Einrede) zu gewähren, solange der Hauptschuldner den Vertrag entweder anfechten kann oder der Gläubiger sich durch Aufrechnung mit einer Gegenforderung des Hauptschuldners befriedigen könnte. **106**

77 Siehe Palandt-*Sprau* § 768 Rn. 8.

b) Einreden aus dem Verhältnis Bürge – Gläubiger

aa) Allgemeine Tatbestände

107 Wie bei jedem anderen Anspruch auch, stehen dem Bürgen als Schuldner die allgemeinen Einreden zu. Zu denken ist insbesondere an die Verjährung (§ 214) oder an ein Zurückbehaltungsrecht nach § 273.

bb) Einrede der Vorausklage, § 771

108 Eine Besonderheit des Bürgschaftsanspruchs ist jedoch die Einrede der Vorausklage, die in § 771 geregelt ist. Danach muss der Gläubiger – kurz gesagt – zunächst versuchen, seinen Anspruch gegen den Hauptschuldner durchzusetzen, bevor er den Bürgen als bloßen Sicherungsgeber in die Haftung nimmt.

In der Praxis – vor allem in der Praxis der Banken – spielt aber diese Vorschrift jedoch keine Rolle. Das liegt daran, dass Banken bei Bürgschaften immer verlangen, dass eine **„selbstschuldnerische Bürgschaft"** vereinbart wird. Mit dieser Klausel ist nach § 773 Nr. 1 ein Verzicht auf die Einrede der Vorausklage verbunden. Dieser Verzicht kann auch wirksam in AGB vereinbart werden, da eine solche Klausel von der im Gesetz nach § 773 Nr. 1 zugelassenen Möglichkeit Gebrauch macht.[78]

IV. Spezielle Ausprägungen der Bürgschaft

109 Wie bei anderen im BGB geregelten Ansprüchen hat die Praxis neben diesem Grundmuster eine ganze Reihe von Ausprägungen der Bürgschaft entwickelt, um spezifischen Sicherungsbedürfnissen bei Krediten gerecht zu werden.

110 Bereits oben (Rn. 108) erwähnt hatten wir die **selbstschuldnerische Bürgschaft**, die dem Bürgen das Recht nimmt, sich auf die Einrede der Vorausklage zu berufen.

111 Andererseits haben wir auch über die **Höchstbetragsbürgschaft** gesprochen (Rn. 85), nach der der Bürge zwar für die Verbindlichkeit des Schuldners einstehen will, aber maximal nur bis zu dem in der Bürgschaft vereinbarten Höchstbetrag zu haften bereit ist.

» Die Gesamtschuld ist Stoff des Allgemeinen Schuldrechts. Ich empfehle Ihnen an dieser Stelle, diesen Problemkreis noch einmal zu wiederholen.[79] «

112 Im BGB ist ferner in § 769 die **Mitbürgschaft** erwähnt. Diese liegt immer dann vor, wenn sich für eine Verbindlichkeit mehrere Personen verbürgen. Für die Mitbürgschaft ist nicht erforderlich, dass von Anfang an mehrere Bürgen vorhanden sind oder dass die Bürgen gemeinschaftlich handeln. Selbst dann, wenn die Mitbürgen voneinander nichts wissen, greift § 769.[80]

Die Rechtsfolge bei der Mitbürgschaft ist, dass die Mitbürgen als Gesamtschuldner haften. Der Gläubiger kann sich daher aussuchen, wen er in Anspruch nimmt (§ 421). Dieser Bürge hat dann gemäß § 426 einen Ausgleichsanspruch gegen den oder die Mitbürgen und zwar im Zweifel zu gleichen Teilen.

---

78 Palandt-*Sprau* § 773 Rn. 2.

79 Siehe z.B. im Skript „Schuldrecht AT I" Rn. 142 ff.

80 Palandt-*Sprau* § 769 Rn. 1.

Weiter ist im Gesetz in § 777 noch die **Zeitbürgschaft** geregelt, bei der sich der Bürge nur für einen bestimmten Zeitraum verpflichtet, für die Verbindlichkeiten des Schuldners einzustehen. Läuft dieser Zeitraum ab, wird der Bürge grundsätzlich frei (s.o. Rn. 96 f). **113**

Es gibt noch eine Reihe weiterer Bürgschaftsarten,[81] die hier nicht vertieft dargestellt werden können. Es würde Sie nur verwirren und den Blick auf die Struktur der Bürgschaft trüben. Denn egal, welche Art der Bürgschaft Sie zu prüfen haben: Die Struktur und der Aufbau der Prüfung des Anspruchs des Gläubigers gegen den Bürgen sowie der Regressansprüche gegen den Hauptschuldner sind bei allen Bürgschaftsarten identisch. **114**

Auf eine besondere Bürgschaftsform, der sogenannten Ausfallbürgschaft, muss aber gesondert eingegangen werden.

Eine Ausfallbürgschaft liegt vor, wenn der Ausfallbürge dann verspricht einzutreten, wenn der sogenannte Regelbürge seiner eigenen Bürgschaftsverpflichtung nicht nachkommt.

Beispiel Existenzgründer U betreibt sein Unternehmen in der Rechtsform der GmbH. Sparkasse S gewährt dieser GmbH ein Darlehen, für das sich U selbstschuldnerisch verbürgt. U ist somit Regelbürge. Die Kreditanstalt für Wiederausbau verbürgt sich ihrerseits gegenüber der S für dann Fall, dass der Regelbürge, also U, ausfällt.

Die KfW und der U sind **nicht** Mitbürgen im Sinne des § 769.[82] Das hat weitreichende Konsequenzen. Zahlt der U als Regelbürge, steht ihm kein Ausgleichsanspruch gegen die KfW aus §§ 769, 774 Abs. 2, 426 zu. Zahlt hingegen die KfW, so erwirbt diese nach § 774 Abs. 1, 401 die Forderung nebst bestehender Regelbürgschaft und kann, wenn der Regelbürge wieder zu Vermögen gekommen sein sollte, gegen diesen in voller Höhe vorgehen. ■

B. Andere akzessorische Sicherungsmittel

I. Der Kreditauftrag

Systematisch gehört der in § 778 geregelte Kreditauftrag nicht ins Bürgschaftsrecht, sondern in das Recht der Geschäftsbesorgungsverträge. Wenn jemand im Rahmen eines Auftrags (§ 662) bzw. Geschäftsbesorgungsvertrages (§ 675) einen anderen damit beauftragt, einem Dritten einen Kredit zu gewähren, haftet der Auftraggeber dem Gläubiger für diesen Kredit als Bürge. **115**

Damit ist § 778 keine eigene Anspruchsgrundlage, sondern eine Brückennorm. Obwohl „eigentlich" kein Bürgschaftsvertrag im Sinne des § 765 vorliegt, gelten die Vorschriften trotzdem, weil der Auftraggeber unter den Voraussetzungen des § 778 „wie ein Bürge" haftet.

JURIQ-Klausurtipp

Liegt ein Kreditauftrag vor, lautet die Anspruchsgrundlage wie folgt:

A könnte gegen B einen Anspruch aus einem Kreditauftrag gemäß §§ 778, 765 haben.

---

81 Siehe die Aufzählung bei Palandt-*Sprau* vor § 765 Rn. 6–14.

82 Palandt-*Sprau* § 769 Rn. 3.

PRÜFUNGSSCHEMA

Anspruch gegen Auftraggeber gemäß § 778 – Anspruchsvoraussetzungen

I. Wirksamer Kreditauftrag i.S.d. § 778
P Rechtsgeschäftlicher Verpflichtungswille Rn. 116

II. Kreditgewährung im eigenen Namen und für eigene Rechnung

III. Valutierung des Kredits
Wenn I. bis III. (+) → weitere Prüfung wie beim allgemeinen Bürgschaftsanspruch, oben Rn. 43

116 Zwischen den Auftraggeber und dem Auftragnehmer (der spätere Gläubiger) muss ein Vertrag zustande gekommen sein, der zum Inhalt hat, dass sich der Auftragnehmer verpflichtet, einem Dritten Kredit zu gewähren.

» Lesen Sie § 662 und § 675 – worin liegt ein wesentlicher Unterschied zwischen Auftrag und Geschäftsbesorgungsvertrag? «

P Es handelt sich also um einen Auftrag i.S.d. § 662 oder um einen Geschäftsbesorgungsvertrag[83] nach § 675. Das entscheidende Problem ist häufig, ob der „Auftraggeber" sich wirklich rechtsgeschäftlich binden wollte oder ob es sich beim „Auftrag" doch nur einen bloßen Rat oder eine unverbindliche Empfehlung handelte.

Beispiel Wenn Geschäftsmann G seine Hausbank anruft und ankündigt, dass sein Freund F wegen einer Kreditanfrage vorbeikommen würde, so liegt in diesem Verhalten kein Auftrag des G an die Bank, dem F den Kredit auch wirklich zu geben. ■

Maßgeblich für die Abgrenzung ist das Kriterium des **eigenen Interesses des Auftraggebers an der Kreditgewährung** durch den Auftragnehmer.[84]

Beispiel 1 Der Architekt A soll für B ein Haus errichten. B will mit A den entsprechenden Vertrag aber nur schließen, wenn A ihm eine Finanzierung für das Vorhaben „besorgt". ■

Beispiel 2 Kreditvermittler K arbeitet mit verschiedenen Banken zusammen. Er erhält für die erfolgreiche Vermittlung von Darlehensverträgen, die die Banken mit seinen Kunden dann abschließen, eine Provision. ■

117 Weiter setzt § 778 voraus, dass der Auftragnehmer (also in der Regel die Bank) dem Dritten den Kredit **im eigenen Namen und für eigene Rechnung** gewährt.

118 Schließlich ist Voraussetzung für die Haftung des Auftraggebers als Bürge gegenüber dem Auftragnehmer, dass dieser den Kredit auch tatsächlich dem Dritten valutiert (ausgezahlt) hat.

119 Sind diese drei Voraussetzungen gegeben, haftet der Auftraggeber wie ein Bürge. Für Sie bedeutet das, dass Sie nunmehr das Prüfungsschema für den allgemeinen Bürgschaftsanspruch in Rn. 43 durcharbeiten.

---

83 Vgl. dazu Palandt-*Sprau* vor § 675 Rn. 1 ff.
84 Palandt-*Sprau* § 778 Rn. 2.

II. Die Patronatserklärung

In der Praxis wichtig, aber von geringer Examensrelevanz[85] ist die sogenannte Patronatserklärung. Deshalb in der gebotenen Kürze: 120

Mittels einer Patronatserklärung erklärt eine Gesellschaft („Patron"), in der Regel die „Konzernmutter", gegenüber einem Gläubiger einer anderen, mit ihr verbunden Gesellschaft („Konzerntochter"), dass sie für die Zahlungsfähigkeit der Tochtergesellschaft Sorge tragen werde. Man unterscheidet dabei die **harte von der weichen Patronatserklärung**.

Eine Patronatserklärung ist „weich", wenn sie – etwa als reine Absichtserklärung – in rechtlich unverbindlicher Weise erklärt wird. 121

Beispiel „Wir nehmen prinzipiell Einfluss auf unsere Tochtergesellschaften, damit sie ihren Verpflichtungen nachkommen." ■

Liegt dagegen eine harte Patronatserklärung vor, bindet sich der Patron rechtlich verbindlich. 122

Beispiel „Wir übernehmen die Verpflichtung, unsere Tochtergesellschaft so auszustatten, dass sie stets in der Lage ist, ihren Verbindlichkeiten Ihnen gegenüber fristgerecht nachzukommen." ■

Wenn der Patron eine solche harte Patronatserklärung abgibt und die Verpflichtung dann verletzt wird (also die Tochtergesellschaft nicht fristgerecht zahlt), hat der Gläubiger aus der Verletzung der Patronatserklärung einen Schadenersatzanspruch gegen den Patron.[86]

C. Nichtakzessorische Sicherungsmittel

I. Der Schuldbeitritt

Den Schuldbeitritt haben wir oben Rn. 47 schon kennengelernt. Wir haben geprüft, ob eine Haftungserklärung als Bürgschaft zu verstehen ist oder ob der Erklärende der schon bestehenden Schuld des Schuldners kumulativ beitreten will. 123

Weil der Schuldbeitritt noch gefährlicher ist als die Bürgschaft, ist die herrschende Meinung zu Recht sehr vorsichtig, einen Schuldbeitritt anzunehmen. Nur dann, wenn der Beitretende ein eigenes, unmittelbares wirtschaftliches oder rechtliches Interesse an der Tilgung der Hauptschuld hat, kann die Annahme eines Schuldbeitritts gerechtfertigt sein.

JURIQ-Klausurtipp

Beginnen Sie bei der Prüfung von Personalsicherheiten immer zuerst mit dem Bürgschaftsanspruch. Dieser ist der noch vergleichsweise ungefährlichere und vor allem gesetzlich eingehend geregelte Anspruch. Sie sollten also, wie die Rechtsprechung auch, mit der Annahme des Schuldbeitritts sehr zurückhaltend sein.

85 In vielen Lehrbüchern findet sich nicht einmal das Stichwort!
86 *Looschelders* Schuldrecht Besonderer Teil Rn. 948.

124 Liegen aber die Voraussetzungen eines Schuldbeitritts vor, haftet der Beitretende als Gesamtschuldner gemäß § 421 neben dem eigentlichen Schuldner und nicht subsidiär als Bürge.

Beispiel GmbH-Gesellschafter und Geschäftsführer G tritt durch mündliche Erklärung persönlich einer Kaufpreisverbindlichkeit der GmbH bei und erreicht so eine Ratenzahlungsvereinbarung mit dem Gläubiger. Auf diese Weise kann die drohende Insolvenz der Gesellschaft abgewendet werden. ■

II. Der Garantievertrag

125 Eine ähnliche Behandlung wie der Schuldbeitritt erfährt in der Praxis der sogenannte Garantievertrag, den wir ebenfalls bereits in Abgrenzung zur Bürgschaft kennengelernt haben (oben Rn. 48).

Auch bei ihm gilt, dass ein Garantievertrag nur dann in Betracht kommt, wenn der Garant ein starkes wirtschaftliches Eigeninteresse an der Erfüllung der Hauptforderung hat.[87]

Online-Wissens-Check

Unter welchen Voraussetzungen kann der Bürge seine Bürgschaftserklärung widerrufen?

Überprüfen Sie jetzt online Ihr Wissen zu den in diesem Abschnitt erarbeiteten Themen. Unter **www.juracademy.de/skripte/login** steht Ihnen ein Online-Wissens-Check speziell zu diesem Skript zur Verfügung, den Sie kostenlos nutzen können. Den Zugangscode hierzu finden Sie auf der Codeseite.

87 *Looschelders* Schuldrecht Besonderer Teil Rn. 942; *Huber/Bach* SRBT 1, Rn. 689.

D. Übungsfall Nr. 1

„Unternehmungslustige Bürgen" 126

B ist Geschäftsführer der Sunpower GmbH (S GmbH), an der er auch die Mehrheit der Gesellschaftsanteile hält.

Da die Gesellschaft einige Betriebsmittel anschaffen will, verhandelt sie mit ihrer Hausbank, der G AG (G), über ein Darlehen in Höhe von 100 000 €. Die Bank erklärt sich zur Gewährung des Darlehens bereit, jedoch nur gegen Übernahme einer Bürgschaft durch B. B unterschreibt deshalb ein von der G vorgelegtes Formular, in dem es heißt: „Der Bürge haftet selbstschuldnerisch für alle gegenwärtigen und zukünftigen Verpflichtungen der Schuldnerin aus der Geschäftsverbindung mit der G Bank AG". Im Formular werden in die entsprechenden Felder die S GmbH als „Schuldnerin", die G Bank AG als „Gläubigerin" und der B als „Bürge" eingetragen. G zahlt in der Folge das Darlehen aus.

4 Monate später befindet sich die Gesellschaft in Liquiditätsschwierigkeiten. Die G gewährt der S GmbH nach erneuten Verhandlungen mit B einen weiteren Kredit bis 50 000 €.

Da die erhofften Kunden für die von der S GmbH hergestellten Solaranlagen im weiteren Verlauf ausbleiben, muss S Insolvenz anmelden. G kündigt deshalb sämtliche Darlehensverträge fristlos. Insgesamt besteht eine Verbindlichkeit in Höhe von 150 000 € aus beiden Darlehensverträgen. G will nun den B aus der Bürgschaft in dieser Höhe in Anspruch nehmen. Mit Recht?

Abwandlung

Neben B sollte auch dessen Ehefrau F eine Bürgschaftserklärung abgeben, die ebenfalls an der Gesellschaft beteiligt, aber nicht zur Geschäftsführerin berufen ist. Wegen eines Beinbruchs konnte F sich nur mit Krücken fortbewegen. Ein zuständiger Mitarbeiter der G suchte die davon sehr überraschte F deshalb bei F zu Hause auf. Er bespricht mit ihr die Notwendigkeit, das der S GmbH in Höhe von 100 000 € gewährte Darlehen abzusichern. F unterschrieb in der Folge die vorgelegte Bürgschaftsurkunde (Inhalt wie oben) und händigte sie dem Mitarbeiter der Bank wieder aus.

Nun will G auch F in Anspruch nehmen. F widerruft ihre Bürgschaftserklärung schriftlich gegenüber der Bank und verweigert die Zahlung. Muss F trotzdem zahlen?

Lösung 127

A. Grundfall

Anspruch der G AG gegen B auf Zahlung von 150 000 € gemäß § 765 Abs. 1

Die G AG könnte gegen B einen Anspruch auf Zahlung von 150 000 € gemäß § 765 Abs. 1 haben.

I. Anspruchsentstehung

1. Wirksamer Bürgschaftsvertrag zwischen G und B

Notwendige Anspruchsvoraussetzung ist, dass zwischen G und B ein wirksamer Bürgschaftsvertrag geschlossen wurde, wobei sich die Rechtsfähigkeit der G AG aufgrund ihrer Rechtsform aus § 1 Abs. 1 AktG ergibt.

a) Bürgschaftserklärung seitens B

Nach dem Sachverhalt unterschrieb B ein von der G vorgelegtes Formular, in dem er sich „für alle gegenwärtigen und zukünftigen Verpflichtungen der S GmbH aus der Geschäftsverbindung mit der G Bank AG" selbstschuldnerisch verbürgt. In dieser Erklärung ist eine Bürgschaftserklärung des B zu sehen. Dass eine Bürgschaft auch für künftige Forderungen übernommen werden kann, ergibt sich aus § 765 Abs. 2.

b) Annahme durch G

Eine ausdrückliche Annahmeerklärung seitens der G ergibt sich aus dem Sachverhalt nicht. Jedoch genügt nach § 151 eine Annahme als solche, wenn der Antragende auf die Erklärung der Annahme ihm gegenüber verzichtet hat oder dies nach der Verkehrssitte nicht üblich ist. Letzteres ist immer dann anzunehmen, wenn das Rechtsgeschäft für den Angebotsempfänger lediglich rechtlich vorteilhaft ist. Dies ist bei der Bürgschaft der Fall.

Es bedarf daher zum Abschluss des Bürgschaftsvertrages lediglich der Annahme auf Seiten der G als solcher, d.h. eines als Willensbetätigung zu wertendes, nach außen hervortretendes Verhalten, aus dem sich der Annahmewille unzweideutig ergibt.

In welchen Handlungen eine genügende Betätigung des Annahmewillens zu finden ist, lässt sich nur aufgrund einer Würdigung des konkreten Einzelfalles entscheiden. Dabei ist mangels Empfangsbedürftigkeit der Willensbetätigung nicht auf den Empfängerhorizont (§ 157) abzustellen. Vielmehr kommt es darauf an, ob vom Standpunkt eines unbeteiligten objektiven Dritten aus das Verhalten des Angebotsempfängers aufgrund aller äußeren Indizien auf einen „wirklichen Annahmewillen" (§ 133) schließen lässt. In der Entgegennahme und dem Behalten der Bürgschaftsurkunde ist regelmäßig der Annahmewille des Gläubigers dokumentiert. Im Übrigen zeigt die Inanspruchnahme des B, dass G vom Abschluss eines wirksamen Bürgschaftsvertrages mit G ausging.

Damit liegt ein Vertragsschluss durch Angebot und Annahme vor.

c) Form, § 125 S. 1 i.V.m. §§ 766 S. 1, 126 Abs. 1

Zu prüfen ist, ob die Bürgenerklärung des B auch dem Formgebot des §§ 766 S. 1, 126 Abs. 1 gerecht worden ist. Andernfalls wäre die Bürgschaft nach § 125 S. 1 nichtig. Die Übernahme der Bürgschaft war für B kein Handelsgeschäft i.S.d. § 350 HGB, sodass eine formlose Übernahme der Bürgschaft nicht möglich war. Die Tatsache, dass B GmbH-Geschäftsführer ist, macht ihn selbst nicht zu einem Kaufmann im Sinne dieser Vorschrift. Nur die GmbH selber betreibt das Gewerbe und ist nach § 13 Abs. 3 GmbHG i.V.m. § 6 Abs. 1 HGB den Vorschriften über Kaufleute unterworfen.

Gemäß § 766 S. 1 muss die Erklärung des Bürgen in schriftlicher Form erteilt werden. Weil die Formvorschrift des § 766 S. 1 den Bürgen vor der mit seiner Erklärung verbundenen Haftung warnen soll, ist die Schriftform nur gewahrt, wenn die Urkunde i.S.d. § 126 Abs. 1 außer dem Willen, für fremde Schuld einzustehen, auch die Bezeichnung des Gläubigers, des Hauptschuldners und der verbürgten Forderung enthält. Schließlich soll die Urkunde das übernommene Risiko des Bürgen eingrenzen und es damit dem Bürgen bei Abgabe seiner Erklärung vor Augen führen. Aus der Erklärung ergeben sich die Gläubigerin (G Bank AG), die Hauptschuldnerin (S GmbH), der Schuldgrund (alle gegenwärtigen und künftigen Verpflichtungen der S GmbH aus Geschäftsverbindungen) und der Verbürgungswille der B.

Fraglich ist aber, ob es ausreicht, dass der Bürge die durch seine Bürgschaft gesicherten Forderungen nur in der Weise bestimmt, dass er die Formulierung „alle gegenwärtigen und zukünftigen Verpflichtungen" wählt. Möglicherweise genügt eine solche weitreichende Formulierung nicht, um dem aus der Formvorschrift des § 766 S. 1 folgenden Bestimmtheitserfordernis gerecht zu werden. Man könnte der Auffassung sein, dass die Urkunde mit einer derart weiten Beschreibung der Hauptschuld ihrer Funktion, dem Bürgen sein Haftungsrisiko deutlich vor Augen zu führen, nicht gerecht werden könne.

Unter Bestimmbarkeit ist nach allgemeiner Auffassung aber gemeint, dass anhand der schriftlichen Erklärung die zu sichernde Forderung im Zeitpunkt ihrer Entstehung als zur Bürgschaft gehörig bestimmt werden kann. In diesem Sinne liegt eine ausreichende Bestimmbarkeit vor, da nach der Bürgschaftserklärung auf die laufende Geschäftsverbindung zwischen der G Bank und S abgestellt wird und eben alle, und zwar ausnahmslos alle Forderungen, die im Rahmen dieser laufenden Geschäftsverbindung bestehen und entstehen, von der Bürgschaft erfasst sein sollen. Probleme bei der Zuordnung späterer Forderungen zu dieser Bürgschaftserklärung können nicht entstehen. Die Urkunde führt dem Bürgen mit dieser Formulierung sein Risiko deutlich vor Augen, indem seine Haftung eben als unbeschränkte und zum jetzigen Zeitpunkt unübersehbare Einstandspflicht für alle gegenwärtigen und künftigen Forderungen vor Augen geführt wird. Probleme im Hinblick auf die Bestimmbarkeit der Hauptschuld bestehen aus diesem Grunde nicht.

Indem B die Urkunde unterschrieben hat, wurde auch die Schriftform gemäß § 126 Abs. 1 gewahrt. Schließlich hat B seine schriftliche Bürgschaftserklärung der G auch „erteilt" i.S.d. § 766 S. 1, indem er der G die von dieser vorgelegte Urkunde unterschrieben aushändigte.

d) Nichtigkeit nach § 138 Abs. 1

Zu prüfen ist weiter, ob die Bürgschaft als sittenwidrig nach § 138 Abs. 1 anzusehen und deshalb nichtig ist. Dafür fehlen im vorliegenden Fall aber ausreichende Anhaltspunkte. Insbesondere ist nicht ersichtlich, dass B aus Unerfahrenheit oder einer Zwangslage heraus die Bürgschaftserklärung abgegeben hätte. Liquiditätsschwierigkeiten auf Seiten der GmbH, an denen B mehrheitlich beteiligt, reichen dafür nicht aus. Vielmehr erscheint es gerade vernünftig, in so einer Situation der Gesellschaft neue Finanzmittel zuzuführen. Mit der Abwendung der Insolvenz der GmbH bleiben dem Bürgen B die Wertschätzung seiner Gesellschaftsanteile schließlich erhalten. Eine Nichtigkeit nach § 138 Abs. 1 scheidet deshalb aus.

e) Inhaltskontrolle

Fraglich ist, ob die Bedingungen des Vertrages gemäß §§ 305 ff. wirksam in den Bürgschaftsvertrag einbezogen wurden. Möglicherweise ist nämlich die Klausel in der von der G Bank AG verwendeten Formularurkunde, der zufolge B für alle gegenwärtigen und zukünftigen Verpflichtungen der S GmbH als Bürge einstehen soll, nach § 305c oder nach § 307 Abs. 1, Abs. 2 Nr. 1 unwirksam.

aa) Allgemeine Geschäftsbedingung

Die Bestimmung der Reichweite einer formularmäßigen Bürgschaftserklärung stellt eine allgemeine Geschäftsbedingung i.S.d. § 305 Abs. 1 dar, da nach dem Sachverhalt die Reichweite der Bürgschaft nicht zum Gegenstand besonderer Verhandlungen gemacht wurde und deshalb nach § 305 Abs. 1 S. 3 als Individualvereinbarung anzusehen ist. Die Klausel ist mit der Unterschrift des B und der Annahme seiner Erklärung durch G auch als solche auch Vertragsbestandteil geworden. Dazu bedurfte es nicht der besonderen Voraussetzungen des § 305 Abs. 2, da die Unterschrift des B unter die von G vorbereitete Formularerklärung bereits den gesamten, formularmäßigen Inhalt der Erklärung abdeckte.

bb) Unwirksamkeit nach § 305c Abs. 1

Nach § 305c Abs. 1 sind Allgemeine Geschäftsbedingungen unwirksam, die nach den Umständen so ungewöhnlich sind, dass der Vertragspartner des Verwenders mit dieser Regelung nicht rechnen musste. Dabei kann sich der überraschende Charakter gemäß § 305c Abs. 1 bereits aus der formalen Gestaltung der Allgemeinen Geschäftsbedingungen ergeben, indem nämlich eine bestimmte Regelung gleichsam „versteckt" in einem sachfremden Zusammenhang auftaucht. Eine solche Gestaltung der Allgemeinen Geschäftsbedingungen der G ergibt sich aus dem Sachverhalt jedoch nicht. § 305c versteht diesen Fall aber nicht als abschließenden Anwendungsbereich, sondern erfasst aber auch solche Fälle, in denen sich der überraschende Charakter einer Klausel aus anderen Umständen ergibt.

Möglicherweise ist es als überraschend anzusehen, dass B für auch für alle zukünftigen Verbindlichkeiten der S aus der Geschäftsverbindung mit G haften soll, obwohl B die Bürgschaft nur aus Anlass eines bestimmten Darlehens in Höhe von 100 000 € erteilte und sich das Sicherungsbedürfnis der Bank folglich zunächst auf den Rückzahlungsanspruch aus diesem Darlehensvertrag beschränkte. Nach dem Sachverhalt war bei Erteilung der Bürgschaft auch keine Rede davon, dass B der G generell als Sicherungsgeber zur Verfügung stehen sollte oder der B sein Vermögen der G von sich aus als Sicherungsmasse zur Verbesserung der Geschäftsbeziehung zur Verfügung stellen wollte und sich gar keine Gedanken über die Höhe des Haftungsrisikos gemacht hat.

Grundsätzlich muss ein Sicherungsgeber, hier der B als Bürge, der aus Anlass eines Darlehens eine Bürgschaft übernimmt, wegen der mit diesem Anlass verbundenen Zweckvorstellung in Bezug auf die von ihm gegebenen Sicherheit nicht damit rechnen, auch für alle künftigen Verbindlichkeiten des Hauptschuldners zu haften. Er wird durch die Klausel gewissermaßen „überrumpelt". Dem steht auch nicht die Vorschrift des § 765 Abs. 2 entgegen, da die dort vorgesehene Möglichkeit, eine Bürgschaft für künftige Forderungen zu übernehmen, nichts darüber besagt, ob der Bürge mit solchen Erweiterungen der Bürgschaft im konkreten Einzelfall rechnen muss.

Allerdings könnte im vorliegenden Fall ausnahmsweise etwas anderes gelten, weil B die Bürgschaft als Geschäftsführer und Mehrheitsgesellschafter übernommen hat. B hat schließlich die Möglichkeit, das Risiko einer Ausweitung seiner Bürgenhaftung durch Neuaufnahme oder Erweiterung von Krediten durch die S bei der G zu erkennen und darauf durch Abstandnahme vom Kredit oder Kündigung seiner Bürgschaft zu reagieren. Außerdem ist Geschäftsführern bzw. Mehrheitsgesellschaftern die bankübliche Verwendung von Globalbürgschaften typischerweise vertraut, so dass diese ausnahmsweise nicht des Schutzes nach § 305c Abs. 1 bedürfen.

Die von G verwendete Zweckerklärung ist deshalb ausnahmsweise nicht nach § 305c Abs. 1 unwirksam.

cc) Unwirksamkeit nach § 307 Abs. 1, Abs. 2 Nr. 1

Die in der Formularurkunde enthaltene Zweckerklärung könnte jedoch nach § 307 Abs. 1, Abs. 2 Nr. 1 unwirksam sein.

Man könnte die Ansicht vertreten, es gehöre gemäß § 765 Abs. 2 zu den Regelfällen des Gesetzes, dass eine Bürgschaft auch für künftige, der Höhe nach nicht feststehende Forderungen gegen den Hauptschuldner übernommen werden kann. Keine der Vorschriften der §§ 765 ff., auch nicht § 767, sieht zwingend die Beschränkung der Bürgschaft auf einen bestimmten Höchstbetrag vor, wenn sie von vornherein für künftige, aus einer bestimmten Geschäftsverbindung entstehende Ansprüche übernommen worden ist.

Dabei bliebe aber die Bedeutung des § 767 Abs. 1 S. 3 unberücksichtigt. Die Vorschrift bestimmt, dass die Bürgenverpflichtung nicht durch ein Rechtsgeschäft erweitert wird, das der Hauptschuldner nach Übernahme der Bürgschaft vornimmt. Diese Regelung ist nicht lediglich dann anzuwenden, wenn eine Begrenzung konkret vereinbart ist. Vielmehr setzt das Gesetz zum Schutze des Bürgen neben der Bestimmtheit der zu sichernden Forderungen eine gegenständliche Begrenzung der Bürgschaft als selbstverständlich voraus. Auf diese Weise soll verhindert werden, dass Hauptschuldner und Gläubiger den Umfang der Bürgschaft eigenmächtig ausweiten. Eine unbegrenzte Ausdehnung der Haftung durch rechtsgeschäftliches Handeln anderer widerspricht dem elementaren Schutz der durch § 767 Abs. 1 S. 3 geschützten Privatautonomie des Bürgen.

Allerdings kann B als Geschäftsführer die Ausdehnung seiner Bürgenhaftung selber maßgeblich bestimmen. Er unterliegt als Bürge gerade nicht einer Fremddisposition, sondern haftet im Ergebnis für die von ihm als Geschäftsführer getroffenen Entscheidungen.

Eine Unwirksamkeit nach § 307 Abs. 1 scheidet deshalb aus.

2. Entstehung der gesicherten Forderung, § 767 Abs. 1 S. 1

Die Entstehung einer Bürgschaftshaftung setzt schließlich voraus, dass die gesicherte Hauptforderung entstanden ist. Dies ist nach dem Sachverhalt der Fall, da die G von der nach § 13 Abs. 1 GmbHG rechtsfähigen S Zahlung von insgesamt 150 000 € beanspruchen kann.

II. Rechtsvernichtende Einwendungen

Umstände, die den Anspruch der G gegen B zum Erlöschen bringen könnten, sind im vorliegenden Fall nicht ersichtlich.

III. Durchsetzbarkeit

Der Anspruch der G ist durchsetzbar, wenn er fällig ist und einredefrei besteht.

1. Fälligkeit

Aufgrund der in den §§ 767 ff. zum Ausdruck gebrachten Akzessorietät der Bürgschaft ist der Anspruch des Gläubigers gegen den Bürgen erst dann fällig, wenn auch die gesicherte Hauptschuld fällig ist.

Die durch die Bürgschaft gesicherten Rückzahlungsansprüche der G werden mangels vertraglich bestimmter Frist gemäß § 488 Abs. 3 S. 1 mit Kündigung fällig. Die dazu erforderlichen Kündigungserklärungen seitens der G liegen nach dem Sachverhalt vor. Die Berechtigung zur fristlosen Kündigung folgt hier aus § 490 Abs. 1, da die S bereits Insolvenz anmelden musste. Da sich die Antragspflicht gemäß §§ 16, 17, 19 InsO entweder aus einer Überschuldung der GmbH oder einer bereits eingetretenen Zahlungsunfähigkeit ergibt, steht damit zugleich fest, dass sich die Vermögensverhältnisse der S derart verschlechtert haben, dass eine Rückzahlung der Kredite auch unter Berücksichtigung der Bürgschaft des B und der F zumindest gefährdet erschien.

Die Zahlungsverpflichtung des B ist damit fällig.

2. Einreden

Einreden des B sind nicht ersichtlich. Insbesondere kann B sich nicht auf die Einrede der Vorausklage gemäß § 771 berufen, da er in dem Formularvertrag auf die Einrede der Vorausklage verzichtet hatte. Diese Klausel ist auch nicht nach § 307 Abs. 2 Nr. 1 unwirksam, da der Verzicht vom Gesetzgeber in § 773 Abs. 1 Nr. 1 ausdrücklich für zulässig gehalten wird.

IV. Ergebnis

Die G Bank kann daher von B Zahlung in Höhe von 150 000 € aus einem mit ihm geschlossenen Bürgschaftsvertrag gemäß § 765 Abs. 1 verlangen. Der Anspruch ist durchsetzbar.

B. Abwandlung: Anspruch der G gegen F auf Zahlung von 150 000 € gemäß § 765 Abs. 1

Zu prüfen ist, ob F ebenso wie B auf Zahlung von 150 000 € aufgrund eines mit der G geschlossenen Bürgschaftsvertrages in Anspruch genommen werden kann.

I. Anspruchsentstehung

1. Bürgschaftsvertrag zwischen G und F

Nach dem Sachverhalt ist ein Bürgschaftsvertrag zwischen G und F mit demselben Inhalt wie Im Falle des B geschlossen worden. Anhaltspunkte für eine Nichtigkeit des Bürgschaftsvertrages wegen Verstoßes gegen die guten Sitten nach § 138 Abs. 1 bestehen nicht, da weder von einer bereits bei Vertragsschluss absehbaren finanziellen Überforderung der F noch von einer unvernünftigen Entscheidung aus einer emotionalen oder existentiellen Zwangslage heraus ausgegangen werden kann.

2. Inhaltskontrolle

Fraglich ist aber, ob F sich nach ihrer formularmäßigen Erklärung ebenfalls wirksam zur Sicherung beider Rückzahlungsansprüche der G verpflichtete.

Möglicherweise verstößt die globale Sicherungsklausel anders als bei B nun gegen § 305c Abs. 1 und/oder § 307.

a) Unwirksamkeit der Zweckerklärung gemäß § 305c Abs. 1

Ebenso wie B übernahm F aus Anlass einer Kreditaufnahme der S in Höhe von 100 000 € eine Bürgschaft zugunsten der S. Anders als B ist die F aber weder Geschäftsführerin noch mehrheitlich an der Gesellschaft beteiligt. Sie kann deshalb keinen Einfluss auf die Entwicklung der Verbindlichkeiten der Gesellschaft nehmen. Aus diesem Grunde stellt sich die in dem Bürgschaftsformular enthaltene Erstreckungsklausel wegen Verstoßes gegen § 305c Abs. 1 als unwirksam dar. F musste als Verbraucherin nicht mit dieser Erstreckung auf künftige Verbindlichkeiten rechnen.

b) Unwirksamkeit der Zweckerklärung gemäß § 307 Abs. 1 und 2

Außerdem könnte die Erklärung der F nach § 307 Abs. 1 und 2 unwirksam sein.

Wie bereits ausgeführt weicht eine globale Sicherungsklausel vom gesetzlichen Leitbild des § 767 Abs. 1 S. 3 ab. Mit einer derartigen Abweichung vom dispositiven Gesetzesrecht rechnet der Bürge im Allgemeinen nicht. Da die Bankverbindung eine inhaltlich offene Geschäftsbeziehung darstellt, reicht die sachliche Beschränkung der Bürgenhaftung auf Forderungen aus der bankmäßigen Geschäftsverbindung zum Schutz des Bürgen nicht aus. Mit der weiten Zweckerklärung wird dem Bürgen zugemutet, ein unkalkulierbares Risiko zu übernehmen. Die Entstehung und ordnungsgemäße Tilgung neuer Schulden kann der Bürge nicht beeinflussen. Hat er dafür einzustehen, kann sich seine Haftung unversehens auf ein Vielfaches dessen belaufen, womit er schlimmstenfalls gerechnet hat. Dadurch droht ihm unter Umständen der Ruin. Vor diesen Folgen soll er durch § 767 Abs. 1 S. 3 gerade bewahrt werden. Ohne sein Einverständnis soll er nicht Gefahr laufen, durch unkontrollierbare Maßnahmen Dritter – des Hauptschuldners und des Gläubigers – in eine unübersehbare Haftung zu geraten. Eine unangemessene Benachteiligung i.S. von § 307 Abs. 1 setzt nicht voraus, dass der Bürge bei der Abgabe seiner Erklärung einen – auch der Höhe nach – bestimmten Kredit vor Augen gehabt hat. Sogar ein Bürge, der pauschal und unreflektiert für „die Verbindlichkeiten" des Hauptschuldners einstehen will, wird unangemessen benachteiligt, wenn ihm formularmäßig angesonnen wird, für andere Schulden als jene, die objektiv Anlass der Verbürgung waren, als Bürge zu haften. Objektiver Anlass ist das aktuelle Sicherungsbedürfnis des Gläubigers unter Wahrung des Verbots der Fremddisposition. Sichert die Bürgschaft einen Tilgungskredit, bildet dieser – soweit er im Zeitpunkt der Verbürgung (noch) besteht – den objektiven Anlass.

c) Rechtsfolge

Die in der formularmäßigen Zweckerklärung vorgesehene Erstreckung der Bürgschaft alle gegenwärtigen und zukünftige Forderungen der G gegen S, die nicht Anlass der Bürgschaft waren, ist daher wegen Verstoßes gegen §§ 305c Abs. 1, 307 Abs. 1 und 2 unwirksam. Der Gesetzgeber hat sich in § 306 Abs. 1 im Grundsatz dafür entschieden, dass sich – abweichend von § 139 – die Rechtsfolgen der AGB-Kontrolle auf die jeweils betroffenen Klauseln oder Klauselteile beschränken. Zur Unwirksamkeit der gesamten Klausel oder gar des ganzen Vertrages unter Einschluss auch der durch die AGB-Kontrolle nicht unmittelbar betroffenen Teile soll es – ausnahmsweise – nur dann kommen, wenn das Festhalten an der – eventuell nach § 306 Abs. 2 ergänzten – Regelung für einen der Vertragspartner unzumutbar ist (§ 306 Abs. 3). Dass die formularmäßige Ausdehnung der Bürgenhaftung auf alle Forderungen aus der Bankverbindung nicht Bestandteil des Vertrages geworden ist, hat somit gemäß § 306 Abs. 1 und 2 grundsätzlich nicht die Unwirksamkeit des Bürgschaftsvertrages zur Folge. Nach Beanstandung einer AGB-Klausel oder eines Klauselteils setzt die Aufrechterhaltung des Vertrages allerdings grundsätzlich voraus, dass das Klauselwerk in einen zulässigen und einen unzulässigen Teil aufgespalten werden kann. Dafür wird verlangt, dass eine Zerlegung in jeweils für sich verständliche und sinnvoll voneinander trennbare Bestandteile möglich ist. Inhaltlich und gegenständlich ist die vorliegende Zweckerklärung ohne weiteres teilbar, indem die Zweckerklärung nur die Ansprüche aus dem konkreten Darlehensvertrag erfasst, der den Anlass für die Bürgschaftsübernahme bildete. Demgegenüber ist eine vollständige sprachliche Teilung nicht möglich. Eine Beschränkung der Bürgenhaftung im sachlich gebotenen Sinne, lässt sich nicht durch Streichung des Wortes „zukünftige" bewerkstelligen. Denn dadurch bliebe die Haftung für gegenwärtige Forderungen, die *nicht* den „Anlass" für die Bürgschaftsübernahme gebildet haben, aufrechterhalten.

Obwohl eine einwandfreie Fassung der Klausel nicht durch Weglassen einzelner Teile, sondern nur durch eine Umformulierung erreicht werden kann, könnte eine geltungserhaltende Reduktion gleichwohl zulässig sein. Das Verbot der geltungserhaltenden Reduktion soll den Vertragspartner des Verwenders vor unbilligen Klauseln schützen und darauf hinwirken, dass der Inhalt Allgemeiner Geschäftsbedingungen den beiderseitigen Interessen gerecht wird. Dem würde es zuwiderlaufen, wenn es zugelassen würde, dass der Verwender bei der Aufstellung seiner Konditionen unbedenklich über die Grenze des Zulässigen hinausgehen dürfte, ohne mehr befürchten zu müssen, als dass das Gericht die Benachteiligung seines Geschäftspartners auf ein gerade noch zulässiges Maß zurückführt. Darum geht es hier aber nicht. Die Umformulierung der Klausel soll im Gegenteil dazu dienen, dass der Vertrag einen Leistungsinhalt behält, und zwar genau denjenigen, der den Vorstellungen des Bürgen bei der Abgabe der Bürgschaftserklärung entspricht, sodass seine berechtigten Interessen voll berücksichtigt werden. Die Totalnichtigkeit der Bürgschaft wäre – gemessen am Schutzzweck der AGB-Normen – eine überschießende Rechtsfolge.[88] Deshalb ist es nicht zum Schutze des Bürgen verboten, das von den Parteien bei Vertragsschluss gewünschte Ergebnis durch Umformulierung einer einheitlichen Klausel zu bewirken.

Die Bürgschaftserklärung der F beschränkt sich daher, anders als im Grundfall, nur auf die Hauptschuld, die den Anlass der Verbürgung gebildet hat. Sie kann daher allenfalls auf Zahlung eines Betrages in Höhe von 100 000 € haften.

II. Rechtsvernichtende Einwendung durch Widerruf gemäß §§ 355, 357 Abs. 1 S. 1

Möglicherweise ist die F aber wegen Widerrufs gemäß §§ 355, 357 Abs. 1 S. 1 überhaupt nicht mehr an ihre Bürgschaftserklärung gebunden, so dass ihre Haftung aus dem Bürgschaftsvertrag entfallen wäre.

1. Widerrufserklärung

Dies setzt einen Widerruf der F voraus, der im vorliegenden Fall schriftlich gegenüber der G erfolgt ist. Die nach § 355 Abs. 1 zu beachtende Textform i.S.d. § 126b wurde deshalb (erst recht) gewahrt.

2. Widerrufsrecht aus § 312 Abs. 1

Der Widerruf führt aber nur dann zur Unverbindlichkeit der Bürgschaftserklärung, wenn der F überhaupt ein Widerrufsrecht zustand. Ein solches Widerrufsrecht könnte sich hier aus § 312 Abs. 1 S. 1 ergeben.

88 *BGH* in BGHZ 130, 19 ff. = NJW 1995, 2553 ff.

a) Kein Ausschluss nach § 312a

Ein Widerrufsrecht aus anderen Gründen, das gemäß § 312a geeignet sein könnte, die Widerrufsbefugnis aus § 312 Abs. 1 auszuschließen, ist nicht ersichtlich. Insbesondere steht der F kein Widerrufsrecht analog § 495 zu, da die Vorschriften über den Verbraucherdarlehensvertrag auf Bürgschaftsverträge mangels planwidriger Regelungslücke keine entsprechende Anwendung finden können.

b) Sachlicher Anwendungsbereich

Ein Widerrufsrecht aus § 312 Abs. 1 setzt sachlich zunächst einen „entgeltlichen Vertrag" voraus. Dagegen könnte sprechen, dass die Bürgschaft als einseitige Verbindlichkeit des Bürgen unentgeltlich ist und außerdem streng vom eigentlichen Darlehensvertrag, aus dessen Anlass die Bürgschaft erteilt wird, zu trennen ist. Der Gesetzgeber hatte bei der Regelung der §§ 312 ff. die typischen Haustürgeschäfte, wie z.B. Kaufverträge, vor Augen. Dies könnte also gegen die Anwendung des § 312 Abs. 1 S. 1 sprechen.

Andererseits könnte sich die Entgeltlichkeit auch mittelbar daraus ergeben, dass die G die Auszahlung der Darlehensvaluta nicht nur von der Zinspflicht des Darlehensnehmers abhängig macht, sondern eben auch von der Stellung einer Sicherheit. Mittelbar stellt die Erteilung einer Bürgschaft somit eine Gegenleistung im Sinne einer kausalen Verknüpfung dar, so dass eine zumindest mittelbare Entgeltlichkeit anzunehmen ist.

Entscheiden muss deshalb der Sinn und Zweck des § 312: § 312 soll vor Übereilung schützen. Wenn ein Kaufvertrag bei einem Kaufpreis von mehr als 40 € (vgl. § 312 Abs. 3 Nr. 2) bereits in den Anwendungsbereich von § 312 fällt, dann muss dies erst recht für das vielfach riskantere Geschäft eines Bürgschaftsvertrages gelten.

Allerdings wollen die §§ 312 ff. nur den Verbraucher schützen. Deshalb fordert eine Ansicht, dass sowohl der Bürge als Verbraucher handeln muss und die mit der Bürgschaft gesicherte Hauptverbindlichkeit auf einem Verbraucher- und Hautürgeschäft i.S.d. § 312 beruhen müsse. Andernfalls würde der Anwendungsbereich des § 312 über das erforderliche Maß hinausgehen.

Dem ist aber entgegenzuhalten, dass eine solche Einengung mit dem Sinn und Zweck des § 312 Abs. 1 S. 1 Nr. 1 nicht vereinbar ist. Diese Vorschrift dient dem Schutz des Verbrauchers vor der Gefahr, bei der Anbahnung eines Vertrages in einer ungewöhnlichen räumlichen Situation überrumpelt und zu einem unüberlegten Geschäftsabschluss veranlasst zu werden. Diese Gefahr droht auch einem Bürgen, wenn er sich selbst in einer sogenannten Haustürsituation befindet. Sie besteht unabhängig davon, ob die Hauptschuld ein Verbraucherdarlehen oder ein gewerblicher Kredit ist und ob der Hauptschuldner ebenfalls durch eine Haustürsituation zum Vertragsschluss bestimmt worden ist. Die Akzessorietät der Bürgschaft rechtfertigt keine andere Beurteilung. Sie eröffnet dem Bürgen zwar die Möglichkeit, sich analog § 770 auf ein etwaiges Widerrufsrecht des Hauptschuldners zu berufen, macht aber die Begründung eines eigenen Widerrufsrechts des Bürgen nicht von der Verbrauchereigenschaft des Hauptschuldners oder einer auf diesen bezogenen Haustürsituation abhängig. Der Bürgschaftsvertrag begründet ein eigenes Schuldverhältnis und unter den Voraussetzungen des § 312 ein eigenes Widerrufsrecht des Bürgen.

c) Persönlicher Anwendungsbereich

F ist bei Abschluss des Bürgschaftsvertrages als Verbraucherin i.S.d. § 13 anzusehen, da sie ihre Erklärung nicht in Ausübung einer selbständig beruflichen oder gewerblichen Tätigkeit erteilt hat

d) Haustürgeschäft (§ 312 Abs. 1 S. 1 Nr. 1)

Ein „Haustürgeschäft" i.S.d. § 312 Abs. 1 S. 1 Nr. 1 liegt vor, da F in Ihrer Wohnung zur Erteilung ihrer Bürgschaftserklärung bestimmt worden ist, ohne den Bankmitarbeiter zu sich bestellt zu haben (§ 312 Abs. 3 Nr. 1).

III. Ergebnis

F konnte Ihre Bürgschaftserklärung wirksam widerrufen und ist folglich nicht mehr an ihre Verpflichtung aus dem Bürgschaftsvertrag gebunden (§ 355 Abs. 1 S. 1).

3. Teil
Mobiliarsicherheiten

A. Das Pfandrecht an beweglichen Sachen

I. Die Bedeutung des Pfandrechts

1. Das Pfandrecht in der Praxis

Nach den Vorstellungen des historischen Gesetzgebers sollte das Pfandrecht das zentrale Kreditsicherungsmittel bei den Mobiliarsicherheiten sein.[1] **128**

Die Bedeutung des vertraglichen Pfandrechts ist in der Praxis der Kreditsicherung jedoch gering. Sieht man von den Pfandleihhäusern einmal ab, kommt es praktisch nicht vor. Es ist durch die Sicherungsübereignung verdrängt worden.[2] Auf diese gehen wir ab Rn. 175 ff. ausführlich ein.

Große Bedeutung hat das Pfandrecht jedoch im Bereich des gesetzlichen Pfandrechts. Denken Sie etwa an das Pfandrecht des Vermieters oder das Pfandrecht des Werkunternehmers (zu den weiteren Fallgruppen s.u. Rn. 151).

2. Rechte aus dem Pfandrecht

129

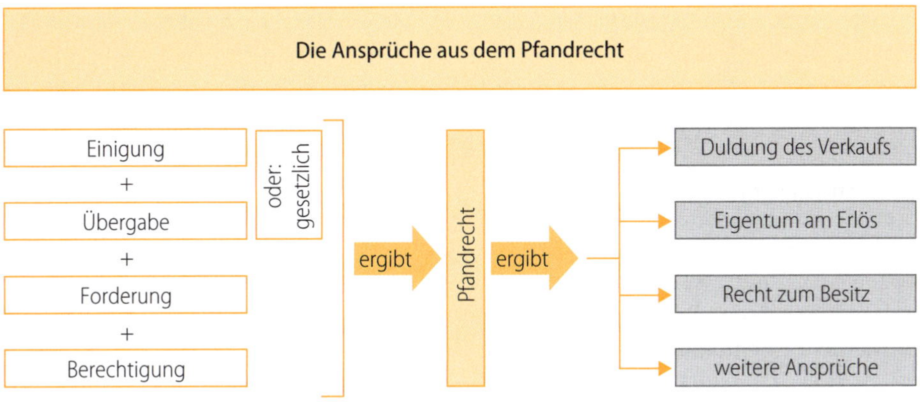

a) Verwertungsrecht des Eigentümers

Während die oben behandelte Bürgschaft einen direkten Anspruch des Gläubigers gegen den Bürgen auf Zahlung gibt, hat der Gläubiger gegen den Verpfänder nur einen Anspruch darauf, dass **dieser die Verwertung der Sache duldet**. Dies folgt aus § 1228 Abs. 2. Sobald die Forderung ganz oder zum Teil fällig ist, muss der Verpfänder die Verwertung der Sache durch Verkauf dulden. Wenn also in einem Sachverhalt eine bewegliche Sache verpfändet wurde oder ein gesetzliches Pfandrecht in Betracht kommt, nehmen Sie § 1228 Abs. 2 als **130**

1 *Bülow* Kreditsicherung Rn. 469.
2 *Westermann* Sachenrecht Rn. 209; *Habersack* Sachenrecht Rn. 190.

„Anspruchsgrundlage". Im Rahmen dessen müssen Sie dann prüfen, ob das Pfandrecht entstanden ist, noch besteht und ob es durchgesetzt werden kann.

131 Der Verkauf selber erfolgt nach den Vorschriften der §§ 1233 bis 1240, auf deren detaillierte Darstellung hier verzichtet werden kann. Nur soviel: Grundsätzlich muss das Pfand öffentlich versteigert werden (§ 1235 Abs. 1), es sei denn, die Sache hat einen Börsen- oder Marktpreis. Dann ist ein Verkauf durch den Gläubiger selber zulässig (§ 1235 Abs. 2, 1221).

Hinweis

Der Bürge muss im Sicherungsfall zahlen. Der Eigentümer einer verpfändeten beweglichen Sache muss dulden, dass der Pfandgläubiger diese verkauft. Noch anders ist es bei der Hypothek und der Grundschuld: Dort hat der Gläubiger einen Anspruch darauf, dass der Eigentümer des Grundstücks die Zwangsvollstreckung duldet (dazu detailliert Rn. 263).

132 Im Ergebnis hat der Pfandgläubiger die Sache durch Versteigerung zu Geld gemacht. Jetzt gehört die Sache einem anderen und an die Stelle der Sache ist Geld getreten. Wem gehört jetzt dieses Geld? Diese Frage beantwortet § 1247. Soweit der Erlös dem Gläubiger gebührt, gehört das Geld ihm (§ 1247 S. 1). Hat jetzt der Verkauf der Sache mehr erbracht als dem Gläubiger gebührt, „tritt der Erlös an die Stelle der Sache". Hier handelt es sich um eine sogenannte **dingliche Surrogation**.[3] Wem vorher die Sache gehörte (die jetzt an einen Dritten verkauft ist), dem gehört jetzt das Geld. Dieses kann er dann gemäß § 985 herausverlangen.

b) Recht zum Besitz

133 Das Pfandrecht an einer beweglichen Sache setzt, wie wir gleich noch näher sehen werden, unmittelbaren Besitz beim Gläubiger voraus. Deshalb ist das Pfandrecht auch ein **Recht zum Besitz** nach § 986.[4] Deshalb kann sich der Pfandgläubiger gegen den Herausgabeanspruch des Eigentümers, den dieser aus § 985 hat, mittels § 986 Abs. 1 S. 1 zur Wehr setzen.

c) Schutzansprüche

134 Schließlich gewährt das Pfandrecht spezielle Ansprüche. Wichtig ist insbesondere der Verweis in § 1227. Nach **§ 1227** (ggf. i.V.m. § 1257) stehen dem Pfandgläubiger zur Verteidigung seines Pfandes gegen Besitzentziehungen oder sonstige Störungen die **gleichen Ansprüche zu wie dem Eigentümer**, also §§ 985 ff. und § 1004.[5]

135 In Klausuren berühmt geworden ist hier der Anspruch auf **Herausgabe des Kfz-Briefes** aus §§ 1227, 985.

Zunächst einmal möchte ich ein (zuweilen auch bei Juristen anzutreffendes) Missverständnis aus der Welt schaffen: Es ist schlicht und einfach falsch, wenn man sagt: Wer den Brief hat, dem gehört auch das Auto. Es ist vielmehr genau umgekehrt: Wem das Auto gehört, dem gehört auch der Brief.

3 Zur dinglichen Surrogation vgl. *Coester-Waltjen* Jura 1996, 24 ff.
4 Palandt-*Bassenge* § 986 Rn. 3.
5 Zu diesen Ansprüchen ausführlich im Skript „Sachenrecht I" Rn. 26 ff. bzw. 104 ff.

Hinweis

Die Bezeichnung Kfz-Brief ist heute überholt, aber immer noch weithin gebräuchlich. Richtig heißt das entsprechende Dokument: „Zulassungsbestätigung Teil 2".

Die „juristische Heimat" dieses Problems ist § 952. Diese Norm gilt nicht nur für die dort genannten Urkunden, sondern für alle Papiere, die zwar ein Recht verbriefen, aber nicht selbst Gegenstand von Verfügungen sind. Diesen sogenannten Rektapapieren ist der Kfz-Brief gleichzustellen.[6]

Somit kann der Eigentümer eines Autos vom unberechtigten Besitzer des Briefes die Herausgabe desselben nach § 985 in Verbindung mit § 952 verlangen. Und der Pfandgläubiger hat dasselbe Recht aus § 1227 i.V.m. §§ 985, 952, auch gegenüber dem Eigentümer.[7] Denn das Pfand erstreckt sich nach dem Regelungsgedanken des § 952 auch auf den Kfz-Brief.

» Lesen Sie unbedingt die §§ 952, 1227 nach! «

d) Sonstige Ansprüche und Rechte

Die §§ 1204 ff. begründen ein Schuldverhältnis mit weiteren Pflichten der am Pfandvertrag 136
beteiligten Personen (Verpfänder und Pfandgläubiger), so zum Beispiel die Verwahrungspflicht des Pfandgläubigers in § 1215 und sein Verwendungsersatzanspruch in § 1216.

Zu erwähnen ist weiter das **Selbsthilferecht des Vermieters** nach § 562b.[8] Er darf verhin- 137
dern, dass die Sachen, die dem Vermieterpfandrecht nach § 562 unterliegen, aus dem Mietobjekt entfernt werden. Nach § 562 Abs. 1 S. 2 hat er bei Auszug des Mieters ein Recht, die Sachen in Besitz zu nehmen und zu behalten (Recht zum Besitz nach § 986). Ferner steht ihm unter Umständen sogar ein Herausgabeanspruch gegen den Mieter oder Dritten zu, § 562b Abs. 2 S. 1.

6 Allgemeine Meinung, z.B. *Habersack* Sachenrecht Rn. 194 a.E.
7 Palandt-*Bassenge* § 1227 Rn. 1.
8 Siehe zum Vermieterpfandrecht im Skript „Schuldrecht BT II" Rn. 337 ff.

II. Entstehung eines vertraglichen Mobiliarpfandrechts

PRÜFUNGSSCHEMA

138 **Entstehung eines vertraglichen Mobiliarpfandrechts**

I. Einigung mit Inhalt des § 1204

II. Allgemeine Wirksamkeitsvoraussetzungen (z.B. §§ 138, 177)
(P) Verpfändungsklausel in AGB Rn. 141

III. Übergabe § 1205 Abs. 1 S. 1

IV. Ausnahmen nach § 1205 Abs. 1 S. 2 und Abs. 2 sowie § 1206

V. Einigsein bei Übergabe nach § 1205 Abs. 1 S. 1

VI. Verfügungsberechtigung des Verpfänders

VII. Wenn Ziff. 5 nein: Gutgläubiger Erwerb gem. § 1207

VIII. Bestehen der gesicherten Hauptforderung
(P) (Zeitpunkt: bei Vorliegen der vorstehenden Voraussetzungen)

Allen vorstehend unter Ziff. I. 2 genannten Ansprüchen und sonstigen Rechten ist eines gemeinsam: Sie setzen voraus, dass ein Pfandrecht an der Sache entstanden ist. Wir werden uns im Folgenden mit der Entstehung eines vertraglichen Mobiliarpfandrechts nach den §§ 1204 ff. befassen und gleichzeitig im Überblick die Struktur der gesetzlichen Pfandrechte im BGB ansehen.

1. Einigung zwischen Sicherungsgeber und Gläubiger

» Lesen Sie jetzt im Gesetz den § 1205 mit! «

139 Wenn Sie den § 1205 Abs. 1 lesen, kommen ihnen die Worte sicher irgendwie bekannt vor. Die Wortwahl erinnert an den § 929, der zentralen Norm, nach der das Eigentum an beweglichen Sachen übertragen wird. Ganz bewusst hat der Gesetzgeber die vertragliche Bestellung eines Pfandrechts an diese Norm angelehnt.[9] Auch bei der Verpfändung einer Sache nach den §§ 1204 ff. ist also zunächst eine Einigung zwischen Eigentümer und Gläubiger darüber erforderlich, dass ein Pfandrecht an einer bestimmten Sache zur Sicherung einer bestimmten Forderung entstehen soll.

Die **Einigung i.S.d. § 1205 Abs. 1** ist ein formfrei gültiger, abstrakter dinglicher Vertrag, der sich nur auf die Pfandrechtsbestellung bezieht.[10]

2. Allgemeine Wirksamkeitsvoraussetzungen

140 Die Verpfändung unterliegt den allgemeinen Regeln über die Wirksamkeit von vertraglichen Rechtsgeschäften, also zum Beispiel den §§ 108, 134, 138, 142, 177. Eine Nichtigkeit nach § 125 S. 1 scheidet jedoch aus, da die §§ 1204 ff. für die Einigung keine bestimmte Form vorschreiben.

9 *Habersack* Sachenrecht Rn. 190.
10 Palandt-*Bassenge* § 1205 Rn. 2, in der er auf seine Anmerkung zu § 929 Rn. 2 verweist.

Häufig sehen Allgemeine Geschäftsbedingungen eine Pfandrechtsbestellung zugunsten des 141
Verwenders vor.

Beispiel U betreibt eine Werkstatt zur Reparatur von Kfz. In seinen Auftragsformularen ist eine Pfandklausel an dem vom Besteller zur Reparatur gebrachten Kfz zur Sicherung der Werklohnansprüche des U vorgesehen. ■

Umstritten ist, ob eine solche Klausel unangemessen im Sinne des § 307 ist, da sie einen gutgläubigen Erwerb eines Pfandrechts nach § 1207 ermöglichen soll, was der Gesetzgeber im Werkunternehmerpfandrecht nach § 647 allerdings nicht vorgesehen hat. Mit diesem Thema werden wir uns nachfolgend unter Rn. 155 noch ausführlich auseinandersetzen. An dieser Stelle nur so viel: Die herrschende Meinung akzeptiert eine formularmäßig Pfandklausel, da über die Gutgläubigkeit des Verwenders damit ja noch nichts gesagt ist und der Verwender letztlich nur einen Weg beschreitet, den das Gesetz ihm über die §§ 1204 ff. eröffnet.[11]

3. Übergabe

Zweitens ist auch für das vertragliche Pfandrecht eine Übergabe erforderlich. Anders aber als 142
in den §§ 929 ff. gilt beim Pfandrecht aber eine **strenge Publizität**. Grundsätzlich ist erforderlich, dass der Gläubiger den **unmittelbaren Besitz** an der Sache erhält. Der Gesetzgeber hat ganz bewusst das **„Faustpfand"** als Leitbild der Verpfändung von Gegenständen gewählt.[12]

Wie streng der Gesetzgeber dies geplant hatte, zeigt ein Blick auf § 1253: Gibt der Gläubiger dem Eigentümer die Sache zurück, erlischt das Pfandrecht.

Es gibt im Pfandrecht der §§ 1204 ff. keine dem § 930 entsprechende Vorschrift, nach der der Verpfänder und Gläubiger ein Besitzmittlungsverhältnis vereinbaren können. Die Übergabe der Sache an den Gläubiger und die Beibehaltung des Besitzes ist also Voraussetzung für die Entstehung und Beibehaltung des Pfandrechts!

Hinweis

Diese (nochmals: bewusst gewollte) Ausgestaltung des Faustpfandrechts führt in der Konsequenz dazu, dass der Verpfänder die Sache nicht mehr nutzen kann, und hat zum Siegeszug der Sicherungsübereignung beigetragen. Diese werden wir unter Rn. 175 ff. besprechen. Hier nur so viel:

Die Überlegung, dass die Sicherungsübereignung vielleicht *contra legem* (gesetzwidrig) sei und die gesetzgeberische Wertung des Pfandrechts umgeht, wird zwar noch erwähnt,[13] aber – soweit ersichtlich – nirgends mehr ernsthaft vertreten. *Medicus* geht sogar davon aus, dass die Sicherungsübereignung inzwischen Gewohnheitsrecht, und die Chance vertan sei, das Rechtsinstitut als gesetzwidrig zu verwerfen.[14] Ich gehe sogar noch einen Schritt weiter. Der Gesetzgeber hat das Sicherungseigentum meines Erachtens inzwischen mittel-

11 *BGH* in BGHZ 101, 307 ff.; dagegen z.B.: *Habersack* Sachenrecht Rn. 195.

12 *Westermann* Sachenrecht Rn. 209.

13 *Westermann* Sachenrecht Rn. 176; *Habersack* Sachenrecht Rn. 206, der aber zu Recht darauf hinweist, dass der Gesetzgeber inzwischen in anderen Vorschriften die Sicherungsübereignung längst anerkannt habe.

14 *Medicus/Petersen* Bürgerliches Recht Rn. 494.

bar anerkannt. Nach § 51 Nr. 1 Insolvenzordnung (InsO) wird das Sicherungseigentum in der Insolvenz des Schuldners wie ein Pfandrecht behandelt. Der Gesetzgeber knüpft somit an das Sicherungseigentum eine Rechtsfolge. Dies könnte er nicht, wenn dieses Rechtsinstitut gesetzwidrig wäre.[15]

Für Sie gilt daher: Sie müssen den Hintergrund kennen, aber mehr auch nicht.

143 Von dem Grundsatz, dass der Gläubiger die verpfändete Sache „in der Hand" haben muss (Merke: Faustpfand), gibt es nur zwei Ausnahmen.[16]

Wenn der Eigentümer selbst nur mittelbarer Besitzer ist, genügt es, dass der Eigentümer den mittelbaren Besitz auf den Gläubiger überträgt und dies dem Besitzer angezeigt wird, § 1205 Abs. 2.

Beispiel E ist Eigentümer eines PKW, den er an M vermietet hat. Nunmehr will er diesen PKW an G verpfänden. Dazu müssen sich G und E zunächst über die Pfandrechtsbestellung einig sein (oben 1.). Nun muss der E den mittelbaren Besitz an G übertragen, indem er seinen (künftigen) Herausgabeanspruch gegen M aus § 546 Abs. 1 an G abtritt (§ 870). Außerdem muss E die Verpfändung dem M anzeigen. ■

144 Eine Rettung aus dem Dilemma des Faustpfandrechts scheint außerdem § 1206 zu sein. Immerhin ist dort davon die Rede, dass dem Eigentümer ein Mitbesitz an der Sache verbleiben kann. Aber für die Praxis ist § 1206 keine Lösung: Bei § 1206 darf der Eigentümer nicht ohne Mitwirkung des Gläubigers die tatsächliche Sachherrschaft ausüben können.[17]

4. Einigsein bei Übergabe

145 Im Falle der Pfandbestellung nach § 1205 Abs. 1 S. 1 müssen sich die Beteiligten noch im Zeitpunkt der Übergabe darüber einig sein, dass das Eigentum auf den Erwerber übergehen soll. Entgegen §§ 130 Abs. 1 S. 2, 145 ist daher die sachenrechtliche Einigung bis zur Übergabe der Sache an den Pfandgläubiger frei widerruflich.

5. Berechtigung des Verpfänders

146 Die Einigung bei der rechtsgeschäftlichen Bestellung des Pfandrechts ist eine Verfügung. Sie erinnern sich?

Eine **Verfügung** ist ein Rechtsgeschäft, das auf die unmittelbare Aufhebung, Übertragung, Belastung oder inhaltliche Veränderung eines bestehenden Rechtes gerichtet ist.[18]

Verfügen kann also somit grundsätzlich nur der Rechtsinhaber (= Eigentümer) oder die vom Rechtsinhaber gemäß § 185 Abs. 1 ermächtigte Person.

15 So auch *Habersack* Sachenrecht Rn. 206.

16 Die Regelung in § 1205 Abs. 1 S. 2 ist keine Ausnahme, da ein Wechsel des unmittelbaren Besitzes in diesen Fällen bereits stattgefunden hatte.

17 Palandt-*Bassenge* § 1206 Rn. 2.

18 Palandt-*Ellenberger* vor § 104 Rn. 16.

Hinweis

Ermächtigt der Eigentümer jemanden, an seiner Sache ein Pfandrecht zu bestellen, so liegt eine wirksame Verfügung eines Berechtigten und nicht etwa ein Fall vor, bei dem der Erwerb vom Nichtberechtigten zu prüfen wäre.

Außerdem kommt eine Wirksamkeit der Verfügung kraft gesetzlicher Ermächtigung oder unter den Voraussetzungen des § 185 Abs. 2 in Betracht.[19]

6. Gutgläubiger Erwerb, § 1207

Gehört die Sache dem Verpfänder nicht und ist dieser auch nicht aus sonstigen Gründen zur **147**
Verpfändung berechtigt (insbesondere § 185 Abs. 1!), ist zu prüfen, ob ein Erwerb des Pfandrechts vom Nichtberechtigten kraft guten Glaubens möglich ist.

Gemäß § 1207 ist der Erwerb des rechtsgeschäftlich bestellten Pfandrechts vom Nichtberechtigten möglich. Die Vorschrift verweist auf die §§ 932, 934 und 935.

Hinweis

Auch hier wird wieder deutlich, dass die Verpfändung einer Sache der „kleine Bruder" der Eigentumsübertragung ist. Die Bestellung nach § 1205 erfolgt ähnlich wie die Übertragung des Eigentums nach § 929. Gemäß § 1207 ist auch ein gutgläubiger Erwerb möglich.

Welche der beiden Gutglaubensvorschriften, auf die § 1207 verweist, anzuwenden ist, hängt **148**
davon ab, wie dem Gläubiger der Besitz am Pfandgegenstand eingeräumt wird. Bekommt er die Sache in seinen unmittelbaren Besitz, so ist § 932 einschlägig. In der Lesart für das Pfandrecht erwirbt der Gläubiger also dann das Pfandrecht an der Sache, wenn er im Zeitpunkt der Übergabe der Sache weder wusste noch in Folge grober Fahrlässigkeit (vgl. § 932 Abs. 2) nicht wusste, dass die Sache nicht dem Verpfänder gehört.

Entsteht das Pfandrecht gemäß § 1205 Abs. 2 (die Sache ist im Besitz eines Dritten und der Verpfänder überträgt den mittelbaren Besitz auf den Gläubiger (s.o. Rn. 143), so ist § 934 über § 1207 entsprechend anzuwenden. Der Gläubiger muss in dem Augenblick, in dem er vom Eigentümer den mittelbaren Besitz erhält (erst dann entsteht überhaupt ein Pfandrecht), gutgläubig gewesen sein.

Wie auch beim Erwerb des Volleigentums nach §§ 929 ff. ist auch beim Erwerb des Pfand- **149**
rechts vom Nichtberechtigten ein gutgläubiger Erwerb ausgeschlossen, wenn die Sache dem wahren Eigentümer abhandengekommen ist. § 1207 verweist nämlich ausdrücklich auf § 935.

Eine Sache ist dann **abhandengekommen**, wenn der Eigentümer bzw. sein Besitzmittler den unmittelbaren Besitz an der Sache ohne, nicht notwendigerweise gegen seinen Willen verliert.[20]

19 Ausführlich dazu im Skript „Sachenrecht II" Rn. 76.
20 Siehe hierzu im Skript „Sachenrecht II" unter Rn. 85 ff.

7. Entstehen der gesicherten Forderung

150 Als streng akzessorisches Sicherungsrecht ist Voraussetzung für das Entstehen und den weiteren Bestand des Pfandrechts, dass die gesicherte Forderung entstanden ist. Es gilt das, was wir oben Rn. 78 bei der Bürgschaft besprochen haben, entsprechend.

Entsteht die Forderung nicht, entsteht auch niemals das Pfandrecht.

III. Entstehen eines Pfandrechts kraft Gesetzes (BGB)

1. Überblick

PRÜFUNGS-SCHEMA

151 **Entstehung eines gesetzlichen Mobiliarpfandrechts (BGB)**

I. Verwirklichung des gesetzlichen Tatbestandes
Fehlendes Eigentum des Schuldners Rn. 153

II. Entstehen der nach dem Tatbestand gesicherten Hauptforderung

Ein Pfandrecht kann nach den Regeln des BGB nicht nur vertraglich durch Einigung und Übergabe entstehen. Zahlreiche gesetzliche Vorschriften begründen ein Pfandrecht zugunsten bestimmter Gläubiger. Gemäß § 1257 finden die Vorschriften über das durch Rechtsgeschäft bestellte Pfandrecht auf ein **kraft Gesetzes entstandenen Pfandrecht** entsprechende Anwendung.

» Lesen Sie die aufgeführten Tatbestände unbedingt nach. «

Die wichtigsten Vorschriften im BGB,[21] die ein gesetzliches Pfandrecht entstehen lassen, sind:

- Vermieterpfandrecht nach § 562
- Pächterpfandrecht nach § 583
- Verpächterpfandrecht nach § 592
- Werkunternehmerpfandrecht nach § 647
- Pfandrecht des Gastwirtes nach § 704

152 Die Entstehung des gesetzlichen Pfandrechts richtet sich nach den gesetzlichen Anforderungen des jeweiligen Tatbestandes, dessen Merkmale der Reihe nach durchzuprüfen sind.

Auch bei den gesetzlichen Pfandrechten als akzessorische Sicherungsrechte müssen Sie prüfen, ob die durch das Pfand gesicherte Forderung entstanden ist.

2. Gutgläubiger Erwerb?

153 Die gesetzlichen Pfandrechtstatbestände des BGB verlangen regelmäßig **Eigentum des Zahlungsschuldners am Pfandgegenstand**.

21 Hinzu kommen die handelsrechtlichen Pfandrechte des Kommissionärs (§ 397 HGB), Frachtführers, Spediteurs und Lagerhalters (§§ 441, 464 und 475b HGB).

Hinweis

Das erkennen Sie an der Formulierung: „Sache des …" – etwa bei § 562 Abs. 1 S. 1: „… eingebrachte Sachen **des** Mieters."

Dabei stellt sich die Frage, ob denn auch bei gesetzlichen Pfandrechten ein gutgläubiger 154
Erwerb möglich ist. § 1207 passt nicht direkt, da er sich auf den § 1205 bezieht und deshalb für das rechtsgeschäftlich bestellte Pfandrecht gilt. Eine Anwendung über § 1257 scheidet aus, da diese Vorschrift ein kraft Gesetzes bereits „entstandenes" Pfandrecht voraussetzt und daher nicht auf die Regeln über die Entstehung eines Pfandrechts nach den §§ 1205 ff. verweist.

Fraglich ist, ob und ggf. unter welchen Voraussetzungen im Wege der Analogie zu § 1207 ein 155
gutgläubiger Erwerb bei gesetzlich entstandenen Pfandrechten möglich ist.

Dieses Problem ist ein wahrer „Klassiker" und hat sich an folgendem Fall entzündet:

Beispiel Autofahrer B bringt sein Fahrzeug, das er auf Kredit gekauft hat und das noch im Eigentum des Verkäufers steht, in die Werkstatt des U. U repariert das Fahrzeug. In dieser Zeit tritt der Vorbehaltsverkäufer und Eigentümer E wegen Zahlungsverzug des B vom Kaufvertrag zurück. E verlangt von U aus § 985 die Herausgabe des Fahrzeugs. U macht geltend, dass er nach § 647 ein Pfandrecht erworben habe, das ihm nach § 986 ein Recht zum Besitz gebe.[22] Mit Recht?

Wie wäre es, wenn in den AGB des U ein vertragliches Pfandrecht enthalten ist? ■

An diesem Fall zeigt sich, dass das Pfandrecht häufig innerhalb einer ganz anderen 156
Anspruchsgrundlage inzident zu prüfen ist. Hier will der Eigentümer seine Sache zurück. Die Anspruchsgrundlage ist § 985. Beim Prüfungspunkt „Recht zum Besitz" i.S.d. § 986 kommen Sie zum Pfandrecht aus § 647, das dem Pfandgläubiger ein Recht zum Besitz gegenüber dem Eigentümer gibt. Jetzt erst prüfen Sie das Pfandrecht.

Bevor wir uns mit den sage und schreibe fünf Theorien beschäftigen, die zu diesem Fall 157
gehören, müssen wir uns den wirtschaftlichen Hintergrund verdeutlichen. Der Werkunternehmer, wie hier der Kfz-Meister, der eine Sache repariert, leistet stets vor. Die Arbeitsleistung sowie auch die meisten verbauten Teile „stecken" im Auto und können rechtlich nicht wieder davon gelöst werden. Gemäß § 947 Abs. 2 wird regelmäßig der Eigentümer des Autos Eigentümer des eingebauten Ersatzteiles. Ferner hat der Werkunternehmer Arbeit vorgeleistet. Zahlt der Kunde die Rechnung dann nicht, ist das einzige Druckmittel des Werkunternehmers, ihm schlicht das Auto nicht zurückzugeben. Ist der Kunde schließlich zahlungsunfähig oder -willig, so soll er wenigstens sich durch die Verwertung der reparierten Sache schadlos halten können. Das ist der Sinn des Werkunternehmerpfandrechts.

22 Fall nach BGHZ 34, 122 ff. (vereinfacht).

158 Das funktioniert aber nur solange, wie der Besteller auch gleichzeitig Eigentümer des Autos ist. Wie *Medicus* treffend festgestellt hat, kann man sich heute gewiss nicht darauf verlassen, dass ein Auto auch dem gehört, der es fährt.[23] Lässt jetzt der Nichteigentümer reparieren und zahlt dann nicht (meist, weil er nicht mehr zahlen kann) und verlangt der Eigentümer das Fahrzeug heraus, ist das Dilemma da. Der Anspruch gegen den Besteller ist wertlos – der Besteller kann nicht zahlen. Der Eigentümer will nicht zahlen (und freut sich vielleicht sogar insgeheim, dass sein Auto durch die Reparatur wertvoller geworden ist). Einigkeit besteht darüber, dem Werkunternehmer „helfen" zu wollen. Heftiger Streit herrscht über das Wie.

159 Es gibt fünf Möglichkeiten, wie dem Werkunternehmer, dem der Besteller eine ihm nicht gehörende Sache zu Reparatur übergeben hat, geholfen werden kann, wenn der Eigentümer bei ihm die Sache herausverlangt.

160 Elegant könnte man das Problem dadurch lösen, indem man § 1207 auf die gesetzlich entstehenden Besitzpfandrechte analog anwendet.

Hinweis

Bei den gesetzlichen Pfandrechten gibt es solche, die einen Besitz des Pfandgläubigers voraussetzen (wie das Werkunternehmerpfandrecht) und solche, die entstehen, obwohl der Pfandgläubiger keinen Besitz hat (wie z.B. das Pfandrecht des Vermieters oder Verpächters).

Beachten Sie hierzu zwei Aspekte:

1. Die Diskussion, ob es einen gutgläubigen Erwerb eines gesetzlichen Pfandrechts gibt, wird nur bei gesetzlichen Besitzpfandrechten geführt. Beim Vermieterpfandrecht (besitzloses Pfandrecht) kann es keinen gutgläubigen Erwerb geben. Solche Pfandrechte können nur an den im Eigentum des Mieters befindlichen Sachen entstehen.[24]

2. Ein besitzloses Pfandrecht kann es nur als gesetzliches Pfandrecht geben, da das rechtsgeschäftlich bestellte Pfandrecht zwingend den Besitz an der verpfändeten Sache beim Pfandgläubiger voraussetzt (Rn. 142 ff.).

Eine Analogie setzt eine planwidrige Lücke voraus. Diese könnte man darin erblicken, dass zwar § 1257 vom Wortlaut her ein „entstandenes Pfandrecht" voraussetzt. Planwidrig hat aber der Gesetzgeber nicht zwischen Besitzpfandrechten und besitzlosen Pfandrechten unterschieden. Gerade beim Werkunternehmerpfandrecht entspricht § 647 dem mutmaßlichen Willen der Beteiligten und steht dem rechtsgeschäftlich bestellten Pfandrecht „nahe". Deshalb ist eine analoge Anwendung des § 1207 jedenfalls für das Werkunternehmerpfandrecht möglich.[25]

Der Schönheitsfehler dieser Begründung besteht darin, dass sie von der ganz herrschenden Meinung[26] und insbesondere von der Rechtsprechung[27] nicht geteilt wird.[28]

---

23 *Medicus/Petersen* Bürgerliches Recht Rn. 592.
24 *Habersack* Sachenrecht Rn. 193.
25 So mit meines Erachtens überzeugender Begründung: *Habersack* Sachenrecht Rn. 194.
26 Was auch *Habersack* a.a.O. konzediert.
27 Siehe nur *BGH* NJW 1992, 2570 ff.
28 Siehe z.B.: Palandt-*Bassenge* § 1207 Rn. 2; *Gursky* Sachenrecht Rn. 267; *Medicus/Petersen* Bürgerliches Recht Rn. 592 (mit jeweils anderem Begründungsansatz).

Die Rechtsprechung[29] wiederum gibt dem Werkunternehmer gegen den Herausgabeanspruch des Eigentümers ein Zurückbehaltungsrecht aus § 1000. Wirtschaftlich bedeutet dies, dass der Eigentümer auch hier die Reparatur bezahlen muss, bevor er das Auto herausverlangen kann. 161

§ 1000: Der Besitzer kann die Herausgabe der Sache verweigern, bis er wegen der ihm zu ersetzenden Verwendungen befriedigt wird. Das Zurückbehaltungsrecht steht ihm nicht zu, wenn er die Sache durch eine vorsätzliche unerlaubte Handlung erlangt hat.

Nach Auffassung des BGH ist die Reparatur eines Kraftfahrzeuges also eine notwendige Verwendung im Sinne des § 994 mit der Folge, dass der Werkunternehmer nach § 1000 die Herausgabe der Sache verweigern kann.

Diese Lösung hat ihrerseits zwei „Schönheitsfehler“: Erstens setzt § 994 nach der Regelungssystematik eine Vindikationslage zum Zeitpunkt der Verwendung voraus.

Eine **Vindikationslage** ist dann gegeben, wenn der Besitzer dem Eigentümer gegen dessen Anspruch aus § 985 kein vertragliches oder gesetzliches Recht zum Besitz aus § 986 entgegenhalten kann.[30]

In dem hier behandelten Fall war der Werkunternehmer aber zum Zeitpunkt der Reparatur berechtigter Besitzer, da er zunächst von seinem Besteller, dem Vorbehaltskäufer ein Recht zu Besitz ableiten konnte, § 986 Abs. 1 S. 1 Var. 2. Erst danach hatte sich der Eigentümer von dem Vorbehaltskäufer „gelöst“ und konnte dann seinen Anspruch gegen den Werkunternehmer geltend machen. Es lag zum Zeitpunkt der Verwendung also keine Vindikationslage vor.

Der BGH setzt dem das Argument entgegen, dass der *nicht mehr* berechtigte Besitzer nicht schlechter gestellt werden dürfe als der von vornherein unberechtigte. Damit ist Folgendes gemeint: Wenn der Werkunternehmer schon zum Zeitpunkt seiner Verwendung nicht berechtigter Besitzer gewesen wäre, hätte er den Anspruch nach § 994. Warum soll er dann schlechter stehen, nur weil sein Besitz berechtigt und damit sogar „besser“ war?[31]

Zweitens ist fraglich, ob denn der Werkunternehmer überhaupt der „Verwender“ im Sinne des § 994 ist. Denn den Reparaturauftrag hatte schließlich der Nichteigentümer gegeben und damit könnte er und nicht der Werkunternehmer als Verwender im Sinne des § 994 anzusehen sein.[32]

Noch anders versucht eine kleine Mindermeinung, das Problem zu lösen. Wer den unmittelbaren Besitz aufgrund eines Rechtsverhältnisses weggibt, hat danach nur noch den vertraglichen Herausgabeanspruch und nicht mehr den nach § 985.[33] Der Eigentümer hat sozusagen selbst den Anwendungsbereich des § 985 eingeschränkt. 162

Der entscheidende Nachteil dieser Meinung ist, dass sie sich mit dem Gesetz nicht vereinbaren lässt.

29 Grundlegend BGHZ 34, 122 ff.
30 Statt aller: *Westermann* Sachenrecht Rn. 289 ff.
31 Dagegen z.B.: *Medicus/Petersen* Bürgerliches Recht Rn. 591.
32 *Medicus/Petersen* a.a.O. mit weiteren Nachweisen.
33 *Raiser* JZ 1961, 529 ff.

163 Schließlich wird vertreten, dass der Werkunternehmer, sofern er sich vertraglich ein Pfandrecht einräumen lässt, dieses dann gemäß § 1207 gutgläubig erwerben kann.

Das setzt natürlich voraus, dass das Pfandrecht im Werkvertrag auch vereinbart wird. Da die AGBs der Kfz-Branche inzwischen ein solches rechtsgeschäftlich bestelltes Pfandrecht formularmäßig vorsehen, könnte dieser Weg beschritten werden.

Umstritten ist, ob diese Klausel nicht unangemessen im Sinne des § 307 ist. Die herrschende Meinung – wie in Rn. 141 bereits erwähnt – akzeptiert jedoch die Vereinbarung einer Klausel in Allgemeinen Geschäftsbedingungen für Kfz-Reparaturaufträge, die ein vertraglich vereinbartes Pfandrecht vorsehen.[34]

Jetzt muss also der Werkunternehmer nur noch gutgläubig sein. Dies ist er nach der Rechtsprechung dann, wenn keine Anhaltspunkte für die Nichtberechtigung des Bestellers vorlagen.[35] Nicht erforderlich ist, dass er den Brief[36] vorlegt.

164 Einen fünften Weg schließlich geht *Medicus*.[37] Wenn keine rechtsgeschäftliche Vereinbarung über ein Pfandrecht vorliegt, sei durch eine entsprechende Anwendung der §§ 183, 185 Abs. 1 eine Lösung des Problems wie folgt zu erreichen:

Wie wir in Rn. 146 bereits erarbeitet haben, setzt eine Verfügung eine Berechtigung des Verfügenden voraus. Berechtigter ist, wer Inhaber des Rechts ist oder wer kraft Gesetzes oder vom Inhaber des Rechts nach § 185 Abs. 1 ermächtigt wurde.

Beim gesetzlichen Pfandrecht passt § 185 Abs. 1 mangels rechtsgeschäftlicher Verpfändung zwar nicht direkt, aber man könnte in der Überlassung des Fahrzeugs an einen Dritten die Ermächtigung erblicken, das Fahrzeug auch reparieren zu lassen. Da bei solchen Reparaturen vom gesetzlichen Leitbild ein Pfandrecht entstehen soll (§ 647), ist in der Überlassung des Fahrzeugs auch die Einwilligung in die Entstehung des gesetzlichen Pfandrechts zu erblicken, § 647 i.V.m. § 185 Abs. 1 analog.

Dem wird entgegengehalten, dass sich diese Auffassung nicht mit der sachenrechtlichen Typenstrenge vertrage. Der Gesetzgeber hat in § 647 kein Pfandrecht geschaffen, dass über eine Zustimmung des Eigentümers nach § 185 wirksam entstehen könnte.

JURIQ-Klausurtipp

Wie Sie sehen, hat jeder der Ansätze gute Argumente für sich. Wieder andere Aspekte sprechen dagegen. In einer solchen Situation empfehlen wir Ihnen, sich der von der Rechtsprechung verfolgten Linie anzuschließen. Damit sind Sie auf jeden Fall auf der sicheren Seite, denn „klüger" als der BGH zu sein, kann auch der strengste Prüfer von Ihnen nicht verlangen.

Im Folgenden geben wir Ihnen einen Vorschlag, wie Sie das gerade besprochene Problem in einer Klausur „abarbeiten":

34 BGHZ 101, 307 ff.; dagegen z.B.: *Habersack* Sachenrecht Rn. 195.
35 BGHZ 68, 323 ff.; bestätigend: *Medicus/Petersen* Bürgerliches Recht Rn. 592 mit weiteren Nachweisen.
36 Heute „Zulassungsbescheinigung Teil II" genannt.
37 *Medicus/Petersen* Bürgerliches Recht Rn. 594.

1. Ausgangspunkt des Problems ist der Herausgabeanspruch des Eigentümers gegen den Werkunternehmer (WU) aus § 985.

2. Nachdem Sie die Stationen Eigentum und Besitz geprüft haben, fragen Sie, ob dem WU als Besitzer ein Recht zum Besitz nach § 986 zusteht.

Sie prüfen dabei ein Besitzrecht nach § 647 und stellen fest, dass ein Nichteigentümer den Auftrag erteilt hat, so dass der Tatbestand nicht erfüllt ist.

a) Sie überlegen eine entsprechende Anwendung des § 185 Abs. 1 und lehnen diese unter Hinweis darauf ab, dass die gesetzliche Begründung eines Pfandrechts kein Verfügungsgeschäft i.S.d. § 185 Abs. 1 darstellt und eine analoge Anwendung mit der sachenrechtlichen Typenstrenge nicht zu vereinbaren ist.

b) Sie prüfen dann § 1257 mit § 1207 und notieren, dass § 1207 über § 1257 nicht direkt zur Anwendung kommen kann (§ 1257 setzt ein „entstandenes Pfandrecht" voraus) und lehnen die analoge Anwendung mangels planwidriger Regelungslücke ab.

c) Wenn ein vertragliches Pfandrecht vereinbart wurde, prüfen Sie § 1207 direkt. Dabei akzeptieren Sie die Vereinbarung eines WU-Pfandrechts in AGB (kein Verstoß gegen § 307). Guter Glaube auch dann, wenn kein Brief vorliegt (vgl. Rn. 163).

3. Wurde kein vertragliches Pfandrecht vereinbart, verneinen Sie ein Besitzrecht. Auf der Ebene der Durchsetzbarkeit erwähnen Sie das Zurückbehaltungsrecht des § 1000 i.V.m. § 994 und überwinden das Problem der fehlenden Vindikationslage mit dem Argument des BGH („berechtigter Besitzer soll nicht schlechter gestellt sein als der unberechtigte").

IV. Erlöschen des Mobiliarpfands

Erlöschen eines Mobiliarpfandrechts (ggf. i.V.m. § 1257) 165

PRÜFUNGSSCHEMA

I. Erlöschen der Forderung, § 1252

II. Freiwillige Rückgabe des Pfandes, § 1253

III. Verzicht auf das Pfandrecht, § 1255

IV. Vereinigung von Pfandrecht und Eigentum, § 1256

V. Lastenfreier Eigentumserwerb, §§ 936, 945, 949, 950, 973

VI. Zerstörung des Pfandes

VII. Veräußerung des Pfandes, § 1242 Abs. 2

Das Pfandrecht kann aus verschiedenen Gründen wieder erlöschen. Es handelt sich bei den Erlöschensgründen um rechtsvernichtende Einwendungen, die die unter Rn. 129 aufgeführten Ansprüche und Rechte wieder entfallen lassen.

Ohne Weiteres lässt sich begreifen, dass das Pfandrecht erlöschen muss, wenn die **Sache zerstört** wird. Dann entfällt ja die Verwertungs- und Haftungsgrundlage für das Pfand. 166

» Wiederholen Sie noch einmal die Regeln über den lastenfreien Eigentumserwerb, insbesondere nach § 936. «

167 Mit dem Erlöschen aufgrund **lastenfreien Eigentumserwerbs** haben wir uns bereits an anderer Stelle ausführlich beschäftigt.[38]

168 Selbstverständlich ist auch, dass das Pfand durch **Verzicht des Pfandgläubigers** (§ 1255) oder durch **Pfandverwertung** (§ 1242 Abs. 2) erlöschen muss. Gedanklich lässt sich der Verzicht mit der Eigentumsaufgabe nach § 928 bzw. § 959 vergleichen: Ein dinglich Begünstigter kann seine Position durch Kundgabe seiner privatautonomen Entscheidung wieder aufgeben. Bei der Pfandverwertung wird das Pfand als Sicherungsmittel verbraucht – das Pfand gibt dem Gläubiger kein Recht zur mehrmaligen Befriedigung.

169 Aus dem Charakter als Faustpfand und den Rechtsscheinswirkungen des Besitzes (vgl. § 1006) folgt, dass die **Rückgabe des Pfandobjekts** zu einem Erlöschen des Pfandes führt und eine Rückgabe unter Pfandvorbehalt unwirksam sein muss (vgl. § 1253 Abs. 1 S. 2).

170 Dass das **Erlöschen der gesicherten Hauptforderung** gemäß § 1252 zum Erlöschen des Pfandes führen muss, folgt aus dem Charakter des Pfandrechts als akzessorische Sicherheit (siehe Rn. 150).

171 Einen Sonderfall des Erlöschens behandelt § 1256: Wenn das **Pfandrecht und das Eigentum an der Sache in einer Person vereinigt werden**, erlischt das Pfandrecht, selbst wenn die Forderung noch weiter besteht. Denn es ist sinnlos, an einem beweglichen Gegenstand ein Pfandrecht zu haben, der einem selbst gehört.[39]

Beispiel G verleiht an S Geld. Dafür verpfändet E dem G einen teuren Ring aus dem Familienbesitz des E. E verstirbt und hat den G als Alleinerben eingesetzt. Es wäre völlig überflüssig, das Pfandrecht weiter bestehen zu lassen. Denn zahlt S nicht, müsste G seinen eigenen Ring öffentlich versteigern lassen, mit der Folge, dass ihm dann das Geld zusteht. Als Eigentümer kann er den Ring aber auch ohne jedes Pfandrecht verwerten. ■

Es gibt also im Mobiliarpfandrecht kein „Eigentümerpfandrecht", wie es im Recht der unbeweglichen Sachen als Eigentümergrundschuld möglich ist (siehe dazu Rn. 281).

V. Gläubigerwechsel

» Lesen Sie dazu auch § 401 Abs. 1. «

172 § 1250 sorgt dafür, dass das Pfandrecht als akzessorisches Sicherungsrecht immer fest mit der gesicherten Forderung verbunden bleibt. Mit der Abtretung der Forderung geht das Pfandrecht auf den neuen Gläubiger über. Gemäß § 1250 Abs. 1 S. 2 kann das Pfandrecht nicht ohne die Forderung übertragen werden. Wird bei der Abtretung der Übergang des Pfandrechts ausgeschlossen, erlischt es (§ 1250 Abs. 2). Eine Trennung von Forderung und Sicherheit[40] ist damit beim Mobiliarpfandrecht rechtstechnisch nicht möglich: Entweder erwirbt der Zessionar mit der Forderung das Pfandrecht (Regelfall des § 1250 Abs. 1 S. 1), oder er erwirbt nur die Forderung ohne das Pfandrecht mit der Folge, dass es erlischt (§ 1250 Abs. 2). Eine isolierte Abtretung des Pfandrechts ist nach § 1250 Abs. 1 S. 2 verboten.

38 Siehe dazu im Skript „Sachenrecht II" Rn. 173 ff.
39 *Westermann* Sachenrecht Rn. 573.
40 Ein beliebtes Problem bei der Grundschuld, siehe unten Rn. 395.

B. Das Pfandrecht an Rechten

Wie sich aus § 1273 ergibt, kann Gegenstand eines Pfandrechts auch ein Recht sein. Damit 173 kann jedes übertragbare und durch Zwangsvollstreckung oder Einziehung verwertbare Recht auch zur Sicherung einer Forderung verpfändet werden.[41]

Warum das Pfandrecht an Rechten in diesem Skript nur am Rande behandelt wird, liegt an 174 Folgendem. Für die Kreditsicherung *wäre* die Verpfändung von Geldforderungen wichtig. Natürlich können Geldforderungen verpfändet werden. Allerdings ist dafür Voraussetzung, dass dem Schuldner der verpfändeten Forderung die Tatsache der Verpfändung mitgeteilt wird (§ 1280). In gewisser Weise ist diese Anzeige die Fortsetzung des Publizitätserfordernisses bei der Verpfändung von Sachen (Besitz muss beim Gläubiger sein, Rn. 142). Bei der verpfändeten Forderung soll der Rechtsverkehr eben auch wissen, dass die Forderung nicht mehr unbelastet demjenigen zusteht, der die Gläubigerstellung innehat.

Genau das will die Praxis aber vermeiden. Typischerweise sollen die Drittschuldner (also die Schuldner der zur Sicherung zur Verfügung gestellten Forderung) nicht wissen, dass die Forderung abgetreten wurde. Außerdem kann der Drittschuldner nur an Gläubiger und Hauptschuldner gemeinschaftlich leisten (§ 1281), was unpraktikabel ist.

Insgesamt hat die Sicherungszession die Verpfändung als Kreditsicherungsmittel somit fast vollständig verdrängt.[42] Die Verpfändung von Rechten, insbesondere Forderungen wird daher hier nicht weiter behandelt.

Online-Wissens-Check

Kann eine Pfandrechtsbestellung in AGB geregelt werden?

Überprüfen Sie jetzt online Ihr Wissen zu den in diesem Abschnitt erarbeiteten Themen. Unter **www.juracademy.de/skripte/login** steht Ihnen ein Online-Wissens-Check speziell zu diesem Skript zur Verfügung, den Sie kostenlos nutzen können. Den Zugangscode hierzu finden Sie auf der Codeseite.

C. Die Sicherungsübereignung

I. Bedeutung und Struktur der Sicherungsübereignung – Ein Überblick

1. Bedeutung, Zulässigkeit und fiduziarischer Charakter

Neben dem gleich noch zu besprechenden Eigentumsvorbehalt ist die Sicherungsübereig- 175 nung das mit Abstand wichtigste Sicherungsmittel aus dem Bereich der Mobiliarsicherheiten. Wie bereits erwähnt, wollte der (historische) Gesetzgeber diese Sicherungsform „eigentlich“ nicht. Da das „Faustpfandrecht“ als Kreditsicherungsmittel den Bedürfnissen vor allem der

41 Palandt-*Bassenge* § 1273 Rn. 1.
42 *Westermann* Sachenrecht Rn. 209; Palandt-*Bassenge* vor § 1273 Rn. 3.

Wirtschaft nicht entsprach, hat die Praxis die Sicherungsübereignung ohne gesetzliches Vorbild entwickelt.[43] Seine grundsätzliche Anerkennung heute ist mit verschiedenen Begründungen[44] unstreitig.

176 Und doch: **Wirtschaftlich gewollt** ist auch heute eigentlich nur ein **Pfandrecht ohne unmittelbaren Besitz des Pfandgläubigers**. Weil dies rechtlich nicht geht, übereignet der Sicherungsgeber dem Gläubiger nach §§ 929, 930 das volle Eigentumsrecht. Er erhält also ein mehr an Rechtsmacht, als er aufgrund des Vertrages mit dem Sicherungsgeber (ehemaligen Eigentümer) ausnützen darf. Es handelt sich also um ein fiduziarisches Recht.[45]

Von einem **fiduziarischen Recht** spricht man, wenn der Treugeber dem Treunehmer einen Überschuss an Rechtsmacht einräumt.[46]

2. Grundstruktur der Sicherungsübereignung

177 **Die Grundstruktur der Sicherungsübereignung**

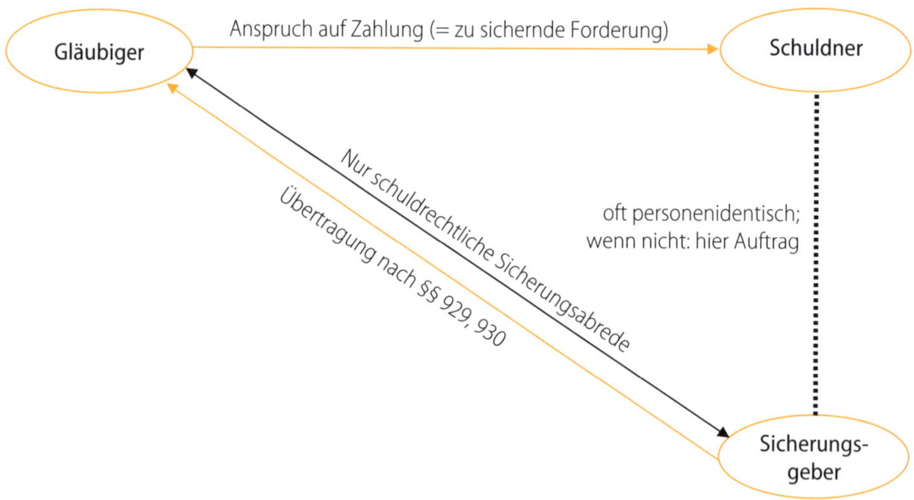

Wie aus dem Schaubild ersichtlich, ist die Sicherungsübereignung im Gegensatz zum Pfandrecht nicht akzessorisch. Der Sicherungsgeber, der in Fällen der Sicherungsübereignung häufig gleichzeitig auch der Schuldner ist, überträgt das Eigentum auf den Sicherungsnehmer und schließt mit diesem gleichzeitig als Rechtsgrund für diese Übereignung einen Sicherungsvertrag. Im Vergleich zur strengen Akzessorietät werden Sicherheit und Forderung also durch ein nur „loses Band" verbunden.

43 *Westermann* Sachenrecht Rn. 163.
44 Vgl. oben Rn. 142.
45 *Medicus/Petersen* Bürgerliches Recht Rn. 491.
46 Definition nach *Medicus/Petersen* Bürgerliches Recht Rn. 488; ähnlich: *Habersack* Sachenrecht Rn. 213 („eigennütziges Treuhandverhältnis").

Hinweis

Während die im BGB geregelten Kreditsicherungen davon ausgehen, dass Sicherungsgeber und Schuldner personenverschieden sind, ist die Sicherungsübereignung in der Praxis dadurch gekennzeichnet, dass Schuldner und Eigentümer ein und dieselbe Person sind. Dennoch fördert es das Verständnis, die beiden Personen in ihrer jeweiligen Funktion gedanklich und rechtlich zu trennen (siehe auch Rn. 2 f.).

178 Der Eigentümer überträgt also dem Gläubiger nach §§ 929, 930 das Volleigentum, ohne dass es grundsätzlich dafür darauf ankommt, ob die zu sichernde Forderung überhaupt entsteht.[47] Ganz anders ist dies bei den akzessorischen Sicherungsrechten: ohne Forderung kein Pfandrecht (§§ 1204, 1250, 1252), keine Bürgschaft (§§ 765, 767) und (wie wir noch sehen werden) auch keine Hypothek (§ 1153, 1163). Das hat erhebliche Konsequenzen:

» Wiederholen Sie an dieser Stelle noch einmal die Übertragung des Eigentums nach §§ 929, 930. «

179 Zwischen Sicherungsgeber (Eigentümer) und Gläubiger wird nur eine schuldrechtlich wirkende Vereinbarung geschlossen (Sicherungsabrede). Nur auf sie kann der Rückgabeanspruch bei Wegfall des Sicherungszwecks (= Erfüllung der gesicherten Forderung) gestützt werden. Die Erfüllung der Forderung allein genügt nicht, damit das Eigentum wieder zurück an den Sicherungsgeber fällt.[48] Ist endlich der Sicherungsvertrag unwirksam, die Übereignung hingegen nicht, bleibt grundsätzlich nur ein bereicherungsrechtlicher Anspruch auf Rückübereignung.

180 Während der Sicherungszeit ist der Gläubiger Volleigentümer. Er kann deshalb über das Eigentum verfügen. Wenn er dies (zwar vertragswidrig, aber grundsätzlich wirksam; siehe Rn. 190) tut, so stellt sich die Frage, wie der Sicherungsgeber (ehemalige Eigentümer) geschützt werden kann.

II. Erwerb und Bestand des Sicherungseigentums

1. Erwerb nach §§ 929, 930

181 Die Einräumung von Sicherungseigentum erfolgt nach den §§ 929, 930. Die Voraussetzungen des gutgläubigen Erwerbs vom Nichtberechtigten bestimmen sich nach den Voraussetzungen des § 933. Mit den sich hier stellenden Fragen haben wir uns bereits an anderer Stelle ausführlich beschäftigt.[49] Wir wollen uns hier auf den Fortbestand des Sicherungseigentums konzentrieren.

Auch die Frage der Nichtigkeit nach § 138 ist Ihnen im Rahmen des Studiums des Sachenrechts bereits begegnet. Deshalb hier in aller Kürze:

Zunächst müssen wir uns ins Gedächtnis rufen, dass wir nicht den schuldrechtlichen Vertrag prüfen, sondern die eigentlich wertneutrale dingliche Einigung. Die Nichtigkeit des schuldenrechtlichen Geschäfts führt regelmäßig **nicht** dazu, dass auch das dingliche Geschäft nichtig ist. Anders ist es (sogenannte Fehleridentität), wenn der Mangel des schuldrechtlichen Geschäfts auch die dingliche Erfüllung erfasst. Anders gesprochen: Wenn die Unsittlichkeit

47 Zur Übereignung nach §§ 929, 930 siehe ausführlich im Skript „Sachenrecht II" Rn. 112 ff.
48 Zum Sonderfall der bedingten Einigung siehe sogleich Rn. 183.
49 Siehe dazu im Skript „Sachenrecht II" unter Rn. 65.

der schuldrechtlichen Vereinbarung gerade im Vollzug (also in der Übereignung) liegt, erfasst die Nichtigkeit des schuldenrechtlichen Vertrages auch die Einigung. Dies wird insbesondere bei der Nichtigkeit von Sicherungsübereignungen (und Sicherungszessionen) in den Fällen des § 138 angenommen.

JURIQ-Klausurtipp

Diese Unterscheidung zwischen schuldrechtlicher Verpflichtung und dinglicher Einigung müssen Sie in solchen Fällen erwähnen. Sie gehen dabei wie folgt vor:

1. Sie prüfen die Einigung und stellen fest, dass eine solche vorliegt.
2. Sie fragen, ob diese Einigung nicht nach § 138 nichtig sein könnte.
3. Dann erwähnen Sie, dass der mögliche Nichtigkeitsgrund das schuldrechtliche Geschäft betrifft und die sittlich neutrale Verfügung im Regelfall nicht tangiert.
4. Sie erwähnen, dass in den Fällen der Fehleridentität die Nichtigkeit des schuldrechtlichen Vertrages auch die dingliche Einigung mit erfasst. Bei sittenwidrigen Sicherungsübereignungen liegt das sittlich Verwerfliche gerade im Vollzug des Vertrags, sodass dann, wenn die Sicherungsabrede gegen § 138 verstößt, auch die Einigung nichtig ist.
5. Sie prüfen dann, ob eine der Fallgruppen der Nichtigkeit von Sicherungsübereignungen nach § 138 einschlägig ist.

Zur Erinnerung, verbunden mit der Aufforderung, die Details noch einmal im Skript „Sachenrecht II" nachzulesen, erwähne ich, dass eine Sittenwidrigkeit der Sicherungsübereignung besonders bei sogenannten Knebelungsverträgen, beabsichtigter Gläubigerbenachteiligung sowie bei der Frage der Übersicherung diskutiert wird.

2. Wegfall durch Erfüllung der gesicherten Forderung?

182 Das Sicherungseigentum ist ein **nichtakzessorisches Sicherungsrecht**. Besonders deutlich wird dies, wenn wir die Situation nach Erfüllung der gesicherten Forderung betrachten:

Während beim Pfandrecht die Erfüllung der gesicherten Forderung dazu führt, dass mit dieser das Pfandrecht erlischt (§ 1252, siehe Rn. 165), bleibt das Sicherungseigentum trotz Erfüllung der Forderung bestehen.

183 Es ist möglich, die Sicherungsübereignung mit einer **auflösenden Bedingung** zu versehen. Die Einigung zwischen Sicherungsgeber und Gläubiger auf Übertragung des Eigentums ist dann auflösend bedingt durch die Erfüllung der gesicherten Forderung. Gemäß § 158 Abs. 2 fällt das Sicherungseigentum damit automatisch an den Sicherungsgeber zurück.[50]

In einer solchen Konstellation hat die Sicherungsübereignung dann doch ein paar Elemente der Akzessorietät. Nur: In der Praxis – vor allem der Banken – findet man eine auflösend bedingte Sicherungsübereignung regelmäßig nicht.

184 Da das Sicherungseigentum zweckgebunden übertragen wurde, hat der Sicherungsgeber gegen den Sicherungsnehmer (Gläubiger) bei Erledigung des Sicherungszwecks (Wegfall der gesicherten Forderung) einen **schuldrechtlichen Rückübertragungsanspruch**, der sich aus

50 *Habersack* Sachenrecht Rn. 227; *Medicus/Petersen* Bürgerliches Recht Rn. 498.

dem Sicherungsvertrag ergibt.[51] Sollte dies nicht (wie in der Praxis üblich) ausdrücklich geregelt sein, ergibt spätestens die (ergänzende) Auslegung des Vertrages, dass mit Erledigung des Sicherungszwecks das Eigentum am Sicherungsgut wieder zurückzuübertragen ist.[52]

Hinweis

Besondere Schwierigkeiten entstehen, wenn der Sicherungsvertrag unwirksam, die Sicherungsübereignung wegen ihres abstrakten Charakters aber wirksam bestellt ist. Dann nämlich gibt es keinen Vertrag, auf den der Rückübertragungsanspruch gestützt werden kann. Hier sind zwei Fälle zu unterscheiden:[53]
Wurde die Sicherheit bestellt und stellt sich dann die Unwirksamkeit des schuldrechtlichen Vertrages heraus, ist die gegebene Sicherheit mit der Leistungskondiktion (condictio indebiti)[54] nach § 812 Abs. 1 S. 1 Alt. 1 zurückzugewähren.

Die Leistungskondiktion passt aber dann nicht, wenn die Sicherheit in Erwartung eines noch abzuschließenden Vertrages gewährt wurde und diese Erwartung sich dann zerschlägt. Hier muss man die condictio ob rem oder Kondiktion wegen Zweckverfehlung[55] genannt, anwenden.

3. Verlust des Sicherungseigentums an Dritte

a) Verfügung des Sicherungsgebers (Schuldners)

Wie wir gesehen haben, wird die Sicherungsübereignung häufig deswegen gewählt, damit der Schuldner mit seinem Sicherungsgut weiter „arbeiten" kann. Deshalb ist es gang und gäbe, dass der Schuldner in Sicherungsverträgen ermächtigt wird, die Waren zu veräußern oder zu verarbeiten (§ 185 Abs. 1). 185

Handelt der Schuldner im Rahmen dieser Einwilligung des Sicherungsnehmers (Gläubigers), so liegt eine Verfügung eines Berechtigten vor. Zwar ist der Schuldner nicht Eigentümer. Aber die mit Ermächtigung des Rechtsinhabers nach § 185 Abs. 1 getätigte Verfügung ist nicht etwa die Verfügung eines Nichtberechtigten, sondern die eines Berechtigten.[56] Eine Prüfung der §§ 932 ff. (Erwerb vom Nichtberechtigten) kommt daher nicht in Betracht. 186

Wenn aber der Schuldner ohne Einwilligung veräußert oder – häufiger – die Grenzen der Einwilligung überschreitet, verfügt er als Nichtberechtigter. Der Dritte kann dann nur unter den Voraussetzungen der §§ 932 ff. sowie § 366 Abs. 1 HGB Eigentum erwerben. 187

Beispiel Möbelhändler M hat sein Warenlager an seine Bank B zur Sicherheit übereignet. B erklärt in der Sicherungsabrede, dass M die Waren „im normalen Geschäftsgang" veräußern darf. Im Lager steht u.a. ein sehr teurer Tisch, der aber nur schwer veräußerbar ist. K interessiert sich für den Tisch. Er kauft und bezahlt ihn. Dann vereinbart er mit M, dass

51 *Habersack* Sachenrecht Rn. 227.
52 *Medicus/Petersen* Bürgerliches Recht Rn. 498.
53 Siehe *Medicus/Petersen* Bürgerliches Recht Rn. 495.
54 Zu ihr ausführlich im Skript „Schuldrecht BT III" Rn. 150 ff.
55 Vgl. zu diesem Anspruch im Skript „Schuldrecht BT III" Rn. 236 ff.
56 Palandt-*Bassenge* § 929 Rn. 33.

dieser den Tisch im Lager stehen lassen soll, bis er (K) von einer längeren Schiffsreise zurück ist. Kurz darauf kündigt die Bank das Darlehen und verlangt von M die Herausgabe der Sicherheiten, auch des Tisches. ■

188 Wenn M „im normalen Geschäftsgang" den Tisch an K übereignet hat, hat die Bank kein Eigentum (mehr). Dann hätte M sich nämlich mit K über den Eigentumsübergang geeinigt, mit ihm einen Verwahrvertrag geschlossen, der als Übergabesurrogat nach § 930 die tatsächliche Übergabe ersetzt und als Berechtigter gemäß § 185 Abs. 1 verfügt. K ist dann Eigentümer geworden.

189 Anders ist der Sachverhalt, wenn die Veräußerung an K ohne Einwilligung des Sicherungsnehmers (Bank) oder unter Überschreitung der Grenzen der Einwilligung erfolgte. Dies kann zum Beispiel in der Vereinbarung eines ungewöhnlichen Rabattes (Schleuderpreis) erblickt werden.

Hier kann K nur gutgläubig Eigentum erwerben. Da der Erwerbstatbestand nach den §§ 929, 930 vollzogen wurde, kommt hier die Gutglaubensvorschrift des § 933 in Betracht. Dazu müsste K bei der Verschaffung des unmittelbaren Besitzes durch M noch in gutem Glauben gewesen sein. Dazu würde es im vorliegenden Fall nicht mehr kommen. Hier kann K nur über § 366 Abs. 1 HGB wegen guten Glaubens an die Ermächtigung des M Eigentum erwerben, wenn er von der Überschreitung der Ermächtigung keine Kenntnis hatte und auch nicht haben musste. Ein außergewöhnlicher Schleuderpreis gibt außerhalb von Räumungs- oder Schlussverkäufen Anlass zu Nachforschungen und steht einem gutgläubigen Erwerb entgegen.[57]

Hinweis

Aus diesem Grund sind Übereignungen nach §§ 929, 930 nicht ungefährlich, vor allem, wenn der Erwerber den Kaufpreis bezahlt hat.
Man sieht nämlich weder der Ware noch den handelnden Personen an, ob die Ware sicherungsübereignet ist und, wenn sie es sein sollte, ob der Schuldner in den Grenzen der Einwilligung gehandelt hat.

b) Verfügung des Sicherungsnehmers (Gläubigers)

190 Zu einer „verfahrenen Situation"[58] kann es schließlich dann kommen, wenn der Sicherungseigentümer selbst (also der Gläubiger) sein Eigentum an einen Dritten nach §§ 929, 931 durch Abtretung seines Herausgabeanspruchs aus dem Sicherungsvertrag überträgt und zusätzlich die Forderung an eine andere Person nach § 398 abtritt. Die gefürchtete Trennung von Forderung und Sicherheit scheint dann einzutreten. Aber dem ist nicht so. Der Schuldner ist geschützt.

---

57 Koller/Roth/Morck-*Koller* HGB § 366 Rn. 3.
58 So wörtlich *Medicus/Petersen* Bürgerliches Recht Rn. 504.

Die Rechtsverhältnisse bei Trennung von Sicherungseigentum und Forderung

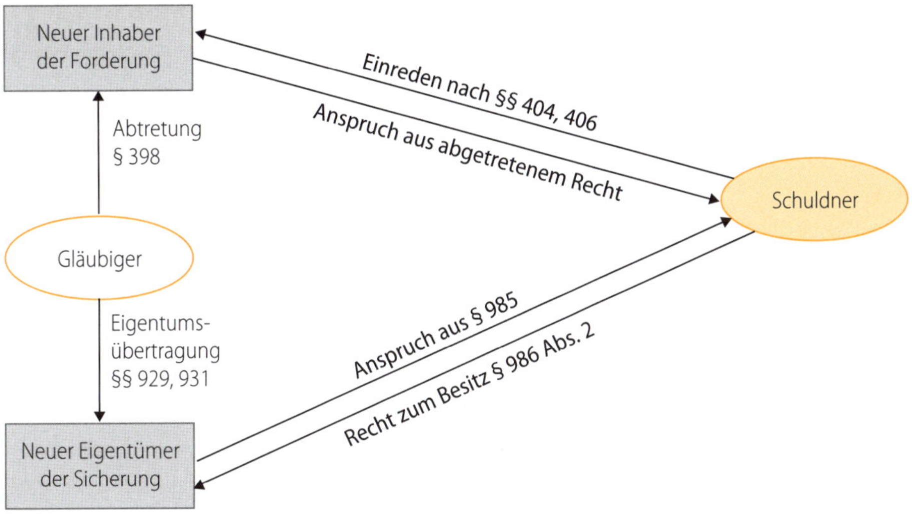

191 Selbstverständlich **darf** der Gläubiger **schuldrechtlich nicht** die Forderung vom Sicherungseigentum **trennen**. Dennoch muss man sich vor Augen halten, dass er sowohl Inhaber der Forderung als auch Eigentümer der Gegenstände ist, über die er verfügt. Bei der Sicherungsübereignung gibt es eben nicht die strenge Akzessorietät, die eine solche Situation beim Pfandrecht unmöglich macht. Deshalb ist als erstes Zwischenergebnis festzuhalten: Sowohl die Abtretung als auch die Übereignung sind wirksam. Der Zessionar ist Inhaber der Forderung, der Erwerber der Gegenstände Eigentümer des Sicherungsgutes geworden.

» Lesen Sie hierzu § 137. «

192 Wenn aber jetzt der neue Eigentümer seinen Anspruch nach § 985 gegen den Schuldner geltend macht, kann sich dieser gemäß **§ 986 Abs. 2** darauf berufen, dass ihm der Sicherungsvertrag mit dem Gläubiger ein Besitzrecht gibt, sodass er an den Erwerber die Sache nicht herausgeben muss.[59]

Hinweis

Der Sicherungsvertrag gibt dem Sicherungsgeber (Schuldner) ein Recht zum Besitz. Erst mit Eintritt des Sicherungsfalles fällt das Recht zum Besitz für den Schuldner weg.

193 Gegen den abgetretenen Anspruch aus der Forderung kann der Schuldner gemäß **§ 404** alle Einreden geltend machen, die ihm auch gegen den ursprünglichen Gläubiger zustanden. Folglich kann er einwenden, dass er zur Zahlung nur gegen die Rückübertragung der Sicherheit verpflichtet sei. Dieser Einwand ist entweder eine Einrede nach § 273 oder eine solche nach § 320, je nachdem, ob man zwischen der Kreditrückzahlung und der Rückübereignung des Sicherungsgutes eine synallagmatische Verknüpfung annimmt oder nicht.

59 Siehe zu § 986 Abs. 2 im Skript „Sachenrecht I" unter Rn. 128.

194 Damit kommen wir zu dem merkwürdigen Ergebnis, dass der Schuldner weder zu zahlen braucht, noch verpflichtet ist, die Sache herauszugeben. Aber diese „Merkwürdigkeit" ist auf das vertragswidrige Verhalten des Gläubigers zurückzuführen. Fraglich ist, wie dieser juristische Knoten aufgeknüpft werden kann.

195 Einmal kann der Schuldner selbst aktiv werden. Er rechnet mit dem neuen Gläubiger gemäß § 406 auf.[60] Seine Gegenforderung ist die Schadenersatzforderung gegen den Gläubiger aus dessen vertragswidriger Verfügung über den Gegenstand. Damit hat sich der Schuldner seiner Verbindlichkeit entledigt, allerdings mit der Folge, dass damit auch das Besitzrecht an dem zur Sicherheit übereigneten Gegenstand weggefallen ist. Der Schuldner wird dies wohl nur dann tun, wenn der Wert des Sicherungsgutes in etwa der geschuldeten Verbindlichkeit entspricht.

196 Wahrscheinlicher ist es aber, dass die Erwerber der Forderung bzw. des Eigentums gegen den Gläubiger vorgehen. Beide haben einen Anspruch auf Rückabwicklung (der Zessionar, weil seine Forderung nicht durchsetzbar, der Erwerber, weil der Gläubiger dauernd außerstande ist, ihm den unmittelbaren Besitz an der Sache zu verschaffen). Im Ergebnis werden dann diese Verträge (z.B. gemäß §§ 346, 434, 435, 437 Nr. 1) rückabgewickelt. Der Sicherungsnehmer (Gläubiger) ist dann wieder Forderungsinhaber und Sicherungseigentümer in einer Person, sodass der Schuldner wieder an ihn leisten kann.

c) Gesetzlicher Erwerb durch Dritte

197 Schließlich kann das Sicherungseigentum durch gesetzlichen Eigentumserwerb, insbesondere nach §§ 946 ff. erlöschen. Auf guten Glauben kommt es bei diesen Tatbeständen nicht an.[61]

III. Die Verwertung des Sicherungseigentums

198 Solange der Schuldner seine Schuld erfüllt, merkt niemand etwas von dem Sicherungseigentum. Die Sache bleibt im Besitz des Schuldners. Der Gläubiger kann sie nicht herausverlangen.

199 Ist die Schuld getilgt, muss entweder das Sicherungsgut zurückübertragen werden (so der Regelfall in der Praxis), es sei denn, die Einigung wurde auflösend bedingt für den Fall des Erlöschens der gesicherten Forderung geschlossen.

200 Mit Eintreten des Sicherungsfalles endet aber das Besitzrecht des Schuldners. Er muss dann die Sache auf Verlangen an den Eigentümer herausgeben, der sie dann verwerten kann. Wann der Sicherungsfall vorliegt, ergibt sich aus der Sicherungsabrede. Im Zweifel liegt der Sicherungsfall bei Zahlungsverzug des Schuldners vor.[62]

201 Die meisten professionellen Sicherungsabreden enthalten Regelungen darüber, wie die Sache im Sicherungsfall verwertet werden kann. Fehlt eine Regelung, so können die Vorschriften über den Pfandverkauf (s.o. Rn. 130) herangezogen werden.[63]

60 *Medicus/Petersen* Bürgerliches Recht Rn. 508 (dort zur Grundschuld).
61 Siehe dazu ausführlich im Skript „Sachenrecht II".
62 *Habersack* Sachenrecht Rn. 229.
63 *Habersack* Sachenrecht Rn. 229.

Hinweis

Gerät der Schuldner und Sicherungsgeber in die Insolvenz, wird das Sicherungseigentum wie ein Pfandrecht behandelt. Der Gläubiger hat nur ein Absonderungsrecht nach § 51 InsO. Das bedeutet – kurz und vereinfachend gesagt – Folgendes: Normalerweise erhält der Eigentümer einer Sache diese vom Verwalter des in die Insolvenz geratenen Schuldners zurück. Dies regelt § 47 InsO. Das ist die sogenannte *Aussonderung*. Wer nur ein Pfandrecht hat, hat nur das Recht zu verlangen, dass die Sache verwertet wird und er aus dem Erlös den ihm gebührenden Teil verlangen kann. Dieses Recht nennt man *Absonderung*. Zwar ist das Sicherungseigentum zivilrechtlich Volleigentum. In der Insolvenz wird es aber behandelt, als wenn der Sicherungseigentümer ein bloßes Pfandrecht hätte.

D. Der Eigentumsvorbehalt

I. Bedeutung des Eigentumsvorbehaltes

Es dürfte nur wenig Menschen geben, die noch nie in ihrem Leben etwas unter Eigentumsvorbehalt gekauft haben. Alle haben mit an Sicherheit grenzender Wahrscheinlichkeit schon Gegenstände von jemandem erworben, der nicht Eigentümer derselben war, weil er sie selber unter Eigentumsvorbehalt bezogen hatte. **202**

Der Eigentumsvorbehalt ist ein Kreditsicherungsmittel. Er sichert den Warenkredit ab, den der Lieferant dem Unternehmer einräumt, wenn er ihm Waren, wie man so schön sagt, „auf Ziel" verkauft. Auch beim Verbraucher kommt der Eigentumsvorbehalt häufig vor. Nahezu immer dann, wenn der Verkäufer dem Verbraucher Ratenzahlung einräumt, wird das Instrument des Eigentumsvorbehalts zur Absicherung des Warenkredits verwandt. **203**

Im Gegensatz zur Sicherungsübereignung kannte das BGB den Eigentumsvorbehalt seit jeher und widmet ihm die Regelungen in § 449 (bis 31.12.2001: § 455 a.F.). **204**

II. Grundstruktur des Eigentumsvorbehaltes

Mit dem Eigentumsvorbehalt haben wir uns bereits im Zusammenhang mit der Übertragung des Eigentums an beweglichen Sachen ausführlich beschäftigt.[64] **205**

Hinweis

Da die Auflassung nach § 925 Abs. 2 bedingungsfeindlich ist, kann es bei der Veräußerung von Immobilien keinen Eigentumsvorbehalt geben.

64 Skript „Sachenrecht II" unter Rn. 145 ff.

Wir können uns hier deshalb auf einen Überblick beschränken:

206 Der Eigentumsvorbehalt hat eine schuldrechtliche und eine sachenrechtliche Seite.

Gemäß § 433 ist der Verkäufer eigentlich verpflichtet, dem Käufer unbedingtes Eigentum und den Besitz an der Sache zu verschaffen. Gleichzeitig aber ist der Käufer nach dem gesetzlichen Leitbild des Kaufvertrages verpflichtet, sofort den gesamten Kaufpreis zu zahlen.

207 Auf der **schuldrechtlichen Ebene** werden diese Ansprüche beim Eigentumsvorbehalt modifiziert. Der Verkäufer ist nur verpflichtet, dem Käufer Besitz an der Sache sowie eine aufschiebend bedingte Einigung auf Erwerb des Eigentums nach vollständiger Bezahlung des Kaufpreises (oder sonstiger Forderungen) zu verschaffen. Dafür muss der Käufer den Kaufpreis nicht sofort, sondern später oder ggf. in Raten (je nach Parteivereinbarung) zahlen.[65]

208 Scharf von dieser schuldrechtlichen Ebene ist die **sachenrechtliche Seite** des Verkaufs unter Eigentumsvorbehalt zu trennen. Bei der dinglichen Einigung erklärt der Vorbehaltsverkäufer, dass er nur unter der aufschiebenden Bedingung der endgültigen Zahlung des Kaufpreises das Eigentum übertragen möchte (§ 158 Abs. 1).[66]

209 Der Eigentumsvorbehalt führt zu einem „dinglichen Zwitter": Dem Veräußerer bleibt zwar noch das Vollrecht (Eigentum). Er kann aber nicht mehr einseitig verhindern, dass dieses mit Bedingungseintritt (z.B. Zahlung des Kaufpreises) auf den Erwerber übergeht. Diese Position bezeichnet man bekanntlich auch als Anwartschaftsrecht.[67]

III. Varianten des Eigentumsvorbehalts

1. Einfacher Eigentumsvorbehalt

210 Die Bedingungen, von denen der Eigentumserwerb abhängen soll, können unterschiedlich ausgestaltet sein: Je nachdem unterscheidet man den einfachen Eigentumsvorbehalt von den Varianten des erweiterten Eigentumsvorbehalts.

211 Beim „einfachen Eigentumsvorbehalt" behält sich der Verkäufer das Eigentum an einer verkauften Sache bis zur Bezahlung des für diese Sache geschuldeten Kaufpreises vor. Eine entsprechende Auslegungsregel enthält § 449 Abs. 1.

Hinweis

In diesen Fällen ist ein einseitiger nachträglicher Verzicht des Verkäufers auf den Eigentumsvorbehalt möglich. In diesem Falle tritt mit dem Verzicht der Eigentumserwerb beim Käufer ein.[68] Sein Anwartschaftsrecht „erstarkt" dann zum Vollrecht.

65 Siehe dazu im Skript „Schuldrecht BT I" Rn. 10, 86, 129.
66 Siehe zum Problem des „vertragswidrigen" Eigentumsvorbehalts Palandt-*Weidenkaff* § 449 Rn. 11.
67 Siehe dazu ausführlich im Skript „Sachenrecht II" unter Rn. 144 ff.
68 Palandt-*Weidenkaff* § 449 Rn. 14.

2. Erweiterter Eigentumsvorbehalt

Von einem „erweiterten Eigentumsvorbehalt" spricht man, wenn der Eigentumserwerb des Erwerbers nicht bereits mit der Erfüllung der Kaufpreisforderung aus dem konkreten Kaufvertrag, sondern erst mit der Erfüllung weiterer Forderungen eintritt. Die Bedingung wird also um weitere Forderungen erweitert. 212

Folgende Varianten kommen dabei in Betracht:

a) Der Kontokorrentvorbehalt

Beim „Kontokorrentvorbehalt" wird vereinbart, dass nicht nur die Kaufpreisforderung aus dem konkreten Kaufvertrag zu begleichen ist, sondern dass der Käufer erst dann Eigentümer wird, wenn er sämtliche Forderungen aus der laufenden[69] Geschäftsbeziehung zum Verkäufer erfüllt hat.[70] 213

b) Der Konzernvorbehalt

Ein „Konzernvorbehalt" (oder „Drittvorbehalt") liegt dann vor, wenn auch Forderungen gegen andere Lieferanten, die demselben Konzern angehören wie der Vorbehaltsverkäufer, in die Bedingung einbezogen werden sollen.[71] 214

Nach § 449 Abs. 3 ist der Konzernvorbehalt auf Verkäuferseite immer unwirksam. Zulässig ist es aber, wenn der Eigentumsübergang davon abhängig gemacht wird, dass Forderungen des Verkäufers gegenüber Dritten erfüllt werden, die mit dem Käufer konzernmäßig verbunden sind.[72]

3. Der nachgeschaltete Eigentumsvorbehalt

Von einem „nachgeschalteten Eigentumsvorbehalt" spricht man dann, wenn der Käufer, der die Sache nur unter Eigentumsvorbehalt erworben hat, ohne den Eigentumsvorbehalt seines Lieferanten offen zu legen, die Sache seinerseits unter „Eigentumsvorbehalt" (d.h. unter dem Vorbehalt seines – angeblichen – Eigentums) an einen Dritten veräußert.[73] 215

Beispiel V liefert dem Großhändler K 100 Fernsehgeräte unter Eigentumsvorbehalt. K veräußert diese Geräte, ebenfalls unter Eigentumsvorbehalt, an den Einzelhändler D.

Streng genommen liegt in diesem Fall im Verhältnis K – D kein wirklicher Eigentumsvorbehalt des K vor, weil K vor Erfüllung seiner Kaufpreiszahlungspflicht gegenüber V noch kein Eigentum erlangt hat, welches er sich D gegenüber „vorbehalten" könnte. D kann in diesem Fall grundsätzlich erst dann Eigentümer werden, wenn K seine Kaufpreisschuld gegenüber V, und D seine Kaufpreisschuld gegenüber K beglichen hat.

Allerdings besteht die Möglichkeit, dass D das Eigentum – schon vor Zahlung des K an V – nach §§ 929 S. 1, 158 Abs. 1, 932 gutgläubig erwirbt, wenn D den Kaufpreisanspruch des K erfüllt.[74] ■

---

69 Lat. „Currere" bedeutet „laufen".
70 Palandt-*Weidenkaff* § 449 Rn. 19.
71 Palandt-*Weidenkaff* § 449 Rn. 22.
72 Palandt-*Weidenkaff* § 449 Rn. 22.
73 Palandt-*Weidenkaff* § 449 Rn. 17.
74 *BGH* NJW 1971, 1038.

4. Der weitergeleitete Eigentumsvorbehalt

216 Ein „weitergeleiteter" Eigentumsvorbehalt liegt dann vor, wenn der Vorbehaltskäufer dem Dritten offen legt, dass er die Sache von dem Veräußerer unter Eigentumsvorbehalt erworben hat.[75] Der Dritte wird in diesem Fall erst dann Eigentümer, wenn K seine Kaufpreiszahlungspflicht gegenüber V erfüllt hat.

Beispiel K veräußert eine Sache an D „unter Vorbehalt des Eigentums des V". ■

5. Verlängerter Eigentumsvorbehalt

217 **Die Grundstruktur des verlängerten Eigentumsvorbehalts (Zession der künftigen Forderung)**

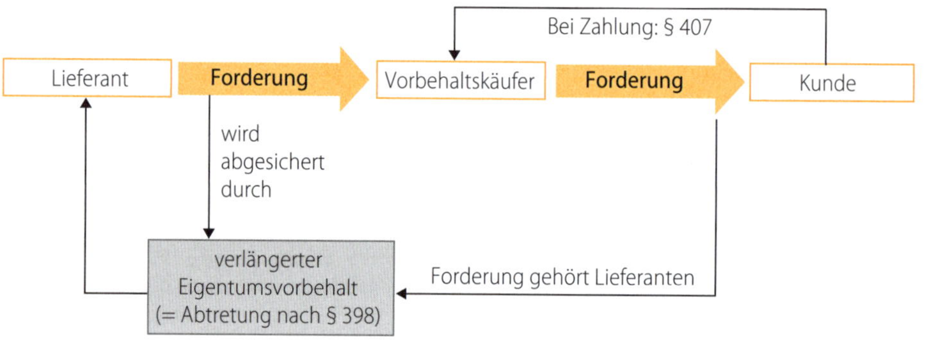

Eine weitere klausurwichtige Variante des Eigentumsvorbehalts ist der sog. „verlängerte Eigentumsvorbehalt", der regelmäßig dann zum Einsatz kommt, wenn der Verkäufer einen Händler oder Produzenten mit Waren beliefert. Dem Verkäufer droht hier ein Verlust seines Eigentums, weil er entweder den Vorbehaltskäufer nach § 185 ermächtigt hat, die Sache weiter zu veräußern bzw. durch gutgläubigen Erwerb der Kunden des Händlers (§§ 932 ff. und § 366 HGB) oder durch Verarbeitung durch den Vorbehaltskäufer (§ 946 ff.).

Durch eine Kombination mehrerer Vertragsklauseln will sich der Verkäufer ausreichende Sicherheiten verschaffen.

218 Der Verkäufer übereignet dem Käufer zunächst die Sache unter der aufschiebenden Bedingung vollständiger Kaufpreiszahlung (§§ 929, 158 Abs. 1), wobei auch die oben beschriebenen Erweiterungen denkbar sind.

219 Diese Bedingung wird für den Fall der **Belieferung eines Produzenten** kombiniert mit der sog. **„Mitherstellerklausel"**.[76]

Für den Fall einer Verarbeitung wird vereinbart, dass der Lieferant „Mithersteller" der neuen Ware i.S.v. § 950 ist. Die gesetzliche Folge einer solchen Vereinbarung besteht darin, dass der Verkäufer im Fall der Verarbeitung kraft Gesetzes Miteigentümer der neuen Sache wird. Sein Eigentumsvorbehalt endet also nicht in der Verarbeitung, sondern wird auf das neu hergestellte Gut „verlängert".

75 Palandt-*Weidenkaff* § 449 Rn. 16.
76 Zur Zulässigkeit dieser Klausel siehe im Skript „Sachenrecht II" unter Rn. 268.

Der Verkäufer ist natürlich daran interessiert, dass der Käufer die Ware an seine Kunden weiter veräußert und damit den Erlös erwirtschaftet, den er benötigt, um seine Kaufpreisschuld gegenüber dem Verkäufer zu tilgen. Der Verkäufer **ermächtigt (§ 185 Abs. 1)** den Käufer daher, die Ware im eigenen Namen – im gewöhnlichen Geschäftsverkehr – an Dritte weiter zu veräußern.[77] 220

Spätestens mit der Übereignung der Ware an die Kunden des Käufers erlischt nun jeglicher Eigentumsvorbehalt des Verkäufers. Der Verkäufer hat aber noch nicht unbedingt sein Geld bekommen. Um auch nach dem Vertrieb der Ware abgesichert zu sein, lässt sich der Verkäufer die aus der Weiterveräußerung entstehenden Forderungen durch den Käufer im Voraus zur Sicherung seiner eigenen Kaufpreisforderung abtreten, sog. **antizipierte Forderungsabtretung** nach § 398.[78] 221

Schließlich ermächtigt der Verkäufer den Käufer, die abgetretene Kaufpreisforderung im eigenen Namen einzuziehen. Diese Möglichkeit einer **Einziehungsermächtigung** ist in §§ 362 Abs. 2, 185 Abs. 1 vorgesehen. Die Ermächtigung ist gewöhnlicherweise mit der Verpflichtung des Käufers verbunden, die eingezogenen Beträge – im Umfang der noch offenen Kaufpreisschuld – an den Vorbehaltsverkäufer weiter zu leiten.[79] 222

E. Die Sicherungszession

I. Überblick über die Sicherungszession

Die Abtretung von Forderungen zur Absicherung von Krediten hat eine enorme praktische Bedeutung. Ähnlich wie die Sicherungsübereignung ist sie von der Praxis entwickelt worden, weil das vom historischen Gesetzgeber eigentlich vorgesehene Instrument „Verpfändung der Forderung" den Bedürfnissen der Wirtschaft nicht entspricht (s.o. Rn. 173 f.). 223

» Erinnern Sie sich noch an den Vorzug der Sicherungszession gegenüber der Verpfändung einer Forderung? «

Als Kreditsicherungsmittel kommt die Sicherungszession in der Praxis vor allem als Globalzession zugunsten einer Bank oder zugunsten des Warenlieferanten als „Baustein" beim sog. „verlängerten Eigentumsvorbehalt" zum Einsatz.

Beim **verlängerten Eigentumsvorbehalt** tritt der Erwerber einer unter Eigentumsvorbehalt stehenden Sache dem Lieferanten seine künftige Forderung aus der Weiterveräußerung ab (dazu Rn. 217). 224

Dasselbe gilt bei der Vereinbarung einer Verarbeitungsklausel, die mit einem verlängerten Eigentumsvorbehalt kombiniert wird. Hier wird zwar der Vorbehaltskäufer nicht Eigentümer der hergestellten Sache, sondern vielmehr der Lieferant (vgl. Rn. 219). Aber spätestens mit der (regelmäßig erlaubten) Veräußerung an den Dritten verliert der Lieferant sein Eigentum. An die Stelle des Eigentums tritt die Forderung des Käufers gegen den Dritten.

Die **Globalzession** ist das typische Kreditsicherungsmittel für den Geldkreditgeber.[80] 225

---

77 Palandt-*Weidenkaff* § 449 Rn. 18.
78 Siehe zur Sicherungszession auch Rn. 223 ff.
79 Palandt-*Weidenkaff* § 449 Rn. 18.
80 Palandt-*Grüneberg* § 398 Rn. 27.

> Von einer **Globalzession** spricht man, wenn der Schuldner einem Gläubiger sämtliche oder jedenfalls in einem bestimmten Bereich sämtliche Forderungen zur Sicherheit abtritt.

Man kann wohl davon ausgehen, dass bei jenen Unternehmen, die in nennenswertem Umfang Bankkredite zur Finanzierung ihres Geschäftsbetriebes in Anspruch nehmen, die Forderungen aus Lieferung und Leistung im Rahmen einer Globalzession an die jeweiligen Banken abgetreten sind – mit anderen Worten: bei fast allen Unternehmen. Die Globalzession ist, wie die mit ihr dogmatisch sehr verwandte Sicherungsübereignung, ein fiduziarisches Sicherungsmittel: Der Schuldner überträgt dem Gläubiger das Vollrecht an den Forderungen, obwohl wirtschaftlich eigentlich nur die Absicherung der Forderung des Gläubigers, also ein Pfandrecht gewollt ist.

226 Wir wollen uns nun die Probleme der Sicherungszession anhand der klausurtypischen Prüfung (irgend)eines Anspruchs aus abgetretenem Recht ansehen. Die Prüfung erfolgt also aus der Perspektive des Sicherungsnehmers (Warenlieferant, Darlehensgeber).

II. Probleme in der Anspruchsprüfung

PRÜFUNGSSCHEMA

227 Anspruch aus abgetretenem Recht (Sicherungszession)

I. Ansprucheentstehung

1. Entstehung des abgetretenen Anspruchs
2. Wirksame Abtretung
   - a) Abtretungsvereinbarung
     - Bestimmtheit Rn. 230
   - b) Allgemeine Wirksamkeitsvoraussetzungen
     - AGB – Klauseln Rn. 232
     - Sittenwidrigkeit Rn. 233
     - Kollision verlängerter EV/Globalzession Rn. 239
   - c) Abtretungsbefugnis des Zedenten
   - d) (Keine) Abtretungsverbote (§§ 399, 400)
     - Vertragliche Abtretungsverbote Rn. 240

II. Rechtsvernichtende Einwendungen

1. Allgemeine Regeln (§§ 404, 406, 407 beachten!)
2. Rückfall der Forderung wegen Bedingung
3. Gläubigerwechsel durch Zwischenverfügung
   - Verwertung durch Factoring Rn. 252

III. Durchsetzbarkeit

1. Fälligkeit
2. Einreden (§ 404 beachten!)

1. Entstehung des Anspruchs aus abgetretenem Recht

a) Anspruch zwischen Zedent und Drittem

Hinweis 228

Bei der Abtretung nennt man den Abtretenden „Zedenten“ und den Erwerber der Forderung „Zessionar“. Diese beiden Begriffe werden gerne verwechselt. Vielleicht hilft Ihnen folgende Eselsbrücke: In Erwerber steckt das **‚R‘**. Deshalb ist er der Zessiona**R**.

Gegenstand der im Voraus abgetretenen Forderung ist der Anspruch zwischen dem Zedenten (Verkäufer, Darlehensnehmer) und dem Dritten (Anspruchsgegner). Dieser Anspruch muss natürlich seinerseits erst entstanden sein, weil ansonsten die Abtretung selbst ins Leere griffe.

Beispiel Lieferant L verkauft unter verlängertem Eigentumsvorbehalt an Händler H Flachbildfernseher. Der 16-jährige K kauft bei H online einen solchen Fernseher ohne Einwilligung oder spätere Genehmigung seiner Eltern. H liefert den Fernseher gegen Rechnung an K.

Die Forderung des H gegen K ist wegen der Minderjährigkeit des K und fehlender Zustimmung der gesetzlichen Vertreter nach §§ 106, 107, 108 Abs. 1 nicht entstanden. Folglich gibt es auch keine Forderung, die H an L zur Sicherheit abtreten konnte. ■

Im Übrigen sind unter diesem Gliederungspunkt alle Entstehungsvoraussetzungen des Anspruchs des Zedenten gegen den Dritten nach den allgemeinen Regeln zu prüfen.

JURIQ-Klausurtipp

Sie können das Bestehen der abgetretenen Forderung aufbaumäßig auch erst unter Verfügungsbefugnis des Zedenten (siehe Rn. 237) behandeln.[81]

b) Wirksame Abtretung des Anspruchs

aa) Abtretungsvereinbarung

Die Abtretung nach § 398 ist wie die Übereignung nach § 929 ein dingliches Rechtsgeschäft 229
mit Verfügungswirkung. Die Abtretung kommt durch einen Vertrag zustande, dessen Inhalt darin besteht, dass die Forderung des bisherigen Gläubigers (Zedent) auf den neuen Gläubiger (Zessionar) übergeht.[82]

Genauso wie die Übereignung vom schuldrechtlichen Grundgeschäft losgelöst zu betrachten ist (Rn. 179), ist auch die Abtretung ein vom Kausalgeschäft losgelöstes Rechtsgeschäft.

Deshalb verwundert es auch nicht, dass auch bei der Abtretung strukturell die gleichen Fragen 230
auftreten wie bei der schon behandelten Übereignung. Es ist auch hier anerkannt, dass **künftige Forderungen** abgetreten werden können. Die Forderungen müssen in der „antizipierten“ (= vorweggenommenen) Abtretungsvereinbarung nur **hinreichend bestimmbar** sein.[83]

---

81 So z.B. *Petersen* Allgemeines Schuldrecht Rn. 413.
82 Siehe zur Abtretung ausführlich im Skript „Schuldrecht AT I“ Rn. 7 ff.
83 Siehe dazu im Skript „Schuldrecht AT I“ Rn. 24 ff.

Das ist bei Forderungen, die aus dem **verlängerten Eigentumsvorbehalt** stammen, für sich genommen erst einmal einfach, da der Vorbehaltsverkäufer dabei auf seine Ware Bezug nehmen kann – der Vorbehaltsverkäufer vereinbart mit seinem Käufer etwa: „Sämtliche Forderungen des Händlers aus dem Verkauf einer von uns gelieferten Ware sind (in Höhe ihres Rechnungswertes) an uns abgetreten." Diese Formulierung ist bestimmt genug, da sich die abgetretenen Forderungen des Käufers eindeutig individualisieren lassen: Es sind alle Forderungen des Käufers gegen dessen Kunden aus dem Verkauf einer Ware, die der Käufer vom Verkäufer unter Eigentumsvorbehalt bezogen hat; bei Verwendung des obigen Klammerzusatzes geht die Abtretung über den Rechnungsbetrag für die gelieferte Ware nicht hinaus.

Die Wahrung des Bestimmtheitsgrundsatzes ist auch bei der **Globalzession** das geringere Problem. Entweder werden „alle Forderungen aus Lieferung und Leistung" abgetreten, was an Bestimmtheit nicht zu überbieten ist. Es kommen aber auch Fallgestaltungen vor, in denen dem Gläubiger die Forderungen gegen Kunden, deren Nachnamen mit z.B. „A bis einschließlich M" beginnen, abgetreten werden. Auch das ist bestimmt genug.

JURIQ-Klausurtipp

Im Fall einer antizipierten Abtretung einer Vielzahl von Forderungen müssen Sie an dieser Stelle noch kurz darauf hinweisen, ob die von Ihnen geprüfte Forderung des Zedenten gegen den Anspruchsgegner auch von der abstrakt gefassten Abtretungsvereinbarung erfasst ist.

bb) Allgemeine Wirksamkeitsvoraussetzungen

231 Für die Abtretung als vertragliches Rechtsgeschäft gelten die allgemeinen Regeln über die Wirksamkeit eines vertraglichen Rechtsgeschäfts.[84] Wir wollen hier nur auf eine Unwirksamkeit wegen Unwirksamkeit der Einbeziehung in AGB sowie **anfänglicher Übersicherung** eingehen:

(1) Unwirksamkeit nach § 307 Abs. 1

232 Da eine Abtretungsvereinbarung in der Regel durch Verwendung von **AGB** zustande kommt, ist aber fraglich, ob eine solche Abtretung nicht wegen unangemessener Benachteiligung nach § 307 Abs. 1 unwirksam ist. Der BGH hat dies im Rahmen eines **verlängerten Eigentumsvorbehalts** grundsätzlich dann angenommen, wenn die Abtretung der Höhe nach nicht auf den Wert der Forderung des Verwenders (= Vorbehaltsverkäufer) beschränkt ist, da ansonsten von Anfang an eine unangemessene Übersicherung des Lieferanten droht.[85] Den Vorbehaltsverkäufern bleibt daher nichts anders übrig, als die Höhe der Forderung bei der Vereinbarung des verlängerten Eigentumsvorbehalts zu begrenzen. Der BGH hat eine Abtretung *„in Höhe des Rechnungswertes unserer Forderung"* für ausreichend bestimmt und wirksam gehalten.[86]

84 Siehe dazu im Skript „BGB AT II".
85 *BGH* NJW 1987, 487; Palandt-*Grüneberg*, § 398 Rn. 17.
86 *BGH* a.a.O.; siehe dazu auch im Skript „Schuldrecht AT I" unter Rn. 16.

(2) Unwirksamkeit nach § 138 Abs. 1

Wenn bereits bei Abtretung feststeht, dass in dem – zeitlich noch ungewissen – Verwertungsfall ein **auffälliges Missverhältnis** zwischen dem realisierbaren Wert der abgetretenen Forderung und der gesicherten Forderung des Lieferanten bestehen wird, ist die Abtretung bei **Überschreitung bestimmter Wertgrenzen** und **rücksichtslosem Vorgehen** des Lieferanten wegen anfänglicher Übersicherung sittenwidrig und damit nichtig.[87] Dahinter steht der Gedanke, dass dem Händler in einem solchen Fall unnötig viele Forderungen entzogen werden, die dem Zedenten dann für andere Kreditgeschäfte nicht mehr als Sicherungsmittel zur Verfügung stehen. 233

Eine objektive Übersicherung wird vermutet, wenn der (realisierbare) Wert der abgetretenen Forderungen und sonstigen Sicherheiten bei Abtretung voraussichtlich mehr als 300 % des Werts der gesicherten Forderungen ausmacht.[88] Zur Ermittlung des realisierbaren Werts ist entsprechend § 237 S. 1 vom Nennbetrag einer Forderung ein Abschlag von 1/3 vorzunehmen.[89] 234

Beispiel Händler A tritt der B Bank zur Sicherung eines Darlehens in Höhe von 100 000 € alle gegenwärtigen und künftigen Forderungen gegen seine Kunden mit den Anfangsbuchstaben der Nachnamen/Firmenbezeichnungen A – K ab.

Sein Umsatz mit diesen Kunden beträgt jährlich durchschnittlich 480 000 €.

Hier besteht eine anfängliche Übersicherung, da der realisierbare Wert der Forderungen entsprechend § 237 S. 1 mit 320 000 € anzusetzen ist und damit über 300 % der gesicherten Forderungen ausmacht. Liegt das Ausfallrisiko der B aufgrund zahlreicher Insolvenzen im Abnehmermarkt des A voraussichtlich bei 50 %, ist eine Wertkorrektur nicht nur in Höhe von 1/3, sondern in Höhe von 50 % gerechtfertigt. Dann liegt der realisierbare Wert der Forderungen etwa bei 240 000 €, so dass in dieser Konstellation eine anfängliche Übersicherung zu verneinen ist. ■

Eine anfängliche Übersicherung ist beim verlängerten Eigentumsvorbehalt nur dann denkbar, wenn mehrere Lieferanten Einzelteile geliefert haben, die dann zu einer wesentlich teureren Sachgesamtheit zusammengesetzt wurden oder wenn die durchsetzbare Gewinnmarge des Händlers tatsächlich so groß ist, dass sein Verkaufspreis und damit die abzutretende Forderung den Einkaufspreis um mehr als 200 % übersteigt.

In subjektiver Hinsicht erfordert die Sittenwidrigkeit nach § 138 Abs. 1, dass der Lieferant die Umstände der Übersicherung kannte oder doch zumindest kennen musste.[90] 235

Hinweis

Beachten Sie bitte, dass bei Verwendung einer Abtretungsklausel in AGB eine Übersicherung bereits zur Unwirksamkeit nach § 307 Abs. 1 führt, der als speziellere Regelung vor § 138 Abs. 1 geprüft wird und bei dem es weder auf bestimmte Wertgrenzen noch auf eine subjektive Vorwerfbarkeit ankommt.[91]

87 *BGH* NJW 1998, 2047; Palandt-*Ellenberger* § 138 Rn. 97.
88 Palandt-*Ellenberger* § 138 Rn. 97.
89 Palandt-*Ellenberger* Überbl v § 232 Rn. 2.
90 Palandt-*Ellenberger* § 138 Rn. 8.
91 Palandt-*Ellenberger* § 138 Rn. 16.

236 Droht eine Übersicherung erst durch Hinzutreten weiterer Umstände nach Abtretung, ist § 138 Abs. 1 mangels anfänglicher Übersicherung zu verneinen.

Eine nachträgliche Übersicherung kann gerade bei einer Globalzession schnell auftreten. Der abgetretene Forderungsbestand unterliegt einem ständigen Wechsel – sog. „revolvierender Bestand": Alte Forderungen werden erfüllt und erlöschen (§ 407!), neue werden begründet und treten aufgrund der globalen Vorausabtretung hinzu. Wenn nun der gesicherte Anspruch teilweise erlischt und/oder der Wert der hinzutretenden, abgetretenen Forderungen steigt, erhält der Zessionar auf einmal mehr Sicherheit als notwendig. Wegen dieser theoretisch stets gegebenen Möglichkeit ist die Abtretung aber nicht sittenwidrig, sondern nur, wenn die Übersicherung von Anfang an feststeht.

Stets begründet eine nachträgliche Übersicherung aber einen Anspruch auf Freigabe der überschießenden Sicherheit, auch wenn dieser Anspruch nicht ausdrücklich geregelt wird. Dieser Freigabeanspruch wird im Wege ergänzender Vertragsauslegung gem. §§ 133, 157 gewonnen – eine abweichende Regelung in AGB ist wegen Verstoßes gegen § 307 Abs. 2 Nr. 2 unwirksam.[92] Ein solcher Anspruch entsteht, wenn der realisierbare Wert der Sicherungsgegenstände 110 % der gesicherten Forderungen und damit die sog. „Deckungsgrenze" überschreitet.[93] Entsprechend § 237 S. 1 ist der realisierbare Wert eines Sicherungsgegenstandes auch hier durch einen Abschlag von 1/3 vom Nenn- oder Verkehrswert zu ermitteln. Unter Berücksichtigung dieses Abschlages kann man auch so formulieren: Der Freigabeanspruch entsteht, wenn der Nennwert des Sicherungsgegenstandes 150 % der gesicherten Forderung übersteigt.[94] Die Werte für die Entstehung eines Freigabeanspruches liegen also deutlich unter den Werten, die eine Sittenwidrigkeit wegen anfänglicher Übersicherung begründen können.

cc) Verfügungsbefugnis des Zedenten

237 Wie jedes Verfügungsgeschäft bedarf auch die Abtretung zu ihrer Wirksamkeit der Verfügungsbefugnis des Veräußerers (= Zedenten). Grundsätzlich steht die Verfügungsberechtigung dem Gläubiger der abgetretenen Forderung zu.[95]

238 Bei der Abtretung gilt grundsätzlich das sogenannte **Prioritätsprinzip**, wonach die zeitlich frühere der zeitlich späteren Abtretung vorgeht.[96]

Beispiel Händler H tritt im Rahmen einer Globalzession seiner Bank B sämtliche, auch künftige Forderungen aus Lieferung und Leistung ab. Danach schließt er mit Lieferant L einen Vertrag, wonach L den H mit Waren beliefert, sich das Eigentum an der Ware bis zur Kaufpreiszahlung vorbehält und ihm die aus der Weiterveräußerung der Ware entstehenden Forderungen des H in Höhe des Rechnungswertes der von L gelieferten Ware abgetreten werden. ■

92 *BGH* in BGHZ 137, 212 ff. = NJW 1998, 671 ff.; Palandt-*Grüneberg* § 307 Rn. 149.

93 *BGH* in BGHZ 137, 212 ff. = NJW 1998, 671 ff.

94 Palandt-*Ellenberger* § 138 Rn. 97.

95 Siehe dazu ausführlich im Skript „Schuldrecht AT I" Rn. 19 ff.

96 Das Prioritätsprinzip ist für sich genommen unstreitig: *Westermann* Sachenrecht Rn. 198; *Habersack* Sachenrecht Rn. 267; Palandt-*Grüneberg* § 398 Rn. 27.

Hier hat also der H der B seine Forderungen schon abgetreten, bevor er sie dem L noch einmal abtrat. Nach dem Prioritätsprinzip konnte der L durch die Abtretung somit nichts erwerben (vgl. § 185 Abs. 2 S. 2).[97]

Dies ist aber nur dann richtig, wenn die frühere Abtretung auch wirksam war. Die zwischen H und B vereinbarte Globalzession könnte wegen Verstoßes gegen § 138 nichtig sein. Da Globalzessionen typischerweise auch die künftigen Forderungen umfassen, ist der Konflikt mit einem Lieferanten, der nach Abschluss der Globalzession unter verlängertem Eigentumsvorbehalt liefert, vorprogrammiert. 239

Die herrschende Meinung (und insbesondere die Rechtsprechung) löst den Konflikt zugunsten des Lieferanten: Danach sind Globalzessionen in AGB nach § 307, sonst nach § 138 Abs. 1 unwirksam, wenn sie sich auch auf solche Forderungen erstrecken, die im Rahmen eines verlängerten Eigentumsvorbehalts abgetreten werden.[98]

Hinweis

Eine Nichtigkeit wegen Sittenwidrigkeit nach § 138 Abs. 1 entfällt, wenn der Sicherungsnehmer (= Zessionar) nicht mit einer Kollision mit einem verlängerten Eigentumsvorbehalts rechnen musste.[99] Es fehlt dann an der für die Sittenwidrigkeit regelmäßig erforderlichen verwerflichen Gesinnung.

Die Begründung der Rechtsprechung beruht auf der sog. „Vertragsbruchlehre": Eine Globalzession verleite den Kunden der Bank dazu, seine Lieferanten bei Abschluss des von diesen regelmäßig gewünschten Eigentumsvorbehalts darüber zu täuschen, dass er die künftigen Forderungen bereits abgetreten habe.

Entgehen kann die Bank der Nichtigkeitsfolge nur, wenn sie mit dem Schuldner eine sog. **„dingliche Teilverzichtsklausel"** vereinbart. Die Bank muss also mit dem Zedenten vereinbaren, dass solche Forderungen, die einem verlängerten Eigentumsvorbehalt unterliegen, nicht von der Globalzession umfasst sein sollen.[100]

Eine sog. „schuldrechtliche Verzichtsklausel", wonach die Bank sich verpflichtet, den Lieferanten, die unter verlängertem Eigentumsvorbehalt geliefert haben, die Forderung abzutreten, soll dagegen nicht genügen.

JURIQ-Klausurtipp

Es soll nicht unerwähnt bleiben, dass diese Rechtsprechung alles andere als unumstritten ist.[101] Dies mit gutem Grund, denn die Begründung ist durchaus angreifbar. Für die Klausur im Examen empfehle ich aber dringend, diese Rechtsprechung zu übernehmen. Der Aufbau

97 Siehe dazu ausführlich im Skript „Schuldrecht AT I" Rn. 24 ff.
98 *BGH* NJW 1999, 940; Palandt-*Ellenberger* § 138 Rn. 77.
99 *BGH* NJW 1999, 940.
100 *Habersack* Sachenrecht Rn. 268.
101 Siehe nur *Westermann* Sachenrecht Rn. 198, der „nicht recht einsehen" will, warum der Lieferantenkredit wertvoller ist als der Bankkredit. Außerdem zweifelt er, dass ein „dinglicher Verzicht" zugunsten Dritter sachenrechtlich konstruiert werden kann.

einer Examensklausur folgt in aller Regel der gefestigten Rechtsprechung. Würden Sie dann entgegen dieser Rechtsprechung eine Nichtigkeit ablehnen, könnte es Ihnen passieren, dass Sie dann nicht mehr zu Folgeproblemen gelangen.

dd) (Keine) Abtretungsverbote

240 Wie wir bereits aus dem Allgemeinen Schuldrecht wissen, können der Wirksamkeit der Abtretung die Verbote der §§ 399, 400 entgegenstehen.[102]

» Bitte lesen Sie sich § 399 jetzt einmal durch. «

241 Wir konzentrieren uns hier auf den wichtigen Fall des **vereinbarten Abtretungsverbots nach § 399 Var. 2** (auch lateinisch „pactum de non cedendo" genannt).

Eine Forderung kann nach § 399 Var. 2 grundsätzlich nicht abgetreten werden, wenn zwischen dem Zedenten und dem Schuldner die Abtretung durch Vertrag ausgeschlossen wurde. Viele Teilnehmer am Wirtschaftsleben – gerade die großen Unternehmen und besonders auch die öffentliche Hand – hatten deshalb in ihren Allgemeinen Geschäftsbedingungen ein Abtretungsverbot vorgesehen. Damit wollten die Unternehmen den mit einer Abtretung verbundenen erhöhten Aufwand vermeiden. Das brachte viele Unternehmen in erhebliche Schwierigkeiten.

Es ist nämlich gängige Praxis, dass ein Produzent bzw. Händler seine Waren nur bekommt, wenn er mit dem Lieferanten einen verlängerten Eigentumsvorbehalt abschließt. Wenn aber der Kunde des Händlers seinerseits eine Abtretung der Forderung des Händlers ausschließt – wogegen sich mittelständische Unternehmen bei Großkunden kaum wehren konnten –, hatte der Händler im Grunde keine Wahl: Er musste gegenüber seinem Lieferanten vertragsbrüchig werden,[103] um Waren zu bekommen oder er musste auf den Auftrag verzichten, was oft wegen der Größe des Kunden keine wirtschaftlich vertretbare Alternative war. Also traten die Händler die Forderung trotz Abtretungsverbots an ihre Lieferanten ab. Solange alles gut geht, merkt das auch niemand (stille Zession). Zum Schwur kommt es aber regelmäßig in der Krisensituation.

242 Es wurde deshalb diskutiert, ob ein **formularmäßiges Abtretungsverbot** im Vertrag zwischen Zedenten und Schuldner gegen § 307 verstößt. Dies wurde von der Rechtsprechung ebenso verneint wie eine Nichtigkeit des Abtretungsverbotes wegen Sittenwidrigkeit nach § 138 Abs. 1.[104]

JURIQ-Klausurtipp

Als Argument können Sie in einer Klausur ausführen, dass der Gesetzgeber in § 399 Var. 2 die Möglichkeit eines Abtretungsverbotes ohne besonderes Formerfordernis vorgesehen hat und der Verwender einer Verbotsklausel damit nur von einer gesetzlich zugelassenen Möglichkeit Gebrauch macht. Ferner ist das Interesse des Schuldners an Übersichtlichkeit und Eindeutigkeit seiner Verbindlichkeiten schutzwürdig.

102 Siehe dazu im Skript „Schuldrecht AT I" Rn. 29 ff.
103 Um nicht das böse Wort „Betrug" zu verwenden.
104 *BGH* NJW 1997, 3434 f.; siehe aus neuerer Zeit: *BGH* NJW 2006, 3486.

Der Gesetzgeber hat darauf mit der Einführung des **§ 354a HGB** reagiert. Ein vereinbartes Abtretungsverbot steht nach § 354a Abs. 1 S. 1 HGB der Abtretung einer **Geldforderung** (doch) nicht entgegen, wenn das Geschäft für beide Seiten ein Handelsgeschäft ist oder der Schuldner eine juristische Person des öffentlichen Rechts oder ein öffentlich-rechtliches Sondervermögen ist. **243**

Der Sinn dieser Vorschrift ist eindeutig: In diesen Fällen soll es möglich sein, den verlängerten Eigentumsvorbehalt mit dem Vorlieferanten vereinbaren zu können, ohne der Gefahr eines Vertragsbruches ausgesetzt zu sein.

Hinweis

Nach der Einführung des § 354a Abs. 2 HGB im Jahr 2008 gilt die Regelung des § 354a Abs. 1 HGB nicht für Forderungen aus Darlehensverträgen, deren Gläubiger ein Kreditinstitut i.S.d. KWG darstellt. Der Kaufmann kann also z.B. im Darlehensvertrag mit seiner Bank eine Abtretung der Ansprüche auf Zins und Tilgung an Dritte gem. § 399 Var. 2 wirksam ausschließen.

Ein vereinbartes Abtretungsverbot wird außerhalb des Geltungsbereichs des § 354a Abs. 1 HGB nicht nur im Zusammenhang mit der Prüfung des abgetretenen Anspruchs relevant. Ein wirksames Abtretungsverbot hat auch erhebliche Konsequenzen für den **dinglichen Rechtserwerb** der unter Eigentumsvorbehalt stehenden Sache durch den Kunden des Händlers. Zwar ist dem Händler beim verlängerten Eigentumsvorbehalt regelmäßig die Veräußerung der Sache gestattet. Insofern handelt er mit Ermächtigung des Eigentümers und damit als Berechtigter (s. Rn. 185 f.). Die Veräußerung an einen Dritten unter wirksamer Vereinbarung eines Abtretungsverbots ist aber nicht mehr von der Ermächtigung des Lieferanten gedeckt. Der Lieferant hat schließlich durch die Wahl der Abtretungsklausel im verlängerten Eigentumsvorbehalt zu erkennen gegeben, dass er zwar der Veräußerung der gelieferten Ware durch den Händler zustimmt, allerdings nur, wenn er durch die Abtretung des Kaufpreisanspruches gesichert ist. **244**

Der Händler übereignet bei wirksamer Vereinbarung eines Abtretungsverbots – und wenn § 354a Abs. 1 HGB nicht eingreift[105] – also als Nichtberechtigter. Eigentum kann der Dritte dann also originär nur erwerben, wenn er gutgläubig war. Das Abtretungsverbot zeigt aber regelmäßig, dass der Dritte förmlich damit rechnet, dass sein Vertragspartner nicht Eigentümer ist, sondern die Ware unter verlängertem Eigentumsvorbehalt bezogen hat und deswegen seine Forderung abtreten will.[106] Dann ist der Dritte im Hinblick auf das Eigentum des Händlers bösgläubig. Außerdem scheidet auch eine Gutgläubigkeit in Bezug auf die Verfügungsbefugnis des Händlers i.S.d. § 366 Abs. 1 HGB aus, weil der Dritte angesichts seines Abtretungsverbots nicht mehr von einer Ermächtigung des Händlers ausgehen kann.[107]

105 Siehe dazu *K. Schmidt* NJW 1999, 440 f.
106 *Habersack* Sachenrecht Rn. 266; Palandt-*Grüneberg* § 399 Rn. 10.
107 *BGH* NJW 1999, 425 f.; *Habersack* Sachenrecht Rn. 266.

2. Rechtsvernichtende Einwendungen

a) Allgemeine Einwendungstatbestände

245 Auf den abgetretenen Anspruch finden die allgemeinen Regeln Anwendung. Er erlischt also insbesondere durch Erfüllung oder Erfüllungssurrogate. Wird der Zedent – wie beim „verlängerten Eigentumsvorbehalt" – vom Zessionar ermächtigt, die Forderung im eignen Namen einzuziehen, tritt Erfüllung nach § 362 Abs. 2 i.V.m. § 185 Abs. 1 ein, wenn der Schuldner die Leistung beim Zedenten bewirkt.

246 Alle bei Abtretung bereits begründeten Einwendungen bleiben dem Anspruchsgegner nach § 404 erhalten. Eine Aufrechnung, die dem Anspruchsgegner gegenüber dem Zedenten zum Zeitpunkt der Abtretung möglich gewesen wäre, kann er unter den Voraussetzungen des § 406 trotz der jetzt fehlenden Gegenseitigkeit gegenüber dem Zessionar ausüben.[108]

247 Da der Drittschuldner von der Zession erst einmal nichts erfährt („stille Zession"), ist schließlich an eine Schuldbefreiung nach § 407 durch Leistung an Zedenten (Altgläubiger) oder schuldbefreiendes Rechtsgeschäft mit diesem (etwa Aufrechnung gegenüber Zedent oder Leistung an Erfüllungs statt mit Zustimmung des Zedenten) zu denken.[109]

b) Forderungsrückfall an Sicherungsgeber bei Bedingung

248 Die Sicherungszession ist ein nichtakzessorisches Sicherungsrecht, dessen Bestand also nicht von der gesicherten Forderung abhängt. Im Rahmen der Vertragsfreiheit ist den Parteien aber unbenommen, der Erfüllung der gesicherten Forderung auch eine unmittelbare Wirkung auf die Sicherheit zu verleihen.

» Lesen Sie jetzt bitte den § 158 im Gesetz mit! «

Die Parteien können die Abtretung der Forderungen auflösend bedingt (§ 158 Abs. 2) vereinbaren oder eine aufschiebend bedingte (§ 158 Abs. 1) Rückabtretung an den Zedenten vereinbaren. Bedingung ist dann in beiden Fällen die Erfüllung der gesicherten Verbindlichkeit.[110]

Allerdings ist dies in der Praxis ebenso selten wie die gleiche Konstruktion bei der Sicherungsübereignung, wie wir oben Rn. 182 gesehen haben. Auch die verschiedentlichen Versuche, einen entsprechenden Parteiwillen in die Handlungen der Beteiligten hineinzuinterpretieren, scheitern in der Regel an der hinreichend klaren Vertragssprache.[111]

c) Gläubigerwechsel durch weitere Verfügung

aa) Weiterverfügung des Sicherungsnehmers

» Lesen Sie hierzu bitte § 137. «

249 Deutlich gefährlicher als die Sicherungsübereignung ist die Sicherungszession, wenn der Sicherungsnehmer (Warenlieferant oder Bank) die abgetretene Forderung entgegen der Sicherungsvereinbarung an einen Dritten abtritt.

108 Skript „Schuldrecht AT I" Rn. 225 ff.
109 Siehe dazu im Skript „Schuldrecht AT I" Rn. 182 ff. und Rn. 230.
110 *Medicus/Petersen* Bürgerliches Recht Rn. 498.
111 *Medicus/Petersen* Bürgerliches Recht Rn. 498.

Hinweis

Beachten Sie bitte, dass eine weitere Verfügung des Sicherungsnehmers im Sicherungsvertrag wegen § 137 S. 1 nicht wirksam ausgeschlossen werden kann. Ein Abtretungsverbot kann gem. § 399 Var. 2 nur zwischen Gläubiger und Schuldner vereinbart werden (s.o. Rn. 240).[112] Der Sicherungsgeber (Zedent) kann bei der Sicherungszession dinglich also nicht verhindern, dass der Sicherungsnehmer (Zessionar) die ihm übertragene Forderung wirksam an einen Dritten abtritt.

Dieser Dritte kann nun als neuer Gläubiger gegen den Schuldner der abgetretenen Forderung vorgehen. Nur dann, wenn die Erfüllung der gesicherten Forderung Bedingung für eine schon vereinbarten Rückfall war (Rn. 248), ist der Sicherungsgeber (Vorbehaltskäufer, Darlehensnehmer) dinglich geschützt. Mit Eintritt der Bedingung fällt die Forderung mit Rückwirkung wieder an ihn zurück (§ 161 Abs. 1 S. 1, Abs. 2).

Ansonsten bleibt dem Sicherungsgeber nur der Schadenersatzanspruch gegen den Siche- **250**
rungsnehmer, der pflichtwidrig[113] die zur Sicherheit abgetretenen Forderungen einem Dritten übertragen hat.[114] Mit diesem Anspruch kann er dann gegen die gesicherte Verbindlichkeit aufrechnen. Das nützt dem Sicherungsgeber allerdings wenig, wenn er die gesicherte Forderung bereits ganz oder im Wesentlichen getilgt hatte. Hier bleibt ihm nur, gegen seinen Gläubiger, also den Sicherungsnehmer, seinen Schadenersatzanspruch durchzusetzen.

Hinweis

Zur „Ehrenrettung" der Banken sei angemerkt, dass solche Verhaltensweisen eher die Ausnahme als die Regel sind.

bb) Weiterverfügung des Sicherungsgebers

Tritt der Sicherungsgeber seine Forderung ein weiteres Mal an einen Dritten ab, kann diese **251**
Folgeabtretung nach dem Prioritätsprinzip nicht wirksam sein. Das haben wir uns bereits oben beim „Aufeinanderprallen" von Globalzession und verlängertem Eigentumsvorbehalt angesehen.

Etwas anderes kann aber dann gelten, wenn der Sicherungsnehmer (Zessionar) den Siche- **252**
rungsgeber (Zedent) nach § 185 Abs. 1 ermächtigt hat, die abgetretene Forderung im eigenen Namen einziehen zu dürfen. Eine solche Ermächtigung ist regelmäßiger Bestandteil eines „verlängerten Eigentumsvorbehalts" (siehe Rn. 222). Nun bedeutet „Einziehen" vom Wortsinn her nicht „Abtreten". Allerdings kann der Sicherungsgeber (also der Vorbehaltskäufer beim verlängerten Eigentumsvorbehalt) durch die Veräußerung der Forderung im Wege des **„echten Factorings"** an einen Factor aus Sicht des Vorbehaltsverkäufers wirtschaftlich

112 Bei der Vorschrift des § 399 Var. 2 handelt es sich um eine gesetzliche Ausnahme vom Grundsatz des § 137 S. 1.

113 Verletzt wird – konstruktiv ist beides denkbar – entweder eine auf Unterlassung gerichtete Leistungspflicht aus dem Sicherungsvertrag oder eine Rücksichtspflicht gem. § 241 Abs. 2.

114 *Medicus/Petersen* Bürgerliches Recht Rn. 505.

dasselbe Ergebnis erzielen, das er erreicht hätte, wenn er die Forderung erlaubtermaßen selber von seinem Kunden eingezogen hätte.

Hinweis

Der „echte" Factoringvertrag ist ein Forderungskaufvertrag,[115] bei dem sich der Verkäufer gem. §§ 453 Abs. 1, 433 Abs. 1 verpflichtet, dem Käufer die verkaufte Forderung (durch Abtretung) zu verschaffen. Für die Bonität haftet der Verkäufer nicht, da diese weder einen Sach- noch Rechtsmangel der Forderung darstellt.[116] Dies unterscheidet das „echte" Factoring vom „unechten" Factoring, bei dem der Zedent das Ausfallrisiko[117] wegen fehlender Bonität des Schuldners übernimmt. Der vom Factor für die Forderung gezahlte Betrag steht dem Zedenten also nicht dauerhaft zu, sondern nur in Höhe des aus der Forderung realisierten Erlöses. Das „unechte Factoring" ist damit eine Kombination von Darlehen (des Factors) und Leistung erfüllungshalber (der Forderung).

253 Nach ganz überwiegender Auffassung stellt die Abtretung einer Forderung durch den Vorbehaltskäufer (Sicherungsgeber) an einen Factor im Wege des echten Factorings wirtschaftlich einen Fall der erlaubten Einziehung dar, der von einer Einziehungsermächtigung des Vorbehaltsverkäufers im Rahmen eines verlängerten Eigentumsvorbehalts gedeckt ist.[118] Die zur Sicherheit abgetretene Forderung des Vorbehaltskäufers beträgt regelmäßig mehr als die gesicherte Kaufpreisforderung des Vorbehaltsverkäufers, da der Vorbehaltskäufer auf den Einkaufspreis ja seine Spanne zur Deckung seiner Kosten und Gewinnmarge aufschlägt. Deshalb wird der Verkaufserlös aus dem Factoring die gesicherte Forderung des Vorbehaltsverkäufers regelmäßig nicht unterschreiten, auch wenn der Factor für die Forderung des Vorbehaltskäufers gegen dessen Kunden als Kaufpreis nicht den vollen Nominalwert bezahlt, sondern Abschläge zur Deckung seiner Kosten und Gewinnmarge vereinbart.

Beispiel Hersteller V verkauft dem Händler H seine Ware für 100 €, wobei er seine Kaufpreisforderung durch verlängerten Eigentumsvorbehalt absichert. H verkauft die Ware für 150 € weiter an den Kunden K, der ebenfalls noch nicht bezahlt. Nun veräußert H die Kaufpreisforderung gegen K an den Factor F, der dem H dafür 110 € bezahlt. Im Wege des Factorings realisiert H hier zwar nicht den vollen Forderungswert von 150 €, sondern nur 110 €. Dieser Wert liegt aber immer noch über der gesicherten Kaufpreisforderung des V in Höhe von 100 €. ■

Das Sicherungsinteresse des Vorbehaltsverkäufers wird durch die Verwertung der abgetretenen Forderung im Wege des echten Factorings daher im Regelfall nicht beeinträchtigt.[119] Methodisch erfolgt die Einbeziehung des echten Factorings durch eine entsprechende Auslegung der Einziehungsermächtigung nach §§ 133, 157.

115 H.M., vgl. im Skript „Schuldrecht BT I" Rn. 14.
116 Skript „Schuldrecht BT I" Rn. 216.
117 Dieses Risiko bezeichnet man auch als „Delkredererisiko".
118 *BGH* in BGHZ 72, 20 ff.; BGHZ 82, 288 ff.; Palandt-*Grüneberg* § 398 Rn. 39.
119 *BGH* NJW 1980, 772, 773 (sehr lesenswert!).

Hinweis

Anders liegt es nach h.M. bei einer Globalzession.[120] Die Einzugsermächtigung einer Bank, die sich die Forderung des Darlehensnehmers zur Sicherheit hat abtreten lassen, berechtigt den Darlehensnehmer im Zweifel nicht zur Verwertung einer abgetretenen Forderung durch Veräußerung im Wege echten Factorings. Denn die Abschläge des Factors schmälern ja das Vermögen des Darlehensnehmers; anders als bei der Kaufpreisforderung des Vorbehaltsverkäufers liegt das Darlehen wertmäßig nicht unbedingt unter dem Forderungsbestand der Globalzession. Die Abschläge des Factors „verkraftet" der Darlehensgeber also nicht so leicht wie der Vorbehaltsverkäufer, sodass sich die Einziehungsermächtigung des Darlehensgebers typischerweise nicht im oben beschriebenen Sinne auslegen lässt.[121]

3. Anspruch durchsetzbar

Die Fälligkeit des abgetretenen Anspruchs richtet sich nach den für diesen Anspruch geltenden Regeln. **254**

Nach § 404 kann der Drittschuldner auch alle Einreden, die ihm bereits bei Abtretung gegenüber dem bisherigen Gläubiger (Zedent) zustanden, dem neuen Gläubiger entgegenhalten.[122]

120 Palandt-*Grüneberg* § 398 Rn. 39 m.w.N.
121 Ausdrücklich der *BGH* in NJW 1980, 772, 773 f.
122 „Weiter Einwendungsbegriff", Palandt-*Grüneberg* § 404 Rn. 2.

F. Übungsfall Nr. 2

255 „Sicher ist sicher"

Der S hat bei der G-Bank AG ein Darlehen in Höhe von 150 000 € aufgenommen. Da die G-Bank an der finanziellen Leistungsfähigkeit des S zweifelt, bittet sie ihn um die Beschaffung von Sicherheiten. Geschäftsfreund E erklärt sich bereit, einen seiner Ferraris für einen Betrag von 100 000 € zugunsten der G zu verpfänden. Nachdem die Verpfändung zugunsten der G-Bank wirksam vorgenommen wurde, fordert diese den S zur Stellung weiterer Sicherheiten auf, um die komplette Summe abzudecken. Dafür händigt sie ihm vorab ein Formular für eine selbstschuldnerische Bürgschaftserklärung aus. In diesem fehlen nur noch die Angaben zur Person des Schuldners, des Gläubigers und diejenigen zur Bezeichnung der Forderung sowie der Höhe der Bürgschaft. S begibt sich damit zu seinem Freund B, einem GmbH-Geschäftsführer, welcher bereit ist, eine Bürgschaft in Höhe von 100 000 € zu übernehmen. B händigt einem zuständigen Mitarbeiter der G-Bank das vollständig ausgefüllte und unterschriebene Bürgschaftsformular aus.

Kurze Zeit später stellen sich die anfänglichen Zweifel der G-Bank an der Leistungsfähigkeit des S leider als berechtigt heraus. S kann das Darlehen bei Fälligkeit nicht zurückzahlen.

E überweist daraufhin 100 000 € auf das Konto der G-Bank, um die von G angedrohte Verwertung seines Ferraris abzuwenden.

Was kann E von B verlangen?

256 Lösung

E könnte gegen B einen Anspruch auf Zahlung von 100 000 € gemäß § 765 Abs. 1 i.V.m. §§ 1225 S. 1, 401, 412 haben.

I. Anspruchsentstehung

Dafür müsste E Inhaber einer Bürgschaftsforderung gegen B gemäß § 765 Abs. 1 sein. Da zwischen E und B kein Bürgschaftsvertrag geschlossen wurde, kann E eine Bürgschaftsforderung gegen B nur zustehen, wenn ein solcher Anspruch auf ihn übergegangen ist. Möglicherweise ist zwischen G und B ein Bürgschaftsvertrag zustande gekommen und E Inhaber dieses Anspruchs geworden.

1. Wirksamer Bürgschaftsvertrag zwischen G und B

a) Vertragsschluss

B hat der G, die nach § 1 Abs. 1 S. 1 AktG rechtsfähig ist, gegenüber eine Bürgschaftserklärung mit allen notwendigen Angaben abgegeben, die durch einen Vertreter der Bank widerspruchslos angenommen wurde. Demnach haben sich G und B auf die Übernahme einer Bürgschaft durch den B wegen der Darlehensverbindlichkeit des S gegenüber G bis zu einem Betrag von 100 000 € geeinigt.

b) Form, § 766 S. 1 i.V.m. § 126

Die Bürgschaft bedarf zu ihrer Wirksamkeit nach § 125 S. 1 der Einhaltung der in § 766 S. 1 vorgeschriebenen Form. Die Übernahme der Bürgschaft war für B kein Handelsgeschäft i.S.d. § 350 HGB, so dass eine formlose Übernahme der Bürgschaft nicht möglich war. Die Tatsache, dass B GmbH-Geschäftsführer ist, macht ihn selbst nicht zu einem Kaufmann im Sinne dieser Vorschrift. Die Form des § 766 S. 1 ist nur gewahrt, wenn die Urkunde die essentialia negotii, wie Angaben zu Gläubiger, Schuldner, Bürgen und gesicherter Verbindlichkeit, enthält. Das war im Moment der Übergabe des Formulars an die Bank der Fall. Die §§ 766, 126 schreiben bei der Herstellung der Urkunde keine zeitliche Reihenfolge vor, sodass offen bleiben kann, ob die Unterschrift der letzte Akt der Urkundenerstellung gewesen ist.

c) Zwischenergebnis

Damit ist zwischen B und G ein wirksamer Bürgschaftsvertrag zustande gekommen.

2. Übergang des Anspruchs gegen B gemäß § 765 Abs. 1 nach §§ 1225 S. 1, 401, 412

Die Forderung der G-Bank gegen B in Höhe von 100 000 € aus der Bürgschaft könnte nun gemäß §§ 1225 S. 1, 401, 412 auf den E übergegangen sein.

a) Überleitungsvoraussetzungen

E war nicht selbst Schuldner des S. Vielmehr hatte er zur Ablösung der Haftung mit seinem PKW gemäß § 1223 Abs. 2 an den G zu dessen Befriedigung 100 000 € gezahlt. § 1225 S. 1 ordnet in diesem Falle an, dass der Eigentümer dann zum Zwecke des Regresses die Forderung des Gläubigers gegen den Schuldner in Höhe seiner Zahlung erwirbt. §§ 412, 401 ordnen für diesen Fall außerdem den automatischen, parallelen Übergang akzessorischer Sicherheiten wie zum Beispiel die Rechte aus einer Bürgschaft an.

b) Umfang der Überleitung

Fraglich ist nun, in welchem Umfang der E den B in Anspruch nehmen kann.

aa) Verbot der Benachteiligung des Gläubigers

Grundsätzlich müssten die Rechte des G gegen B in voller Höhe auf E übergegangen sein. Volle Höhe kann hier jedoch keinesfalls 100 000 € bedeuten, da B und E erkennbar die Gesamtforderung in Höhe von 150 000 € absichern sollten. Aus §§ 1225 S. 1, 774 Abs. 1 S. 2 ergibt sich, dass der Übergang nicht zum Nachteil des Gläubigers geltend gemacht werden kann. Die Rechtsstellung des Gläubigers genießt also stets den Vorrang. Die G-Bank machte deutlich, dass B und E nicht zusammen Sicherheiten in Höhe von 100 000 €, sondern von 150 000 € übernehmen sollten. Da die noch offenen 50 000 € ebenfalls gesichert sein müssen, müssen Pfand und Bürgschaftsrechte in dieser Höhe bei der G-Bank verbleiben. Die Forderung gegen B könnte daher allenfalls in Höhe von 50 000 € auf E übergegangen sein.

bb) Normative Korrekturen

Eine wortlautgetreue Anwendung der Regressvorschriften hätte jedoch zur Folge, dass stets der zuerst zahlende Sicherungsgeber bevorzugt wird. Zahlte der Bürge zuerst, so ginge das Pfand gemäß §§ 774 Abs. 1 S. 1, 412, 401 Abs. 1 auf ihn über; zahlt der Eigentümer zuerst, stünden die Rechte aus der Bürgschaft gemäß §§ 1225 S. 1, 412, 401 Abs. 1 in Höhe von 50 000 € ihm zu. Dies hätte hier zur Folge, dass der zuerst zahlende Sicherungsgeber wegen der Rückgriffsmöglichkeit beim anderen Sicherungsgeber im Ergebnis nur mit 50 000 € belastet würde, der andere wegen der Insolvenz des S jedoch mit 100 000 €. Weil der jeweils andere Sicherungsgeber diese Folge naturgemäß zu vermeiden suchen würde, käme es zu einem „Wettlauf der Sicherungsgeber". Angesichts der Tatsache, dass der zeitliche Vorrang einer Zahlung zufällig und deswegen kein sachliches Kriterium für einen Ausgleich der Sicherungsgeber sein kann, hat man nach alternativen Lösungswegen zu suchen.

(1) Möglich wäre zum einen eine Bevorzugung des persönlichen Sicherungsgebers, also des Bürgen. Dafür wird vor allem die Regelung des § 776 angeführt, wonach der Bürge gegenüber dem Gläubiger frei wird, wenn dieser eine andere Sicherheit aufgibt. Eine solche Haftungsprivilegierung findet sich bei den anderen Sicherungsrechten tatsächlich nicht. Bevorzugte man hier den B als bürgengleichen Sicherungsgeber, so würde das Pfandrecht in Höhe von 50 000 € auf ihn übergehen. Es käme daher zwar nicht zu einem Wettlauf mit E, wohl aber zu einer Belastung desselben in Höhe von insgesamt 100 000 €. E könnte gegen B nach dieser Ansicht keine Ansprüche geltend machen.

(2) Zum anderen könnte aber auch die Regelung des § 426 Abs. 2 zum sachlichen Vorbild erhoben werden. Danach wären die Sicherungsgeber einander zum anteiligen Ausgleich verpflichtet; mangels abweichender Vereinbarungen also grundsätzlich pro rata analog § 426 Abs. 1. Für einen solchen Lösungsweg sprechen insbesondere die §§ 774 Abs. 2, 1225 S. 2, welche bei gleichartigen Sicherungsgebern eben diese Lösung vorsehen. Im vorlie-

Übungsfall Nr. 2

genden Fall müsste der E im Verhältnis zu B die Hälfte der Gesamtforderungslast tragen, also 75 000 €. Da er jedenfalls noch 50 000 € gegenüber der G-Bank sichert, müsste die Forderung des G gegen B in Höhe von 25 000 € auf E übergehen.

(3) Immerhin deutet bereits die Regelung des § 769 an, dass schon die gemeinsame Sicherung ausreicht, um ein gesamtschuldähnliches Verhältnis der Sicherungsgeber herbeizuführen. Schließlich sichern alle Sicherungsgeber im Ergebnis ein und dieselbe Forderung; ein sachlicher Grund für eine Abwälzung des damit übernommenen Risikos auf einen von ihnen lässt sich nur schwer finden. Vor diesem Hintergrund weisen die Verweisungen in §§ 774, 1225 einen eher deklaratorischen Charakter auf. Dagegen kann auch nicht die Norm des § 776 angeführt werden. Durch die dort angeordnete Rechtsfolge soll ein treuwidriges Verhalten des Gläubigers sanktioniert, nicht aber das Verhältnis zwischen verschiedenen Sicherungsgebern geregelt werden. Fraglich ist deshalb allein, ob die für ein Gesamtschuldverhältnis grundsätzlich erforderliche Gleichstufigkeit der Verpflichtungen gegeben ist. Aus § 1225 S. 1 wird deutlich, dass der Regress des Bestellers eines Grundpfandrechts wie beim Bürgen erfolgen soll. Dadurch wird auch dem Eigentümer zum Zwecke des Regresses eben auch der Zugriff auf andere Sicherheiten eröffnet. Ein Rangverhältnis lässt sich diesem System gerade nicht entnehmen. Es ist daher vorzugswürdig, die Forderung des G gegen B analog § 426 Abs. 2 nur in Höhe von 25 000 € auf den E übergehen zu lassen.

c) Zwischenergebnis

Die Forderung des G gegen B aus Rechtsscheinshaftung des B gem. § 765 Abs. 1 ist analog §§ 426 Abs. 2 in Höhe von 25 000 € auf E übergegangen. Rechtsvernichtende Einwendungen sind nicht ersichtlich.

II. Durchsetzbarkeit

Der Anspruch ist durchsetzbar, wenn er fällig ist und einredefrei besteht.

1. Fälligkeit

Der Anspruch des Gläubigers aus der Bürgschaft wird mit Eintritt des Sicherungsfalles fällig. Dieser tritt regelmäßig mit Fälligkeit der gesicherten Hauptforderung ein, was nach dem Sachverhalt gegeben ist.

2. Einreden

Gemäß § 768 Abs. 1 S. 1 kann der Bürge die dem Hauptschuldner gegen die Durchsetzung der Hauptforderung zustehenden Einreden geltend machen. Solche Einreden sind hier aber nicht ersichtlich.

Eigene Einreden des B gegenüber der G sind ebenfalls nicht ersichtlich. Die Einrede der Vorausklage nach § 771 S. 1 kann B nicht erheben, da er sich nach der ihn verpflichtenden Erklärung selbstschuldnerisch verbürgt hatte. Die Einrede der Vorausklage ist damit gemäß § 773 Abs. 1 Nr. 1 ausgeschlossen.

Hinweis

B hat sich nach dem Sachverhalt auf keine Einrede berufen, sodass Einredetatbestände von vorneherein (derzeit) keine Wirkung entfalten könnten. Trotzdem sollten Sie in der Klausur auf die Frage der Einredetatbestände eingehen. Schließlich könnte sie der Schuldner ja noch geltend machen.

III. Ergebnis

E hat folglich gegen B einen durchsetzbaren Anspruch auf Zahlung in Höhe von 25 000 €.

Hinweis

Bei den behandelten Problemen handelt es sich um Klassiker des Kreditsicherungsrechts. Insbesondere der so genannte „Wettlauf der Sicherungsgeber" taucht immer wieder in Klausuren auf. Absolut herrschende Ansicht – und im Ergebnis auch sachgerecht – ist die Behandlung der Sicherungsgeber als Gesamtschuldner (s.u. Rn. 445 ff.).

Übungsfall Nr. 2

4. Teil
Hypothek und Grundschuld

A. Die Hypothek

I. Überblick

1. Klausurrelevanz

Mit der Hypothek wird ein Grundstück als Pfand für eine Forderung nutzbar gemacht. Sie ist ein **akzessorisches Sicherungsmittel**, d.h. ihr Entstehen und ihre Durchsetzbarkeit hängen davon ab, ob die zu sichernde Forderung auch wirklich entstanden und nicht erloschen ist. 257

Die Hypothek gilt als undurchschaubar, kompliziert und schwierig. Klausuren aus diesem Bereich sind gefürchtet. Nun haben einige Prüfungsordnungen die Hypothek aus dem Katalog des zu prüfenden Pflichtfachstoffes herausgenommen. Doch in dem für Prüfungsämter nicht untypischen Humor wurde die Grundschuld als zu beherrschender Stoff beibehalten. Wie sich aus § 1192 ergibt, sind aber auf die Grundschuld die Vorschriften der Hypothek entsprechend anwendbar, soweit sich nicht daraus ein anderes ergibt, dass die Grundschuld eine Forderung nicht voraussetzt.

Das bedeutet für Sie, dass Sie die Hypothek verstanden haben müssen, weil Sie ansonsten die Grundschuld, die auf jeden Fall Prüfungsstoff ist, nicht begreifen können.

2. Akzessorietät

Die besonderen Schwierigkeiten bei der Hypothek liegen darin, dass dieses Recht zwar als akzessorisches Sicherungsmittel ganz ähnlich konstruiert ist wie etwa die Bürgschaft oder das Pfandrecht an Mobilien. Die Hypothek ist mit der von ihr gesicherten Forderung untrennbar verbunden, wie sich aus § 1153 ergibt. 258

Hinweis

§ 1153 entspricht dem schon behandelten § 1250 beim Mobiliarpfandrecht (oben Rn. 150). Beachten Sie bitte auch, dass man rechtstechnisch immer nur die gesicherte Forderung nebst Hypothek übertragen kann, vgl. auch §§ 401, 1154. Gegenstand der Übertragung ist also immer die gesicherte Forderung mit ihrem „Anhängsel" Hypothek, nicht umgekehrt.

Zum (Klausur-)Problem wird die Akzessorietät dann, wenn die Forderung nicht entstanden ist und trotzdem jemand die Scheinforderung nebst im Grundbuch eingetragener Hypothek „abtritt". Nach der „reinen Lehre" könnte der Erwerber nichts erhalten: Ein gutgläubiger Erwerb der Forderung (des schuldrechtlichen Anspruchs) ist dem BGB unbekannt. Einen isolierten Erwerb nur der Hypothek schließt § 1153 Abs. 2 aus. Im Übrigen ist die Hypothek tatsächlich wegen § 1163 Abs. 1 S. 1 gar nicht entstanden, sondern nach § 1177 Abs. 1 eine Eigentümergrundschuld. 259

Dies würde die Verkehrsfähigkeit von hypothekarisch gesicherten Forderungen erheblich beeinträchtigen. Niemand kann schließlich wirklich sicher sein, ob die Forderung, die angeblich durch die eingetragene Hypothek abgesichert zu sein scheint, wirklich entstanden ist, nicht schon wieder erloschen ist oder überhaupt existiert.

Deshalb macht § 1138 einen Kompromiss: In den Fällen, in denen eine Hypothek entstanden ist, aber eine Forderung fehlt, wird für den Erwerb der Hypothek für einen Augenblick so getan, als wenn es eine Forderung gäbe. Damit rettet man die Hypothek und vermeidet es trotzdem, einen gutgläubigen Forderungserwerb zuzulassen. Das klingt zunächst widersprüchlich, ist aber ein durchaus logischer Kunstgriff des Gesetzgebers, wie wir noch sehen werden.

260 Eine weitere Durchbrechung der Akzessorietät findet sich in § 1157 S. 2. Zwar besagt § 1157 S. 1, dass der Eigentümer des mit der Hypothek belasteten Grundstücks dem Erwerber der Forderung (und damit der Hypothek) die Einreden entgegenhalten kann, die er gegen den bisherigen Gläubiger hatte. Dies entspricht dem Prinzip der Akzessorietät. Nach Satz 2 dieser Vorschrift finden aber die §§ 892, 894 bis 899 und 1140 Anwendung, was mit einem Wort bedeutet, dass die Hypothek gutgläubig einredefrei erworben werden kann.

3. Arten der Hypothek

261 Die Hypothek im Überblick

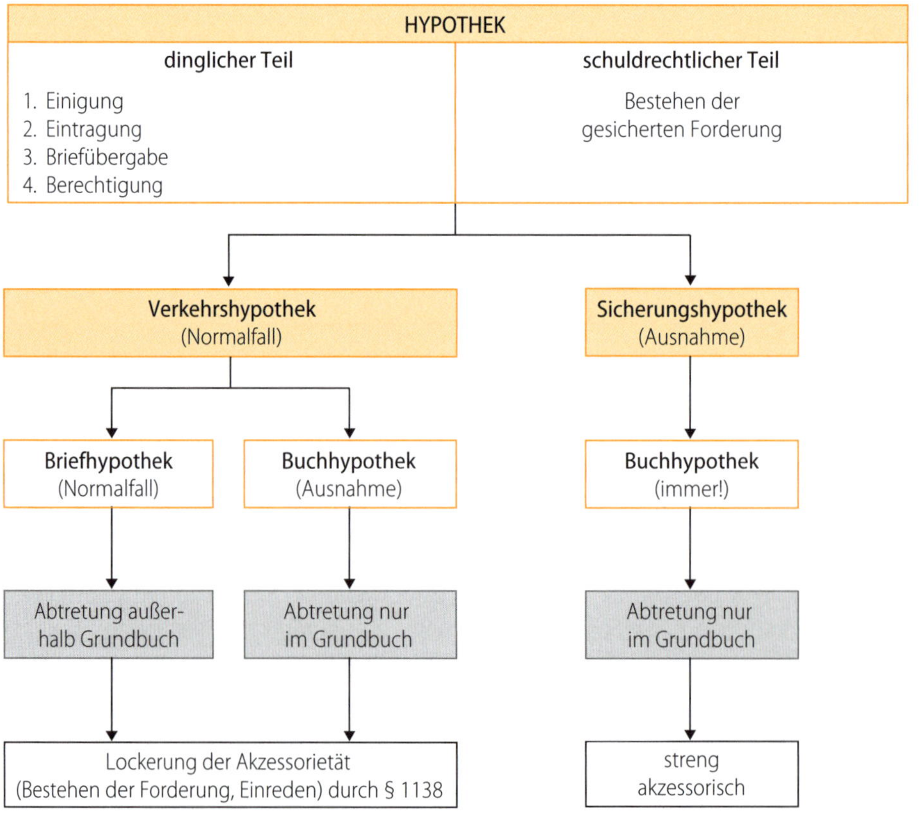

Der Gesetzgeber hat zwei Hauptarten der Hypothek geschaffen:

Der Normalfall ist die **Verkehrshypothek**,[1] die es als **Briefhypothek** (gesetzlicher Normalfall) oder **Buchhypothek** (Ausnahme, muss im Grundbuch eingetragen werden) gibt. Der Unterschied zwischen Brief- und Buchhypothek liegt in der Übertragung. Die Briefhypothek kann außerhalb des Grundbuches übertragen werden. Bei der Buchhypothek muss die Übertragung im Grundbuch eingetragen werden. Damit ist die Buchhypothek schwerfälliger, weil man sozusagen immer zum Grundbuchamt gehen muss, wenn ein Gläubigerwechsel ansteht.

Es gibt außerdem eine Form der Hypothek, die genauso streng akzessorisch ist, wie zum Beispiel das Pfandrecht an Mobilien oder die Bürgschaft. Es ist die in § 1184 genannte **Sicherungshypothek**. Für diese Hypothek ist insbesondere der § 1138 ausgeschlossen (§ 1185 Abs. 2).[2] Die Sicherungshypothek ist immer eine Buchhypothek (§ 1185 Abs. 1). **262**

Hinweis

Die nachfolgende Darstellung der Hypothek ist auf die Vermittlung des systematischen Verständnisses ausgerichtet. Es würde Ihnen nichts nützen, wenn ich jedes Detail, das bei einer Hypothek problematisch werden kann, breit darstelle. Wenn Sie aber verstanden haben, wie eine Hypothek „funktioniert", lösen Sie auch den „unbekannten Fall".

Ich stelle die Hypothek anhand des in einer Klausur regelmäßig zu prüfenden Anspruches gem. § 1147 in der klassischen Reihenfolge „Anspruchsentstehung", „Rechtsvernichtende Einwendungen" und „Durchsetzbarkeit" dar.

1 Wird allgemein so bezeichnet, obwohl das Gesetz selber diesen Begriff nicht kennt.
2 Vgl. zur Sicherungshypothek: *Habersack* Sachenrecht Rn. 389 ff.; *Westermann* Sachenrecht Rn. 569.

II. Anspruch gegen den Eigentümer des Grundstücks aus einer Verkehrshypothek (Ersterwerb)

PRÜFUNGSSCHEMA

263 **Anspruch gegen Eigentümer aus Hypothek gem. § 1147**

I. Anspruchsentstehung bei Ersterwerb
1. Entstehung der Hypothek als dingliches Recht
   a) Einigung über die Bestellung
   b) Allgemeine Wirksamkeitsvoraussetzungen
   c) Eintragung im Grundbuch
   d) Übergabe des Hypothekenbriefes (entfällt bei Buchhypothek)
   e) Berechtigung des Eigentümers
      Erwerb der Hypothek vom Nichtberechtigten Rn. 278
2. Forderung entstanden und nicht untergegangen
   a) Rechtslage bis zur Entstehung der Forderung
   b) Forderung wirksam entstanden
3. Umfang der Hypothekenhaftung

II. Rechtsvernichtende Einwendungen
1. Erlöschen der gesicherten Forderung, § 1163 Abs. 1
2. Übergang der Forderung nebst Hypothek auf anderen Gläubiger, §§ 398, 401, 1153 (ggf. §§ 412, 1143)
3. Aufhebung der Hypothek gemäß §§ 875, 1183
4. Verwertung des Grundstücks gem. § 1181
5. Verwertung des Grundstücks durch vorrangigen Berechtigten, § 52 Abs. 1 S. 2 ZVG
6. Gutgläubiger lastenfreier Erwerb des Grundstücks wegen irrtümlicher Löschung der Grundschuld, § 892

III. Durchsetzbarkeit
1. Fälligkeit
2. Einreden

Der Anspruch des Inhabers einer Hypothek gegen den Eigentümer eines Grundstücks, auf dem die Hypothek lastet, findet seine Grundlage in § 1147.[3] Der Eigentümer des mit der Hypothek belasteten Grundstücks muss danach die **Zwangsvollstreckung in sein Grundstück dulden**. Er ist also **nicht zur Zahlung verpflichtet**. Gleichwohl kann er diese Duldungsverpflichtung vermeiden, weil er gemäß § 1142 das *Recht* hat, den Gläubiger zu befriedigen.

Hinweis

Dieser § 1142 ist in der Praxis wichtig. Wenn beispielsweise die Eltern für Verbindlichkeiten ihres Kindes auf ihrem Grundstück eine Hypothek haben eintragen lassen, werden sie, um nicht im Ergebnis im wahrsten Sinne des Wortes „Haus und Hof" zu verlieren, nach Möglichkeit den Gläubiger befriedigen. Das Recht dazu gibt ihnen § 1142.

3 *Habersack* Sachenrecht Rn. 365.

1. Anspruchsentstehung

a) Dingliche Entstehung der Hypothek

aa) Einigung über die Bestellung

Die Hypothek ist eine Belastung des Grundstückseigentums. Der Eigentümer gibt einen Teil seines Rechts an der Sache weg und muss deshalb die Verwertung seines Grundstücks bei Eintritt des Sicherungsfalls dulden. Es ist also eine Verfügung des Eigentümers über sein Eigentum am Grundstück. Damit eine solche Verfügung wirksam ist, bedarf es gemäß § 873 einer Einigung und einer Eintragung. **264**

> **Hinweis**
>
> In den §§ 1113 ff. ist das nicht erwähnt. Diese Vorschriften setzen die in § 873 vor die Klammer gezogenen Erwerbselemente Einigung und Eintragung voraus und normieren nur den möglichen Inhalt.

Die Einigung ist, wie immer bei Verfügungen, ein selbstständiger dinglicher Vertrag, der vom zugrunde liegenden Kausalgeschäft (in der Regel ein Sicherungsvertrag) nach dem Trennungs- und Abstraktionsprinzip zu unterscheiden ist.[4] Überraschenderweise kann er formfrei geschlossen werden. Also ist auch eine mündliche Einigung über die Bestellung einer Hypothek theoretisch möglich. Dass Hypotheken aber in der Praxis fast immer notariell bestellt werden, liegt an § 873 Abs. 2 (bitte lesen!). Danach kann derjenige, der bloß mündlich oder rein privatschriftlich die Einigung erklärt hat, diese solange widerrufen, bis der Antrag auf Eintragung der Hypothek eingereicht ist. Auf diesen Schwebezustand lässt sich kaum ein Gläubiger, geschweige denn eine Bank ein. Deshalb wird die Einigung notariell beurkundet und dann ist nach § 873 Abs. 2 ein Widerruf nicht möglich.

bb) Eintragung

Die Eintragung der Hypothek in das Grundbuch ist das zweite Element, damit die Hypothek entsteht. Die Eintragung ist damit mit der Übergabe bei der Übereignung beweglicher Sachen nach § 929 S. 1 zu vergleichen. Die Übergabe als tatsächliches Element soll den Eigentumswechsel nach außen dokumentieren (Publizität). Genau diese Funktion hat die Eintragung. **265**

Die Hypothek wird im Grundbuch in Abteilung III eingetragen. Das Verfahren richtet sich nach der Grundbuchordnung (GBO, Schönfelder Nummer 114), dem GBV und ergänzendem Landesrecht.[5] **266**

> **Hinweis**
>
> Das Grundbuch besteht aus drei „Abteilungen". In Abteilung I werden die jeweiligen Eigentümer eingetragen, in Abteilung II kommen die Lasten und Beschränkungen (z.B. Grunddienstbarkeiten etc.) und schließlich in Abteilung III die Hypotheken, Grundschulden und Rentenschulden.

4 Palandt-*Bassenge* § 873 Rn. 9.
5 Siehe dazu Palandt-*Bassenge* § 873 Rn. 12.

267 Dabei mag es vorkommen, wenn bei der Eintragung von der Einigung abgewichen wird, dass die Eintragung nicht mit der Einigung übereinstimmt. Es gibt zwei mögliche Fallgruppen: Es wird (qualitativ oder quantitativ) mehr eingetragen als gewollt ist oder das Grundbuchamt trägt weniger ein, als die Parteien gewollt haben.

Beispiele Qualitative Abweichung: Die Parteien wollten eine Buchhypothek. Dies muss eingetragen werden (§ 1116 Abs. 2). Eingetragen wird aber eine normale Briefhypothek, also ohne den Ausschluss der Brieferteilung.

Quantitative Abweichung: Die Parteien haben sich auf eine Hypothek in Höhe von 50 000 € geeinigt. Das Grundbuchamt trägt aber eine Hypothek in Höhe von 70 000 € ein. ■

268 Hier können Sie sich folgenden Satz merken: **Der Parteiwille soll möglichst erhalten bleiben**. Wenn mehr eingetragen ist, als die Parteien gewollt haben, so entsteht das Recht nur im geringeren Umfang.[6] Denn mehr wollten sie schließlich nicht.

Hinweis

Allerdings kann es bei der Abtretung der Hypothek dazu kommen, dass ein Dritter dieses „Mehr" erwirbt (dazu Rn. 332 ff.).

Wurde (qualitativ oder quantitativ) weniger eingetragen, als die Parteien wollten, so kann unterstellt werden (Umdeutung nach § 140), dass sie wenigstens das geringere Recht wollten. Dann ist zumindest ein Grundstücksrecht im reduzierten Umfang entstanden.

cc) Übergabe des Hypothekenbriefs

269 Das Gesetz sieht die Verkehrshypothek als den Normalfall der Hypothek an. Und die normale Verkehrshypothek ist die Briefhypothek (vgl. § 1116). Wenn Gläubiger und Sicherungsgeber nichts anderes ausdrücklich vereinbaren und ins Grundbuch eintragen lassen, entsteht die Hypothek also immer als eine Briefhypothek.

270 Nach § 1117 entsteht die Briefhypothek erst, wenn
- entweder der Sicherungsgeber (= Eigentümer) dem Gläubiger den Brief übergibt oder
- der Eigentümer den Gläubiger bevollmächtigt, sich den Brief vom Grundbuchamt aushändigen zu lassen.

271 § 1117 Abs. 3 enthält dazu eine Vermutungsregel: Wenn der Gläubiger den Brief hat, wird vermutet, dass er ihm auch übergeben worden und damit die Hypothek entstanden ist.

272 Die Übergabe nach § 1117 Abs. 1 ist genauso zu verstehen wie in den §§ 929 ff.[7] Entweder verschafft der Eigentümer dem Gläubiger den tatsächlichen Besitz oder er vereinbart mit dem Gläubiger ein Besitzmittlungsverhältnis über den in seinem Besitz befindlichen Brief (Fall des § 930) oder er tritt seinen Herausgabeanspruch gegen den Dritten, der den Brief im Besitz hat (z.B. Grundbuchamt) ab.

6 Palandt-*Bassenge* § 873 Rn. 12.
7 Siehe dazu ausführlich im Skript „Sachenrecht II" unter Rn. 57.

Die Buchhypothek ist – wie erwähnt – die gesetzliche Ausnahme. Die Parteien müssen sich **273**
hier zusätzlich über den Ausschluss der Briefverteilung einig sein und dies muss auch ins Grundbuch eingetragen werden (§ 1116 Abs. 2).[8] Ist das der Fall, entsteht die Buchhypothek bereits mit der Eintragung ins Grundbuch.

dd) Berechtigung des Verfügenden

Wie bei allen sachenrechtlichen Verfügungen ist die Berechtigung des Verfügenden Voraus- **274**
setzung für den Rechtserwerb. Die Verfügungsbefugnis steht grundsätzlich dem Rechtsinhaber zu. Mit anderen Worten: Derjenige, der die Hypothek am Grundstück bewilligt, muss grundsätzlich auch der Eigentümer dieses Grundstücks sein.

Nun sollte man meinen, dass bei Grundstücken die Person des Eigentümers immer leicht zu **275**
ermitteln ist. Schließlich gibt es die Abteilung I des Grundbuchs, in die der aktuelle Eigentümer eingetragen wird.

Die Eintragung im Grundbuch kann aber wegen Fehlern des Grundbuchamts oder wegen **276**
Wirksamkeitsmängeln bei der Auflassung nach §§ 873, 925 (z.B. wegen § 105 Abs. 1) unrichtig sein. Auch das Erbrecht kann dazu führen, dass jemand im Grundbuch als Eigentümer eingetragen ist, dem das Eigentum aber gar nicht zusteht.

Beispiel E ist als Eigentümer eines Grundstücks im Grundbuch eingetragen. E verstirbt und hat nach einem privatschriftlichen Testament den A zum Alleinerben bestellt. Aufgrund des Testamentes wird A ein Erbschein bewilligt und das Grundbuch berichtigt (vgl. § 35 GBO). Danach taucht ein späteres formwirksames Testament des E auf, das A enterbt und stattdessen B zum Erben macht. Das ältere Testament ist wegen Widerrufs nach §§ 2253, 2254 unwirksam, sodass nicht A, sondern B testamentarisch zum Erben bestimmt und damit nach §§ 1922, 1942 Abs. 1 Eigentümer des Grundstücks geworden ist. Bis zur Berichtigung des Grundbuchs zugunsten des B ist das Grundbuch im Hinblick auf die Eintragung des A als Eigentümer unrichtig. Wenn A in der Zwischenzeit über das Eigentum verfügt, handelt er (mit bestem Gewissen zwar), aber objektiv als Nichtberechtigter. ■

Im Übrigen gelten die uns bereits von der Auflassung nach §§ 873, 925 bekannten Sonder- **277**
fälle, in denen der Eigentümer ausnahmsweise nicht oder zumindest nicht alleine verfügungsbefugt ist (z.B. wegen §§ 135, 136 oder § 80 InsO).[9]

ee) Gutgläubiger Erwerb, § 892

Auch Rechte am Grundstück können vom Nichtberechtigten erworben werden. Das ergibt **278**
sich aus § 892. Es kann also vorkommen, dass an einem Grundstück eine Hypothek entsteht, obwohl derjenige, der sie bewilligt hat, gar nicht dazu befugt war.

Hinweis

Hier handelt es sich um den Fall des gutgläubigen Erwerbs der Hypothek. **Dieser Fall ist streng von § 1138 zu unterscheiden.** In § 1138 wird vorausgesetzt, dass die Hypothek als dingliches Recht bereits entstanden ist. Damit der Gläubiger die Hypothek erwerben kann, ist

8 Palandt-*Bassenge* § 1116 Rn. 3.
9 Siehe dazu im Skript „Sachenrecht II" unter Rn. 75.

aber wegen § 1153 zusätzlich erforderlich, dass auch die gesicherte Forderung besteht und übertragen werden kann. Wenn die Forderung nicht besteht, also das „Vehikel" für die Hypothek fehlt, überbrückt § 1138 diese Lücke (dazu Rn. 329).

279 Die Voraussetzungen des § 892 Abs. 1 sind folgende:

Die Verfügung über das Grundstück muss ein **Rechtsgeschäft** sein. Dies ist bei der Bestellung einer Hypothek regelmäßig der Fall.

Es darf **kein Widerspruch** gegen die Eintragung des Eigentums im Grundbuch eingetragen und es darf **keine (tatsächliche) Verfügungsbeschränkung** aus dem Grundbuch ersichtlich sein.

Der Erwerber darf die **Unrichtigkeit nicht kennen**. Hier unterscheidet sich § 892 vom § 932. Während beim Erwerb des Eigentums vom Nichtberechtigten bei beweglichen Sachen schon die grobe Fahrlässigkeit schadet, muss beim § 892 der Erwerber die Unrichtigkeit des Grundbuchs positiv kennen.[10]

280 **Nicht erforderlich** ist, dass der Erwerber überhaupt **ins Grundbuch geschaut** hat. Er erwirbt also auch dann gutgläubig nach § 892, wenn das Grundbuch falsch ist, er also vom Nichtberechtigten erwirbt, ohne dass er sich über den Inhalt des Grundbuchs vergewissert hat.

b) Entstehen der gesicherten Forderung

aa) Die Rechtslage bis zur Entstehung der Forderung

» Lesen Sie hierzu §§ 1113 Abs. 2, 1163. «

281 Das Entstehen der gesicherten Forderung ist notwendiges Element für das Entstehen der Hypothek in der Hand des Gläubigers. Nun lesen Sie in § 1113 Abs. 2, dass eine Hypothek auch für eine **künftige Forderung** bestellt werden kann. Es drängt sich die Frage auf, was denn das im Grundbuch eingetragene Recht in der Zwischenzeit ist.

Die Antwort darauf geben §§ 1163, 1177: Solange die Forderung nicht entstanden ist, wird die eingetragene Hypothek nach §§ 1163 Abs. 1 S. 1, 1177 Abs. 1 zur **Eigentümergrundschuld**. Die Grundschuld ist der Hypothek sehr ähnlich. Sie verlangt eben nur keine Forderung, weil sie ein nichtakzessorisches Grundpfandrecht ist. Fehlt somit die Forderung, besteht also bis zu ihrem Entstehen das eingetragene Recht als eine Grundschuld. Weil sie sonst niemandem zustehen kann, als dem, der sie bestellt hat, ist sie eine Eigentümergrundschuld.

282 Der § 1163 dient nicht nur der Überprüfung Ihres dogmatischen Verständnisses, sondern hat durchaus praktische Bedeutung. Nehmen wir an, ein Eigentümer verhandelt über die Aufnahme eines Darlehens. Grundsätzlich ist die Bank zur Darlehensgewährung bereit, verlangt aber, auf jeden Fall erstrangig abgesichert zu sein.

Hinweis

Der Rang der im Grundbuch eingetragenen Rechte entscheidet darüber, wer im Falle der Zwangsversteigerung als Erstes bedient wird. Wenn also ein Grundstück belastet wird, ist es für den Gläubiger wichtig, mit seinem Rang möglichst weit oben zu stehen.

10 Palandt-*Bassenge* § 892 Rn. 24.

Also bestellen die Parteien eine Hypothek auf dem Grundstück für die (noch nicht entstandene) Verbindlichkeit. Bis zur Auszahlung der Darlehensvaluta ist der zu sichernde Rückzahlungsanspruch nicht entstanden,[11] die Hypothek nach §§ 1163 Abs. 1 S. 1 also eine Eigentümergrundschuld. Mit der Auszahlung der Darlehensvaluta verwandelt sich die Eigentümergrundschuld in eine Hypothek in der Hand des Gläubigers, der damit in den Genuss des Ranges kommt, den die Eigentümergrundschuld zuvor hatte.

bb) Wirksame Entstehung der gesicherten Forderung

Die schuldrechtliche Forderung des Gläubigers gegen den Schuldner ist also das zweite zentrale Element, das vorliegen muss, damit die Hypothek in der Hand des Gläubigers entsteht. 283

Hinweis

Denken Sie daran, dass Schuldner der gesicherten Forderung zugleich der Eigentümer des mit der Hypothek belasteten Grundstücks sein kann, aber nicht sein muss.

Dieses Phänomen ist uns in diesem Skript schon zweimal begegnet. Einmal bei der Bürgschaft (Rn. 78 ff.) und zum zweiten beim Pfandrecht an Mobilien (Rn. 150 ff.). Das ist kein Zufall. Die akzessorischen Sicherungsrechte sind nun einmal in ihrem Bestand davon abhängig, dass auch die gesicherte Forderung besteht. 284

Auch die Frage, ob die Hypothek nicht wenigstens den Rückforderungsanspruch aus § 812 Abs. 1 S. 1 Alt. 1 absichert, wenn das Rechtsgeschäft durch Anfechtung gemäß § 142 Abs. 1 nichtig ist, hatten wir schon bei der Bürgschaft besprochen. Die Frage ist hier wie dort (Rn. 80 ff.) umstritten.[12] Die wohl herrschende Meinung ist der Auffassung, dass der Rückforderungsanspruch aus Bereicherungsrecht bei nichtigen Verträgen durch die Hypothek abgesichert ist. 285

c) Umfang der hypothekarischen Haftung des Grundstücks

Bei der Frage des Umfangs der hypothekarischen Haftung müssen zwei Aspekte unterschieden werden: Als Erstes ist zu fragen, welche Ansprüche mit der Hypothek gesichert werden sollen. Und zweitens muss geklärt werden, welche Gegenstände neben dem Grundstück noch „haften“, also mitverwertet werden können. 286

aa) Gesicherter Forderungskreis

Zunächst haftet das Grundstück für den Forderungsumfang der Hypothek, wie er gem. § 1115 im Grundbuch eingetragen ist. 287

Für die gesetzlichen Zinsen sowie für die Kosten der Kündigung und der Rechtsverfolgung ordnet außerdem § 1118 eine gesetzliche Haftung an. 288

Außerdem hatten wir uns bereits in Rn. 285 damit beschäftigt, ob sich die Hypothek auch auf „Ersatzforderung“ erstrecken kann, wenn die von den Parteien eigentlich ins Auge gefasste Forderung in Wahrheit nicht entstanden ist. 289

11 Herrschende Meinung: Palandt-*Weidenkaff* § 488 Rn. 12.
12 Vgl. zur Hypothek Palandt-*Bassenge* § 1113 Rn. 16.

bb) Haftungsmasse neben dem Grundstück

» Bitte lesen Sie die genannten Normen im BGB nach! «

290 Neben dem Grundstück können nach den §§ 1120 bis 1131 eine Reihe von sonstigen Gegenständen von der Hypothek erfasst werden. Sinn dieser Erweiterung ist es, die Werthaltigkeit der Hypothek abzusichern und eine sinnlose Zerschlagung wirtschaftlicher Einheiten und Werte durch eine isolierte Verwertung des Grundstücks zu verhindern.[13]

291 Die Haftung dieser Gegenstände ist aber zunächst einmal nur potenziell. Solange das Grundstück nämlich nicht im Wege der Zwangsvollstreckung beschlagnahmt wurde, kann durch Übereignung und Entfernung vom Grundstück eine Enthaftung eintreten. Die Beschlagnahme erfolgt regelmäßig durch die Anordnung der Zwangsversteigerung oder Zwangsverwaltung (vgl. § 20 und § 146 ZVG).

Wir können uns hier auf die wichtigsten Fälle beschränken.

(1) Erzeugnisse, Bestandteile und Zubehör, § 1120

292 Erzeugnisse, Bestandteile und Zubehör,[14] die nicht nach § 1121 enthaftet sind, gehören nach § 1120 zum Haftungsverband der Hypothek. Grundsätzlich können Sie sich merken, dass Erzeugnisse, Bestandteile und Zubehör des Grundstücks zum Haftungsverbund gehören, es sei denn, dass sie nie in das Eigentum des Grundstückeigentümers gelangt sind oder dass sie einem Dritten übereignet und vom Grundstück entfernt worden sind.

Beispiel Bauer B verkauft und übereignet das Getreide auf seinen Feldern an D. D holt die Früchte ab. ■

293 Das uns schon bekannte **Anwartschaftsrecht** steht dem Eigentum[15] als „wesensgleiches Minus" gleich und unterliegt ebenfalls dem Haftungsverband der Hypothek.[16]

294 Ohne Übereignung[17] werden diese Gegenstände von der Haftung frei, wenn sie **in den Grenzen ordnungsgemäßer Wirtschaft vor Beschlagnahme** entweder vom Grundstück dauernd entfernt werden (§ 1122 Abs. 1) oder – so bei Zubehörstücken – die Zubehöreigenschaft verlieren (§ 1122 Abs. 2).

(2) Miet- und Pachtforderungen, § 1123

295 Die Hypothek erfasst gemäß § 1123 auch die Miet- oder Pachtforderungen, die dem Eigentümer gegen den Mieter oder Pächter des mit der Hypothek belasteten Grundstücks zustehen.

2. Rechtsvernichtende Einwendungen

296 Der Anspruch auf Duldung der Zwangsvollstreckung entfällt entweder durch Erlöschen der hypothekarisch gesicherten Forderung (§ 1163 Abs. 1 S. 2) oder durch sonstige Einwirkungen auf den Bestand des dinglichen Rechts. Im eingangs vorgestellten Prüfungsschema finden

13 *Habersack* Sachenrecht Rn. 368.
14 Zu den Begriffen siehe im Einzelnen im Skript „Sachenrecht II" unter Rn. 13 f.
15 *Habersack* Sachenrecht Rn. 368.
16 Palandt-*Bassenge* § 1120 Rn. 8.
17 §§ 1121 und 1122 sprechen etwas verwirrend von Veräußerung. Gemeint ist aber Übereignung, Palandt-*Bassenge* § 1121 Rn. 2.

Sie die wichtigsten Einwendungstatbestände, die Sie sich einmal in Ruhe im Gesetz durchlesen sollten. Wir wollen uns jetzt auf den besonders klausurträchtigen Fall der Zahlung eines Beteiligten konzentrieren und deren Wirkung auf die Hypothek untersuchen.

Dabei müssen wir sauber differenzieren, auf was – Hypothek oder Forderung – und durch wen – Schuldner oder personenverschiedener Eigentümer – gezahlt wurde. **297**

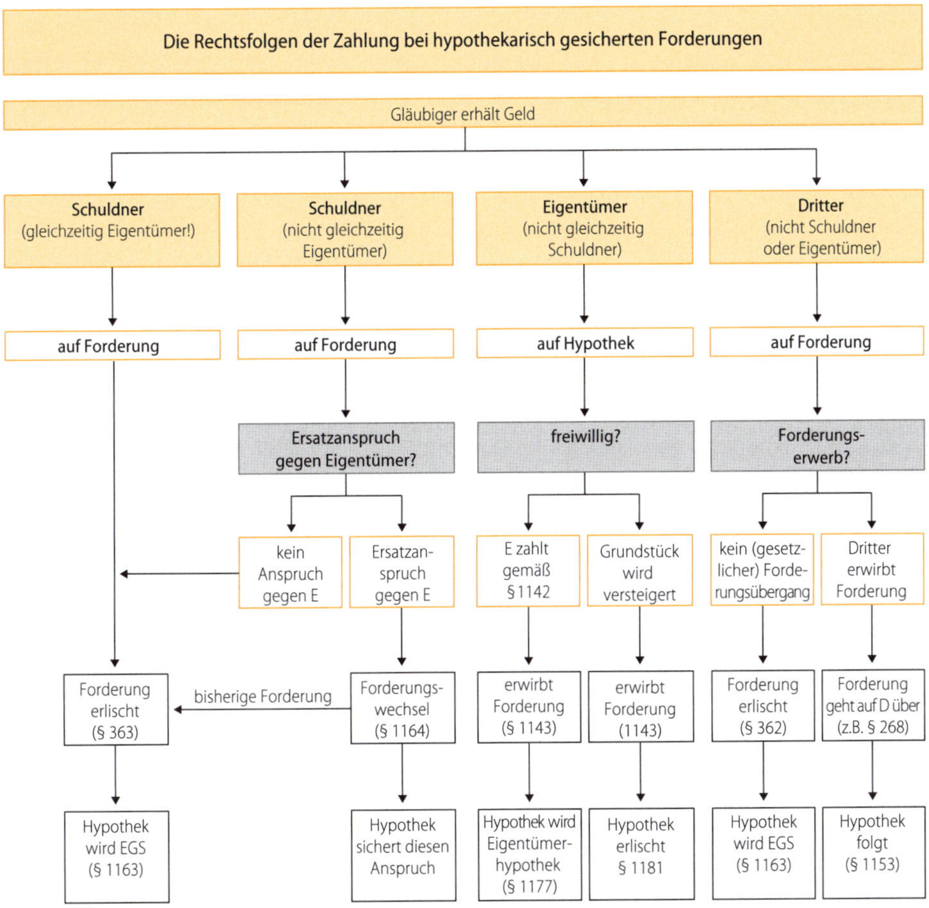

a) Zahlung durch Schuldner (gleichzeitig auch Eigentümer)

Zahlt der Schuldner, der gleichzeitig auch der Eigentümer des belasteten Grundstücks ist, so will er die Forderung tilgen. Er zahlt also **„auf die Forderung"**. Die Rechtsfolge ist gemäß § 362 Abs. 1, dass die hypothekarisch gesicherte Forderung des Gläubigers erlischt. **298**

Für die Hypothek hat das nach §§ 1163 Abs. 1 S. 2, 1177 Abs. 1 zur Folge, dass sie in der Hand des Eigentümers zur Eigentümergrundschuld wird. **299**

b) Zahlung durch Schuldner (nicht gleichzeitig Eigentümer)

Beim zahlenden Schuldner, der nicht gleichzeitig der Eigentümer des belasteten Grundstücks ist, erfolgt die Zahlung auf die Forderung. Dabei ist wie folgt zu differenzieren: **300**

aa) Normalfall

301 Hat der zahlende Schuldner gegen den Eigentümer des belasteten Grundstücks keinen Ersatzanspruch (wie im Normalfall), erlischt die Forderung durch seine Zahlung nach § 362 Abs. 1 und die Hypothek wird in der Hand des Eigentümers nach §§ 1163 Abs. 1 S. 2, 1177 Abs. 1 zur Eigentümergrundschuld.

bb) Fall des § 1164

302 Hat er wegen der Zahlung einen Ersatzanspruch gegen den Eigentümer, so ordnet § 1164 eine Forderungsauswechslung an.[18] Die schuldrechtliche Forderung des Gläubigers gegen den persönlichen Schuldner erlischt. Soweit aber der Schuldner vom Eigentümer Ersatz verlangen kann, sichert die Hypothek diesen Ersatzanspruch des Schuldners gegen den Eigentümer ab.

303 Es ist sicher nicht der Regelfall, dass der Schuldner bei Zahlung seiner eigenen Verbindlichkeit einen Ersatzanspruch gegen den Eigentümer des sichernden Grundstücks hat. Der umgekehrte Fall ist der Normalfall: Der zahlende Eigentümer hat einen Anspruch gegen den Schuldner.

Die Regelung in § 1164 hat vor allem die Konstellationen vor Augen, nach denen zwar der Schuldner gegenüber dem Gläubiger für die Verbindlichkeit haftet, der Eigentümer jedoch dem Schuldner gegenüber verpflichtet ist, diese Schuld zu begleichen.[19]

Beispiel S nimmt ein Darlehen in Höhe von 100 000 € bei der Bank B auf, um sein Reiheneinfamilienhaus zu finanzieren. Zur Absicherung des Darlehens wird zugunsten der B eine Hypothek auf das Grundstück eingetragen. S wird beruflich versetzt und veräußert sein Haus an E. Als Kaufpreis werden 150 000 € vereinbart, wobei E sich verpflichtet, an B 100 000 € zur Ablösung des Darlehens zu zahlen. Das Eigentum am Grundstück wird an E aufgelassen und E als neuer Eigentümer im Grundbuch eingetragen. Dennoch zahlt E den Kaufpreis nicht an B. B nimmt daraufhin den S aus dem Darlehen in Anspruch. S zahlt und will sich aus der Hypothek befriedigen. Zu Recht?

E muss nur dann die Zwangsvollstreckung in sein Grundstück (die Auflassung wurde laut Sachverhalt eingetragen) dulden, wenn dem S eine Hypothek zusteht. Die eigentlich zu sichernde Forderung, für die die Hypothek bestellt wurde, ist durch Zahlung des S erloschen. S hat nur noch einen Anspruch gegen B wegen Verletzung des Schuldübernahmevertrages aus §§ 280 Abs. 1, Abs. 3, 283 in Verbindung mit § 415 Abs. 3 (bitte lesen!). § 1164 ordnet nun an, dass die Hypothek im Wege der Forderungsauswechslung diesen Ersatzanspruch des S sichert. E muss daher die Zwangsvollstreckung in das neu erworbene Grundstück dulden. ■

c) Zahlung durch Eigentümer (nicht gleichzeitig Schuldner)

304 Als Drittes müssen wir die Fälle betrachten, in denen der (vom persönlichen Schuldner personenverschiedene) Eigentümer zahlt.

18 *Habersack* Sachenrecht Rn. 378; Palandt-*Bassenge* § 1164 Rn. 4.
19 Vgl. auch *Westermann* Sachenrecht Rn. 618.

aa) Zahlung nach § 1142

Zunächst ist es möglich, dass der Eigentümer „freiwillig" nach § 1142 zahlt. Hier will der Eigentümer mit seiner Zahlung die dingliche Belastung „loswerden" und eine Zwangsvollstreckung in sein Grundstück vermeiden – er zahlt, wie man sagt, „auf die Hypothek". **305**

In diesem Fall erwirbt der Eigentümer nach § 1143 die Forderung. Sie geht also trotz Zahlung nicht unter. Fraglich ist, was mit der Hypothek passiert. Hierfür ordnet § 1177 Abs. 2 an, dass sie zu einer Eigentümerhypothek wird.

> **Hinweis**
>
> Die Eigentümerhypothek ist eine „echte" Hypothek. Durch die Zahlung des Eigentümers ist die Forderung nicht untergegangen, sondern steht dem Eigentümer zu. Erst wenn der Schuldner diese Forderung dann endgültig bezahlt, erlischt sie und die Eigentümerhypothek wandelt sich nach §§ 1163 Abs. 1 S. 2, 1177 Abs. 1 zur Eigentümergrundschuld.

bb) Zahlung durch Verwertung des Grundstücks, § 1181

Unfreiwillig zahlt der Eigentümer, wenn das Grundstück verwertet wird (durch Zwangsvollsteigerung oder Zwangsverwaltung) und der Gläubiger aus dem Erlös heraus befriedigt wird.[20] Hier zahlt der Eigentümer sozusagen „durch sein Grundstück". **306**

Auch hier geht die Forderung nach § 1143 auf den Eigentümer über.[21] Beachten Sie aber: Die Zwangsversteigerung führt dazu, dass ein anderer (nämlich derjenige, der den Zuschlag erhält) Eigentümer des Grundstücks wird (§ 90 Abs. 1 ZVG). Die Hypothek hat ihren Zweck erreicht und kann deshalb nicht mehr bestehen bleiben – der Inhaber einer Hypothek kann den Eigentümer nur einmal zur Duldung eines Verwertungsverfahrens zwingen.

d) Zahlung durch Dritten

Als vierte Fallgruppe ist die Zahlung durch einen am Kreditverhältnis oder Sicherungsverhältnis nicht beteiligten Dritten zu betrachten. **307**

Wie sich aus § 267 ergibt, können jedenfalls Geldschulden auch durch einen Dritten erfüllt werden. Zahlt nun ein solcher Dritter auf eine hypothekarisch gesicherte Forderung, geht die Forderung regelmäßig (siehe aber gleich die folgende Rn.) durch Erfüllung gem. § 362 Abs. 1 unter.[22] Die daraus folgende Konsequenz für die Hypothek ist Ihnen schon bekannt: Sie wird gemäß §§ 1163 Abs. 1 S. 2, 1177 Abs. 1 zur Eigentümergrundschuld. **308**

Anders sind aber Zahlungen durch Dritte zu behandeln, bei denen der Dritte für die Zahlung die gesicherte Forderung vom Gläubiger erhält. Denkbar ist z.B. ein rechtsgeschäftlicher Forderungskauf. **309**

Beispiel D erfährt, dass Schuldner S in Zahlungsschwierigkeiten ist und die Raten für seinen Hauskredit, den Bank B bereitgestellt hat, nicht mehr bezahlen kann. Der Kredit ist durch eine Hypothek auf dem Grundstück gesichert. D will S helfen, vereinbart mit ihm, dass er die Forderung von B kauft, und stundet ihm einige Raten. B verkauft die Forderung an D und tritt sie ihm (Form des § 1154 beachten!) ab. ■

---

20 Palandt-*Bassenge* § 1181 Rn. 1.
21 Palandt-*Bassenge* § 1181 Rn. 3.
22 Palandt-*Grüneberg* § 267 Rn. 6.

Hier geht durch die Zahlung die Forderung nicht unter. D hat sie vielmehr rechtsgeschäftlich erworben und damit über § 1153 auch die Hypothek.

310 Sehr häufig sind dann schließlich die Fälle der „cessio legis", dem vom Gesetz angeordneten Forderungsübergang (vgl. oben Rn. 38). Insbesondere der zahlende Bürge (§ 774 Abs. 1) und der zahlende Pfandrechtsschuldner (§ 1250), aber auch der nach § 268 mit einem Ablösungsrecht zahlende Dritte (§ 268 Abs. 3) erwirbt die Forderung kraft Gesetzes.

Hinweis

Zur Konkurrenz zwischen verschiedenen Sicherungsgebern gehen wir unter Rn. 445 ff. ausführlich ein.

Die Rechtsfolge im Hinblick auf die Hypothek ist wiederum, dass der zahlende Dritte die Hypothek gemäß § 1153 bzw. §§ 401 Abs. 1, 412 als Anhängsel der Forderung, die (nun kraft Gesetzes) auf ihn übergegangen ist, erhält.

3. Anspruch durchsetzbar

311 Wie bei allen anderen Ansprüchen hängt die Durchsetzbarkeit des Duldungsanspruchs gem. § 1147 von der Fälligkeit und Einredefreiheit ab.

a) Fälligkeit

312 Aus der Akzessorietät der Hypothek folgt, dass diese erst mit Fälligkeit der gesicherten Forderung durchgesetzt werden kann.

b) Einreden

313 Dass die akzessorischen Sicherheiten des BGB alle ähnlich konstruiert sind, ist auch sehr gut bei den Einreden gegen den „dinglichen Anspruch" zu erkennen.

Hinweis

Zur Erinnerung: Der Eigentümer muss nicht zahlen, er muss „nur" die Verwertung seines Eigentums dulden.

Sowohl bei den Einreden gegen den Bürgschaftsanspruch (oben Rn. 102) als auch beim Pfandrecht an Mobilien hatten wir es mit dem Phänomen der doppelt zu prüfenden Einreden zu tun:

Die Einreden können einmal aus dem Verhältnis des Sicherungsgebers (Eigentümer) zum Gläubiger herrühren (sogenannte „pfandrechtsbezogene Einreden").[23] Die zweite Gruppe sind die Einreden, die der Sicherungsgeber (Eigentümer) aus dem Vertragsverhältnis zwischen Gläubiger und Schuldner hervorgehen.

23 *Habersack* Sachenrecht Rn. 374.

aa) Einreden aus dem Verhältnis Eigentümer – Gläubiger

Der Eigentümer des belasteten Grundstücks kann sich zunächst einmal auf die Einreden berufen, die sich unmittelbar auf die Durchsetzbarkeit der Hypothek beziehen. Man spricht deshalb auch von „pfandrechtsbezogenen Einreden". Das Gesetz sieht zum Beispiel in § 1160 ein Zurückbehaltungsrecht bei der Briefhypothek vor. Im Übrigen können sich Einreden auch aus dem Sicherungsvertrag ergeben. **314**

Beispiel E vereinbart mit Gläubiger G, dass die Hypothek erst gegen Nachweis einer eidesstattlichen Versicherung des Schuldners nach eines „Offenbarungseides" (eidesstattliche Versicherung nach § 807 ZPO) geltend gemacht werden darf. ■

bb) Einreden aus dem Vertragsverhältnis Gläubiger – Schuldner

Der zweite Bereich, aus dem der Eigentümer eine Einrede herleiten kann, ist das Rechtsverhältnis zwischen Gläubiger und Schuldner, das die gesicherte Forderung begründet. An diesem Rechtsverhältnis ist der Sicherungsgeber (Eigentümer) nicht unmittelbar beteiligt, wenn Schuldner und Eigentümer personenverschieden sind. **315**

Hinweis

Ganz am Anfang hatte ich Sie darauf hingewiesen, dass alle Kreditsicherungsverhältnisse als Dreieckskonstellation zwischen Gläubiger, Schuldner und Sicherungsgeber ausgestaltet sind. Das gesamte Hypothekenrecht des BGB hat genau diese Trennung der Rollen vor Augen.

Dass der Eigentümer sich auch auf die Einreden aus einem anderen Rechtsverhältnis berufen darf, ist nicht selbstverständlich. Deshalb ordnet § 1137 Abs. 1 dies ausdrücklich an. **316**

Hinweis

§ 1137 Abs. 1 entspricht dem § 1211 beim Mobiliarpfandrecht sowie dem § 768 bei der Bürgschaft.

§ 1137 gilt nur für Einreden, nicht für rechtsvernichtende Einwendungen.[24] Wenn der in Anspruch genommene Eigentümer geltend macht, die Hypothek sei nicht wirksam bestellt, stehe dem Gläubiger nicht zu oder die gesicherte Forderung sei nicht entstanden bzw. erloschen, so stellt dies **keine** Einrede dar, sondern verhindert schon das Entstehen des Anspruchs aus § 1147 (siehe Rn. 281). **317**

Beispiel Die typischen Einreden, auf die sich der Eigentümer aus dem Vertragsverhältnis zwischen Gläubiger und Schuldner berufen kann, sind:

Stundungsabrede; Zurückbehaltungsrechte aus dem Verhältnis Gläubiger-Schuldner; Verpflichtung des Gläubigers gegenüber dem Schuldner, erst bei Eintritt bestimmter Bedingungen zu vollstrecken; Verwertungsbeschränkungen; Einreden aus §§ 242, 821, 853. ■

24 Palandt-*Bassenge* § 1137 Rn. 2.

318 Ausgerechnet für die wichtigste Einrede des Schuldners – die Einrede der **Verjährung** – gilt das allerdings nicht.

§ 216 Abs. 1: „Die Verjährung eines Anspruchs, für den eine Hypothek, eine Schiffshypothek oder ein Pfandrecht besteht, hindert den Gläubiger nicht, seine Befriedigung aus dem belasteten Gegenstand zu suchen."

Selten ist eine Vorschrift von so erfrischender Klarheit. Für den Anspruch aus der Hypothek gilt nämlich eine besondere Regel – dieser verjährt nach § 902 Abs. 1 S. 1 gar nicht!

319 Diese Regelung des § 1137 steht natürlich in diametralem Widerspruch zur (gewollten) Verkehrsfähigkeit der Hypothek. Deshalb hat der Gesetzgeber den Ihnen schon bekannten § 1138 erweitert.

» Sie erinnern sich? Diese Norm fingierte die Forderung bei nicht entstandener schuldrechtlicher Verbindlichkeit des Schuldners, damit ein gutgläubiger Erwerb wenigstens der Hypothek möglich war (oben Rn. 259). «

In seiner zweiten Alternative ermöglicht es § 1138 dem gutgläubigen Erwerber einer hypothekarisch gesicherten Forderung, diese ohne die Gefahr zu erwerben, den Einreden aus dem Verhältnis zwischen Gläubiger und Schuldner ausgesetzt zu sein.

Wichtig ist dabei zu unterscheiden: Gegenüber dem Anspruch aus der schuldrechtlichen Forderung kann der Schuldner selbstverständlich weiterhin seine Einreden gegen den (neuen) Gläubiger geltend machen. Dies ergibt sich zwanglos aus § 404.

§ 1138 durchbricht die „Durchsetzungsakzessorietät".[25] Es ist also möglich, dass die Klage aus der Forderung scheitert, während der Anspruch gegen den Eigentümer aus § 1147 erfolgreich ist.

III. Anspruch gegen den Eigentümer des Grundstücks aus einer Verkehrshypothek (Zweiterwerb)

PRÜFUNGSSCHEMA

320 Anspruch gegen Eigentümer aus Hypothek gem. § 1147

I. Anspruchsentstehung nach Abtretung der Hypothek
1. Abtretung der hypothekarisch gesicherten Forderung
2. Form des § 1154
3. Sonstige Wirksamkeitsvoraussetzungen für Abtretung (z.B. §§ 108, 177)
4. Verfügungsberechtigung des Zedenten
   - Keine Forderung Rn. 328
   - Keine Hypothek Rn. 332
5. Ggf. gutgläubiger Erwerb, §§ 1138, 892 (auch § 1155)
6. Umfang der Hypothekenhaftung

II. Rechtsvernichtende Einwendungen
wie im PS oben (Rn. 263) unter Ziff. II.

III. Durchsetzbarkeit
1. Fälligkeit
2. Einreden
   - Gutgläubiger einredefreier Erwerb Rn. 341

25 *Medicus/Petersen* Bürgerliches Recht Rn. 770.

1. Anspruchsentstehung nach Abtretung der Hypothek

Betrachten wir nun den Anspruchsaufbau nach Abtretung der Hypothek. Da der Anspruch hier nicht von demjenigen geltend gemacht wird, dem die Hypothek als erstem bestellt wurde, kann man diese Fälle auch als „Zweiterwerb der Hypothek" bezeichnen. 321

a) Der Normalfall

322

Die Abtretung der Hypothek (Grundfall)

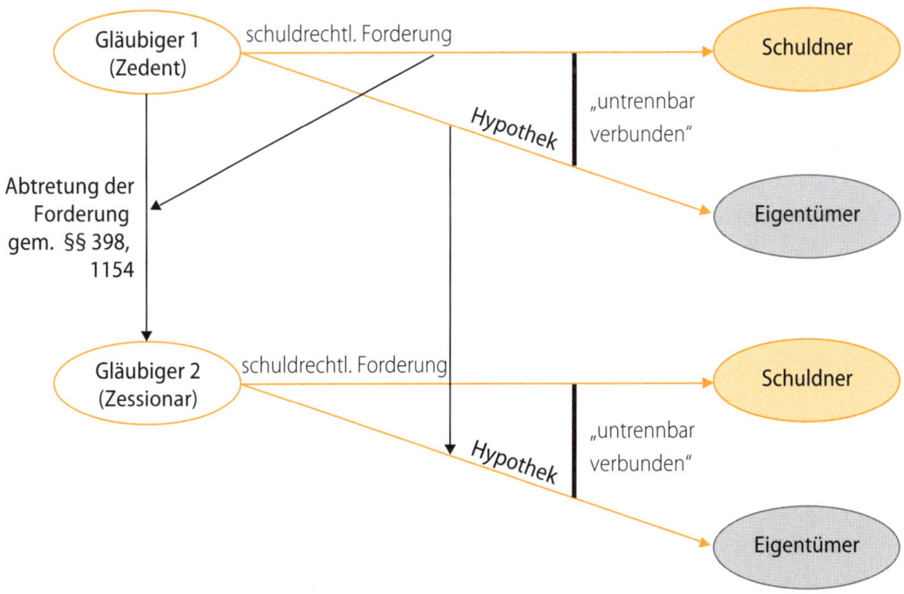

Das Gesetz geht vom Regelfall der Verkehrshypothek aus.[26] Das heißt nichts anderes, als das der Gesetzgeber die Hypothek so ausgestaltet hat, dass die durch sie gesicherte Forderung grundsätzlich mit der Hypothek abgetreten werden kann.

Hinweis

Auch wenn in juristischen Klausuren es häufig die sprichwörtliche Oma ist, die auf ihrem nicht minder sprichwörtlichen „kleinen Häuschen" die Hypothek für Schulden des missratenen Enkels aufnimmt. Der Gesetzgeber hatte eine ganz andere Konstellation vor Augen, die auch heute den volumenmäßig größten Teil des Hypothekengeschäfts ausmacht:

Die überwiegende Mehrzahl von Immobiliengeschäften wird kreditfinanziert. Diese Kredite werden mit Hypotheken (oder Grundschulden (dazu gleich mehr)) abgesichert. Die kreditgebende Bank wiederum refinanziert sich: Die Bank muss sich also das Geld, das sie dem Kunden gewährt, erst selbst durch Darlehen beschaffen. Diese Refinanzierungskredite werden ihrerseits abgesichert und zwar durch Abtretung der hypothekarisch gesicherten Forderung der Bank gegen ihren eigenen Kunden.

26 *Medicus/Petersen* Bürgerliches Recht Rn. 770.

323 Der Grundfall der Abtretung der Verkehrshypothek ist denkbar einfach. Da die Hypothek ein unselbstständiges Nebenrecht der Forderung ist, kann nicht die Hypothek selbst, sondern nur der schuldrechtliche Anspruch abgetreten werden. Wenn das erfolgt ist, folgt die Hypothek einfach mit (§ 1153).

324 Grundsätzlich erfordert die Abtretung nach § 398 keine besondere Form. Bei hypothekarisch gesicherten Forderungen ist jedoch in § 1154 eine Formvorschrift vorgesehen. Die Abtretungserklärung muss in schriftlicher Form erfolgen. Die Annahme der Erklärung ist hingegen wieder formfrei.[27]

Hinweis

Eine ganz ähnliche Vorschrift ist uns schon bei der Bürgschaft begegnet. Auch im Fall des § 766 musste nur die Erklärung des Bürgen, nicht aber auch die Annahme durch den Gläubiger schriftlich erfolgen (s.o. Rn. 49).

Bei den Formvorschriften unterscheidet § 1154 die Briefhypothek und die Buchhypothek.

325 Forderungen, die durch eine **Briefhypothek** gesichert sind, werden abgetreten, indem die Abtretungserklärung schriftlich erfolgt und der Hypothekenbrief übergeben wird. § 1154 Abs. 1 S. 1. Die Übergabe des Briefes erfolgt bei der Bestellung der Briefhypothek durch Übergabe des Briefes an den Zessionar nach der Vorschrift des § 1117 (s.o. Rn. 269 ff.).[28]

Hinweis

Der Anspruch des neuen Gläubigers auf öffentliche Beglaubigung der Abtretungserklärung hat nur Bedeutung für den nachfolgenden § 1155, auf den wir beim gutgläubigen Erwerb zurückkommen werden.

Sollte die Abtretung trotz Brief ins Grundbuch eingetragen werden (was möglich ist), so ersetzt die Eintragung der Abtretung im Grundbuch die Schriftform der Erklärung.

326 Bei der **Buchhypothek** wird die gesicherte Forderung abgetreten, in dem sich die Parteien über die Abtretung einig sind und dies im Grundbuch eingetragen wird. Das ergibt sich aus den §§ 873, 878, auf die § 1154 Abs. 3 für diesen Fall verweist.

327 Ist die Form des § 1154 eingehalten und bestehen keine sonstigen Wirksamkeitsdefizite (etwa aus §§ 108, 177), ergibt sich für den Normalfall folgendes Ergebnis:

Der Erwerber der Forderung (Zessionar) hat vom ursprünglichen Gläubiger (Zedent) die gesicherte Forderung nach §§ 398, 1154 formgerecht erhalten. Das akzessorische Sicherungsrecht Hypothek wandert automatisch mit (§ 1153 Abs. 1). Der neue Gläubiger kann schuldrechtlich (aus der Forderung) gegen den Schuldner (z.B. aus § 488) und dinglich (aus der Hypothek) gemäß § 1147 vorgehen.

27 Palandt-*Bassenge* § 1154 Rn. 4.
28 *Medicus/Petersen* Bürgerliches Recht Rn. 768.

b) Problem Nr. 1: keine Forderung

Was passiert aber, wenn die gesicherte Forderung (aus welchen Gründen auch immer) nicht entstanden oder vor Übertragung wieder erloschen ist? Wir hatten oben festgestellt, dass §§ 1163 Abs. 1, 1177 Abs. 1 dann anordnet, dass die Hypothek eine Eigentümergrundschuld ist und somit nicht dem Gläubiger als Sicherungsrecht zur Verfügung steht. **328**

Der ursprüngliche Gläubiger hat also in so einem Fall nichts. Die schuldrechtliche Forderung ist nicht entstanden und die Hypothek steht nicht ihm, sondern dem Eigentümer als Grundschuld zur Verfügung.

Jetzt kann ein solcher Gläubiger aber auf die Idee kommen, diese nicht existente Forderung abzutreten. Wir wissen bereits, dass es einen gläubigen Forderungserwerb nicht gibt. Der Zessionar kann also gegen den Schuldner aus der vermeintlichen Forderung **nicht** vorgehen. **329**

Wir können uns also für diese Fälle als Erstes merken: Auch bei hypothekarisch gesicherten Forderungen gibt es keinen gutgläubigen Erwerb der Forderung.[29]

Will nun der Erwerber aus § 1147 gegen den Eigentümer vorgehen, kann dieser zunächst einwenden, dass der Erwerber auch die Hypothek nicht erwerben konnte. Sie ist nur ein akzessorisches Anhängsel der Forderung. Diese Forderung gibt es aber nicht. Damit gibt es auch keinen Erwerb einer Hypothek. **330**

Würde dieses von mir oben schon einmal als Konsequenz der „reinen Lehre" der Akzessorietät bezeichnete Ergebnis Bestand haben, wäre die Hypothek ihrer Verkehrsfähigkeit beraubt. Wer weiß denn schon wirklich, welche Umstände beim Abschluss des schuldrechtlichen Vertrages vorlagen? Wer kann nachvollziehen, ob und inwieweit die Schuld schon getilgt wurde? Vom in juristischen Klausuren gern vorkommenden „unerkannt Geisteskranken" einmal ganz zu schweigen.

Hier benutzt der Gesetzgeber einen Kunstgriff, um einerseits einen gutgläubigen Forderungserwerb zu verhindern, andererseits die Akzessorietät der Hypothek zu wahren. **§ 1138** fingiert die Forderung, aber nur insoweit, wie es für den Erwerb der Hypothek erforderlich ist. Das schafft er dadurch, dass die Vorschriften der §§ 891 bis 899 (Gutglaubenserwerb) auch, wie es heißt, *„in Ansehung der Forderung"* gelten, aber nur *„für die Hypothek"*.

Der erste Zessionar kann sich auf § 1138 direkt, diejenigen, die die angebliche Forderung über eine öffentlich beglaubigte Kette von Abtretungserklärungen erworben haben, mittels §§ 1155, 1138 berufen.

Wir merken uns also zweitens: Der dingliche Anspruch gegen den Eigentümer aus § 1147 scheitert dann nicht am Fehlen der gesicherten Forderung, wenn der Erwerber im Hinblick auf die gem. § 1115 im Grundbuch eingetragene Forderung gutgläubig war. **331**

JURIQ-Klausurtipp

Macht in einer Klausur ein Erwerber der Forderung seine Ansprüche geltend, müssen Sie scharf trennen:

1. Den schuldrechtlichen Anspruch prüfen Sie „ganz normal". Sie kommen an der entsprechenden Stelle zum Ergebnis, dass der Anspruch nicht entstanden ist.

29 *Habersack* Sachenrecht Rn. 388 a.E.

2. Beim dinglichen Anspruch gegen den Eigentümer arbeiten Sie unser obiges Prüfungsschema ab, bis Sie zu dem Punkt „Bestehen der Forderung" kommen. Hier können Sie dann auf die Ausführungen zu 1. verweisen, um dann wie folgt zu argumentieren:

a) Die Hypothek verlangt eine Forderung. Eine (ansonsten wirksam entstandene) Hypothek ohne Forderung ist eine Eigentümergrundschuld.

b) Dann erwähnen Sie § 1138 und argumentieren, dass die Vorschriften der §§ 891 bis 899 für den dinglichen Anspruch auch in Ansehung der Forderung gelten.

c) Problem Nr. 2: keine Hypothek

332 Wenn die im Grundbuch eingetragene Hypothek tatsächlich nie entstanden ist (z.B. wegen Nichtigkeit der Bewilligung des Eigentümers nach § 105 Abs. 1) oder einem anderen als dem eingetragenen Inhaber zusteht (z.B. dem Eigentümer als Grundschuld nach §§ 1163, 1177), kann die als Inhaber eingetragene Person nicht wirksam über sie verfügen. In Bezug auf diesen „dinglichen Mangel" eröffnet § 892 die Möglichkeit der „Heilung" durch gutgläubigen Erwerb.

Hinweis

Achtung: Bei der Briefhypothek können auch Vermerke auf dem Brief den Gutglaubensschutz des Grundbuchs zerstören, § 1140! Brief und Grundbuchangaben dürfen sich für einen gutgläubigen Erwerb nicht widersprechen. Zu § 1155 kommen wir sogleich.

333 Was die Hypothek betrifft, kommen wir bei der **Briefhypothek** ab der dritten Person in der „Inhaberkette" zu einem Problem. Wir gehen dabei davon aus, dass die Forderung besteht, aber nicht die Hypothek (etwa wegen Geisteskrankheit des Eigentümers). Die zweite Person erwirbt die Hypothek noch von demjenigen, der im Grundbuch als Gläubiger eingetragen ist. Für die zweite Person gilt also § 892 direkt, das Grundbuch gilt als richtig. Er erwirbt kraft guten Glaubens (so denn vorhanden).

Nun tritt dieser zweite Inhaber die (tatsächlich bestehende) Forderung (nebst angeblicher Hypothek) an einen weiteren Erwerber ab. Die Forderung besteht. Fraglich ist, ob er auch die nicht bestehende Hypothek gutgläubig erworben hat. § 892 hilft ihm bei aller Gutgläubigkeit nicht, denn das Grundbuch weist den ursprünglichen (ersten) Gläubiger als Berechtigten aus. Er erwirbt aber vom Zweitgläubiger.

§ 1155 ordnet deshalb an, dass bei einer Kette öffentlich beglaubigter Abtretungserklärungen die Gutglaubensvorschriften in gleicher Weise Anwendung finden, als wenn der (briefbesitzende) Gläubiger im Grundbuch eingetragen wäre.

Als Merksatz können sie sich einprägen: § 1155 projiziert den Gutglaubensschutz auf die öffentlich beglaubigten Abtretungserklärungen.

Hinweis

Jetzt verstehen Sie auch, warum der neue Gläubiger nach § 1154 Abs. 1 S. 2 einen Anspruch auf öffentliche Beglaubigung der Abtretungserklärung hat. Nur mit dieser ist der Anwendungsbereich des § 1155 eröffnet.

Liegt der Mangel also nur in der Existenz der Hypothek (und nicht in der Forderung), so ist für den ursprünglichen Gläubiger und für den direkt nachfolgenden Erwerber unmittelbar der § 892 einschlägig. Alle weiteren müssen sich durch eine Kette beglaubigter Abtretungserklärungen legitimieren und genießen über die Brückennorm des § 1155 den gleichen Gutglaubensschutz. **334**

d) Spezialfall: Forderung und Hypothek unwirksam abgetreten

Abschließend müssen wir noch über einen sehr speziellen Fall sprechen. Es ist nämlich möglich, dass Forderung und Hypothek wirksam entstehen, dann unwirksam abgetreten werden und schließlich die Hypothek über § 1138 mit fingierter Forderung von einem Dritten gutgläubig erworben wird. Zur Verdeutlichung ein Beispiel: **335**

Beispiel G gewährt S ein Darlehen über 50 000 €. Dafür bewilligt der E dem G an seinem Grundstück eine Briefhypothek über denselben Betrag. G tritt nun „die Hypothek" an Erwerber Z ab. Dieses Rechtsgeschäft ist nichtig, weil G es in einem Zustand vorübergehender Störung der Geistestätigkeit abgegeben hat. Z wiederum tritt die Hypothek formgerecht an D ab, der von allen Umständen nichts wusste. Nun verlangt Z von S 50 000 € und von E die Duldung der Zwangsvollstreckung. ■

Wenn wir konsequent vorgehen, kommen wir zu folgenden Schlussfolgerungen: **336**

G hat laut Sachverhalt einen Darlehensrückzahlungsanspruch aus § 488 Abs. 1 S. 2 gegen S. Diesen wollte er an Z abtreten. Die Abtretung ist aber nichtig. Infolgedessen hat Z keine Forderung erworben.

Hinweis

Wenn die Parteien eines Sachverhaltes untechnisch von „Abtretung der Hypothek" sprechen, ist damit im Wege der Auslegung wegen § 1153 im Zweifel die Abtretung der hypothekarisch gesicherten Forderung gemeint.

Nun tritt Z den (nur vermeintlichen) Anspruch an D ab. Die Forderung kann D nicht erwerben. Allerdings erwirbt D gemäß §§ 1138, 892 eine forderungsentkleidete Hypothek, also die Hypothek ohne Forderung.

Wir kommen also zu dem überraschenden Ergebnis, dass es (in ganz wenigen Fällen) dazu kommen kann, dass die Forderung besteht (sie verbleibt beim G) und die Hypothek gutgläubig von einem Dritten erworben wurde (hier der D).

Die Behandlung dieser Fälle ist umstritten. Einerseits spricht einiges dafür, diese Konsequenz als im Einzelfall unvermeidbare Folge der vom Gesetz angeordneten Fiktion einer Forderung im Fall des § 1138 zu akzeptieren. Wenn im Ausnahmefall dann doch die Forderung besteht, die § 1138 für den Hypothekenerwerb fingiert, ist nun eine Verdoppelung der Rechtsposition entstanden, die auch nur dann schädlich ist, wenn Schuldner der Forderung und Eigentümer des Grundstücks personenverschieden sind. **337**

Andererseits kann man argumentieren, dass § 1138 eine Durchbrechung des Akzessorietätsprinzips darstellt, die nur dann im Ergebnis greifen soll, wenn tatsächlich keine Forderung besteht. Besteht sie im Ausnahmefall doch, soll sie auf den Erwerber der Hypothek übergehen.[30] Die Forderung soll also mit der Hypothek mitlaufen. Dieses Mitlaufgebot ist (wohl) herrschende Meinung.[31]

2. Rechtsvernichtende Einwendungen

338 In Bezug auf die möglichen rechtsvernichtenden Einwendungen bestehen beim Zweiterwerb keine Besonderheiten. Wir können hier auf die Ausführungen zum Ersterwerb unter Rn. 313 ff. verweisen.

3. Durchsetzbarkeit

339 Besonderheiten sind hingegen wieder auf der Ebene der Durchsetzbarkeit zu beachten. Die Einreden des Eigentümers können nämlich bei einer Übertragung der Forderung nebst Hypothek „unterwegs verloren gehen".

a) Einreden aus dem Verhältnis Eigentümer – (Erst-)Gläubiger

340 Wenn sich der Eigentümer auf die „pfandrechtsbezogenen Einreden" berufen will, gilt § 1157. Der entscheidende Regelungsgehalt des § 1157 besteht darin, dass der Eigentümer die Einreden aus seinem Rechtsverhältnis zum ursprünglichen Gläubiger, insbesondere aus dem Sicherungsvertrag, grundsätzlich auch gegen den Erwerber einer hypothekarisch gesicherten Forderung und damit einen neuen Hypothekeninhaber entgegengehalten kann. Das ist nicht selbstverständlich, weil der Erwerber dem Eigentümer ja regelmäßig „unbelastet" ohne vertragliche Bindungen gegenübertritt. § 1157 ergänzt damit auf der „dinglichen Ebene" den Schutz des Schuldners nach § 404.

341 Allerdings schränkt § 1157 S. 2 diesen Erhalt bestehender Einreden wieder ein, da er einen **gutgläubigen einredefreien Erwerb** der Hypothek ermöglicht, in dem er (insbesondere) auf den uns schon bekannten § 892 verweist.

Diese Möglichkeit, eine Hypothek einredefrei zu erwerben, wenn der Erwerber im Hinblick auf die Einrede gutgläubig ist, kann dazu führen, dass der Eigentümer die Einrede endgültig verliert.

Beispiel G gibt S ein Darlehen. E bestellt zur Absicherung eine Hypothek zugunsten des G und vereinbart mit diesem, dass G ihn, den E, nicht vor Ablauf von 10 Jahren in Anspruch nimmt. Diese Abrede wird nicht ins Grundbuch eingetragen. G tritt an C die Forderung ab. C kennt die Einrede nicht. ■

Durch den gutgläubig einredefreien Erwerb der hypothekarisch gesicherten Forderung hat C die gesicherte Forderung und damit auch die Hypothek erworben. Zwar muss sich C zunächst die Einrede des G (keine Inanspruchnahme vor Ablauf von 10 Jahren) gemäß § 1157 S. 1 entgegenhalten lassen. Allerdings wird ihm der Nachweis gelingen, dass er die Forderung nebst Hypothek ohne Kenntnis von der fraglichen Einrede erworben hat. Deshalb hat der G diese Einrede nach § 1157 S. 2 in Verbindung mit § 892 verloren.

---

30 *Karpener* JuS 89, 33 ff.

31 *Habersack* Sachenrecht Rn. 388 m.w.N.

b) Einreden aus dem Vertragsverhältnis Gläubiger – Schuldner

Wie wir bereits wissen, kann der Eigentümer nach § 1137 auch aus dem Verhältnis zwischen **342**
Gläubiger und Schuldner Einreden herleiten, das die gesicherte Forderung begründet.

Die Regelung des § 1137 steht natürlich in diametralem Widerspruch zur (gewollten) Ver- **343**
kehrsfähigkeit der Hypothek. Deshalb hat der Gesetzgeber den Ihnen schon bekannten § 1138 erweitert.

In seiner zweiten Variante ermöglicht es § 1138 dem gutgläubigen Erwerber einer hypothekarisch gesicherten Forderung, diese ohne die Gefahr zu erwerben, den Einreden aus dem Verhältnis zwischen Gläubiger und Schuldner ausgesetzt zu sein.

» Sie erinnern sich? Diese Norm fingierte die Forderung bei nicht entstandener schuldrechtlicher Verbindlichkeit des Schuldners, damit ein gutgläubiger Erwerb wenigstens der Hypothek möglich war (Rn. 259 und 330). «

Wichtig ist dabei zu unterscheiden: Gegenüber dem Anspruch aus der schuldrechtlichen Forderung kann der Schuldner selbstverständlich weiterhin seine Einreden gegen den (neuen) Gläubiger geltend machen. Dies ergibt sich zwanglos aus § 404.

§ 1138 durchbricht die „Durchsetzungsakzessorietät“.[32] Es ist also möglich, dass die Klage aus der Forderung scheitert, während der Anspruch gegen den Eigentümer aus § 1147 erfolgreich ist.

IV. Hinweis auf Sicherungshypothek

§ 1184 sieht eine besondere Form der Hypothek vor. Sie heißt „Sicherungshypothek“ und ist **344**
gem. § 1185 Abs. 1 nur als Buchhypothek im Grundbuch eintragbar.

Die Sicherungshypothek ist, was das Akzessorietätsprinzip betrifft, die strengere Variante der **345**
Hypothek.[33] Zwar ist auch die Verkehrshypothek ein akzessorisches Sicherungsmittel. Jedoch hat der Gesetzgeber die der verbesserten Verkehrsfähigkeit der „normalen“ (Verkehrs-)Hypothek geschuldeten Abweichungen und Lockerungen vom Akzessorietätsprinzip bei der Sicherungshypothek ausgeschlossen. Deshalb verbietet § 1185 Abs. 2 die Anwendung der entsprechenden Vorschriften (§§ 1138, 1139, 1141 und 1156) auf die Sicherungshypothek.

Die Bedeutung der Sicherungshypothek als Kreditsicherungsmittel ist gering. Sie entsteht **346**
allerdings manchmal kraft Gesetzes sowie insbesondere in der Zwangsvollstreckung.[34] Sie müssen sie kennen und sich insbesondere den § 1185 mit seinen Auswirkungen merken.

Online-Wissens-Check

Was passiert mit der Hypothek, wenn die gesicherte Forderung erlischt?

Überprüfen Sie jetzt online Ihr Wissen zu den in diesem Abschnitt erarbeiteten Themen. Unter **www.juracademy.de/skripte/login** steht Ihnen ein Online-Wissens-Check speziell zu diesem Skript zur Verfügung, den Sie kostenlos nutzen können. Den Zugangscode hierzu finden Sie auf der Codeseite.

32 *Medicus/Petersen* Bürgerliches Recht Rn. 770.
33 *Habersack* Sachenrecht Rn. 390.
34 *Habersack* Sachenrecht Rn. 390.

B. Ansprüche aus einer Grundschuld

I. Sinn der Grundschuld

347 Die Grundschuld ist der Hypothek einerseits sehr ähnlich. Beides sind Grundpfandrechte, die in das Grundbuch eingetragen werden. Doch in einem entscheidenden Punkt differieren Grundschuld und Hypothek:

348 Während die Hypothek ein (wenn auch bei der Verkehrshypothek an einigen Punkten aufgeweichtes) akzessorisches Sicherungsmittel ist, ist die Grundschuld nur lose mit der gesicherten Forderung durch den Sicherungsvertrag verbunden (siehe bereits Rn. 27 ff.).

349 Warum die Grundschuld in der Praxis die Verkehrshypothek in den Hintergrund gedrängt hat, ist nicht so einfach zu beantworten, wie die gleiche Frage beim Mobiliarpfandrecht und Sicherungseigentum oder Forderungspfandrecht und Sicherungszession. Denn die wirtschaftlichen Ziele, die die Parteien bei der Bestellung einer Grundschuld verfolgen, lassen sich genauso mit einer Hypothek erreichen.[35]

Die Verkehrshypothek, insbesondere die Briefhypothek ist auch vergleichsweise leicht abzutreten, sodass das Fehlen der akzessorischen Bindung zwischen gesicherter Forderung und Sicherheit bei der Grundschuld kein so entscheidender Vorteil mehr ist.

350 Zwei Vorteile machen die Grundschuld im Vergleich zur Hypothek attraktiv: Durch die fehlende Akzessorietät kann die gesicherte Forderung vergleichsweise einfach ausgetauscht werden.

Beispiel Die A GmbH besitzt das Grundstück, auf dem sie ihr Verwaltungsgebäude errichtet hat. Die auf dem Grundstück eingetragene Grundschuld sicherte zunächst einen Investitionskredit für eine bestimmte Maschine ab. Nachdem diese Forderung bei der finanzierenden Bank zurückgeführt worden ist, einigt sich die A GmbH mit der Bank, dass die Grundschuld nunmehr (auch) der Absicherung eines Überziehungskredits auf dem Geschäftskonto der A GmbH dienen soll. ■

351 Schließlich kann bei der Grundschuld die Person des gesicherten Gläubigers geheim bleiben. In einem solchen Fall bestellt der Eigentümer zunächst eine Grundschuld für sich (möglich gemäß § 1196 Abs. 1). Diese kann er dann als Briefgrundschuld außerhalb des Grundbuchs auf einen anderen übertragen, ohne dass offensichtlich wird, wer diese Sicherheit erworben hat und dass sie überhaupt abgetreten wurde.[36]

352 Aus dem Fehlen der Akzessorietät zwischen Forderung und Sicherheit ergeben sich die juristischen Probleme der Grundschuld. Wir werden daher insbesondere darüber zu reden haben, welche Folgen die Zahlung hat (Rn. 368), auf welche Einreden sich der Sicherungsgeber (Eigentümer) berufen kann, insbesondere wenn die Forderung nebst Grundschuld an einen Dritten abgetreten wurde (Rn. 392 ff.) und schließlich müssen wir erarbeiten, wie der Schutz vor drohender doppelter Inanspruchnahme bei vertragswidriger Trennung von gesicherter Forderung und Grundschuld zu bewerkstelligen ist (Rn. 397 ff.).

35 *Medicus/Petersen* Bürgerliches Recht Rn. 493.
36 *Medicus/Petersen* Bürgerliches Recht Rn. 493.

II. Anspruch aus §§ 1192, 1147 (Ersterwerb)

Anspruch gegen Eigentümer aus Grundschuld gem. § 1147 353

I. Anspruchsentstehung bei Ersterwerb
1. Entstehung der Grundschuld als dingliches Recht
   a) Einigung über die Bestellung
   b) Allgemeine Wirksamkeitsvoraussetzungen
      Sittenwidrigkeit Rn. 356
   c) Eintragung im Grundbuch
   d) Übergabe des Grundschuldbriefes (entfällt bei Buchgrundschuld)
   e) Berechtigung des Eigentümers
   f) Ggf. gutgläubiger Erwerb nach § 892
2. Umfang der Grundschuldhaftung

II. Rechtsvernichtende Einwendungen
1. Übergang auf Eigentümer analog § 1143
2. Erwerb durch Dritten
3. Aufhebung der Grundschuld gemäß §§ 875, 1183
4. Verwertung des Grundstücks gem. §§ 1192, 1181
5. Verwertung des Grundstücks durch vorrangigen Berechtigten, § 52 Abs. 1 S. 2 ZVG
6. Gutgläubiger lastenfreier Erwerb des Grundstücks wegen irrtümlicher Löschung der Grundschuld, § 892

III. Durchsetzbarkeit
1. Fälligkeit gem. § 1193
2. Einrede
   Einrede der Nichtvalutierung Rn. 388

PRÜFUNGSSCHEMA

1. Ansprucheentstehung

a) Die Entstehung der Grundschuld als dingliches Recht

Die Legaldefinition der Grundschuld findet sich in § 1191 Abs. 1: 354

Ein Grundstück kann in der Weise belastet werden, dass an denjenigen, zu dessen Gunsten die Belastung erfolgt, eine bestimmte Geldsumme aus dem Grundstück zu zahlen ist (Grundschuld).

Wenn Sie nun diesen § 1191 mit § 1113 vergleichen, stellen Sie fest, dass bis auf die Worte „...*wegen einer ihm zustehenden Forderung...*" beide Vorschriften wortgleich sind. 355

Deshalb verweist § 1192 Abs. 1 auch auf die Vorschriften des Hypothekenrechts bis auf diejenigen, die auf der Akzessorietät der Hypothek beruhen. Insbesondere die Entstehungsvoraussetzungen sind für Hypothek und Grundschuld dieselben.[37]

Aus diesem Grunde kann ich Sie grundsätzlich auf die Ausführungen oben zur Hypothek verweisen. Zwei Aspekte bedürfen aber noch der näheren Betrachtung: 356

37 *Habersack* Sachenrecht Rn. 395.

» Dies ist eine gute Gelegenheit, noch einmal die Regeln zur Sittenwidrigkeit einer Bürgschaft zu wiederholen (siehe Rn. 61 ff.). «

357 Es stellt sich die Frage, ob die Übernahme einer Grundschuld durch einen nahen Angehörigen nicht möglicherweise nach den gleichen Grundsätzen wie die Übernahme einer Bürgschaft durch diesen Personenkreis nach § 138 Abs. 1 wegen **Sittenwidrigkeit** nichtig sein kann.

Die herrschende Meinung verneint dies.[38] Dies dürfte richtig sein: Zwar ist der Verlust eines Grundstücks bitter. Dennoch verliert der Sicherungsgeber hier nur einen Gegenstand und ist nicht, wie bei der Bürgschaft der umfassenden Haftung für eine ihn – jedenfalls auf absehbare Zeit – ruinierenden Forderung ausgesetzt.

358 Genauso wie bei der Sicherungsübereignung von Sachen und Sachgesamtheiten wird aber § 138 Abs. 1 bei der anfänglichen Übersicherung herangezogen. Auch hier wird zwischen anfänglicher und nachträglicher Übersicherung unterschieden. Bei der Grundschuld gilt eine andere Definition der Übersicherung:

> Der Grundschuldgläubiger ist **anfänglich übersichert**, wenn die Grundschuld (Kapital und Nebenleistung) nominal die gesicherte Forderung übersteigt. Auf den tatsächlich realisierbaren Wert kommt es dabei nicht an.

359 Wenn dem Gläubiger die Übersicherung bekannt war, so führt die anfängliche Übersicherung regelmäßig zur Sittenwidrigkeit des Sicherungsvertrages und damit auch zur Nichtigkeit der Grundschuldbestellung.[39]

360 Die bei der Sicherungsübereignung geltenden Grundsätze zur nachträglichen Übersicherung lassen sich aber nicht eins zu eins auf die Grundschuld übertragen. Gerade beim zahlenmäßig häufigsten Fall, nämlich der Absicherung eines annuitätischen[40] Darlehens zum Erwerb einer Immobilie, ist es geradezu wesenstypisch, dass durch die sukzessive Tilgung irgendwann die nachträgliche Übersicherung eintritt.

Eine nachträgliche Übersicherung kann lediglich einen (teilweisen) Rückgewähranspruch des Eigentümers gegen den Gläubiger auslösen.[41]

» Lesen Sie dazu bitte im Gesetz § 1192 Abs. 1a durch! «

361 Schließlich wird in diesem Skript ausschließlich die Sicherungsgrundschuld i.S.d. § 1192 Abs. 1a besprochen. Sie gehört zu den fiduziarischen Sicherungsrechten[42] (vgl. Rn. 176).

Hinweis

Verwechseln Sie nicht die ähnlich klingenden Begriffe „Sicherungsgrundschuld" und „Sicherungshypothek"!

Die Sicherungsgrundschuld ist ein nichtakzessorisches Sicherungsrecht, während die Sicherungshypothek im Gegenteil eine *besonders streng* akzessorische Absicherung einer spezifischen Forderung ist (oben Rn. 344).

38 Palandt-*Ellenberger* § 138 Rn. 38a (mit Nachweis zur Gegenmeinung); Palandt-*Bassenge* § 1191 Rn. 13.
39 Palandt-*Bassenge* § 1191 Rn. 21.
40 Ein annuitätischer Kredit ist dadurch gekennzeichnet, dass die Raten über die Laufzeit immer gleich hoch sind, jedoch im Laufe der Zeit der Tilgungsanteil steigt und der Zinsanteil sinkt.
41 Palandt-*Bassenge* a.a.O.
42 *Medicus/Petersen* Bürgerliches Recht Rn. 488, 493.

b) Umfang der Grundschuldhaftung

Der Umfang der Grundschuldhaftung bestimmt sich nach den gleichen Regeln wie bei der Hypothek (siehe Rn. 286). Dies folgt aus dem Verweis in § 1192 Abs. 1. Neben dem Grundstück haften also auch die in §§ 1120 ff. aufgeführten Gegenstände nach den dort genannten Regeln. 362

2. Rechtsvernichtende Einwendungen

Sie haben also bis jetzt festgestellt, dass 363

- die Grundschuld vom Berechtigten (oder im Falle der Nichtberechtigung gutgläubig gemäß § 892) dem Gläubiger bewilligt wurde,
- diese im Grundbuch eingetragen ist und (bei der Briefgrundschuld) der Grundschuldbrief dem Gläubiger gemäß §§ 1192, 1117 übergeben wurde.
- Die Grundschuld ist also in der Hand des Gläubigers entstanden.

Hinweis

Wie Sie bemerkt haben, spielt das Schicksal der gesicherten Forderung bis hier keine Rolle – § 1163 gilt bei der Grundschuld nicht!

Die im Prüfungsschema aufgeführten Erlöschensgründe erklären sich weitgehend von selbst. 364
Wir wollen uns daher auf zwei Einwendungstatbestände konzentrieren, die nicht nur examensrelevant sind, sondern näherer Erörterung bedürfen.

a) Grundschulderwerb durch Dritten

Der Anspruch des ursprünglichen Inhabers einer Grundschuld geht unter, wenn die Grundschuld auf eine andere Person übertragen wird. 365

JURIQ-Klausurtipp

Diesen Prüfungspunkt brauchen Sie immer dann, wenn der Sachverhalt Angaben zu einer Übertragung der Grundschuld macht. Dann kann die Übertragung an zwei Stellen auftauchen: Prüfen Sie zunächst den Anspruch des ursprünglichen Gläubigers, taucht die Übertragung an dieser Stelle als rechtsvernichtende Einwendung auf.

Prüfen Sie hingegen den Anspruch des Zessionars, ist die Übertragung der Grundschuld als Anspruchsvoraussetzung zu begutachten.

Übertragen wird die **Buchgrundschuld** nach § 873 durch Einigung und Eintragung. Beim 366
Erwerb vom Nichtberechtigten gilt § 892.

Für die Übertragung einer **Briefgrundschuld** gilt **§ 1154 analog**. Obwohl hier die gleiche 367
Vorschrift zur Anwendung kommt wie bei der Abtretung der hypothekarisch gesicherten Forderung, passiert rechtstechnisch etwas völlig anderes:

Während bei der Hypothek die schuldrechtliche Forderung abgetreten wird und die Hypothek als unselbstständiges Recht mitwandert (§ 1153), ist der Gegenstand der Abtretung bei der Grundschuld die Grundschuld selber.[43]

43 Palandt-*Bassenge* § 1191 Rn. 8.

Von diesem Unterschied abgesehen, müssen dieselben Voraussetzungen wie bei der Abtretung der hypothekarisch gesicherten Forderung erfüllt sein. Lesen Sie deshalb zunächst noch einmal die Rn. 323 ff.

Zusammenfassend müssen kumulativ also folgende Bedingungen erfüllt sein, damit die Briefgrundschuld auf den Zweiterwerber übergehen kann:

- Einigung zwischen Veräußerer und Erwerber über den Übergang der Grundschuld;
- Schriftform in Bezug auf Abtretungserklärung (§ 1154 Abs. 1) oder Eintragung der Abtretung im Grundbuch (§ 1154 Abs. 2);
- Übergabe des Grundschuldbriefes;
- Verfügungsberechtigung des Veräußerers, sonst gutgläubiger Erwerb nach §§ 892, 1155.

b) Inhaberwechsel wegen Zahlung an Gläubiger

368

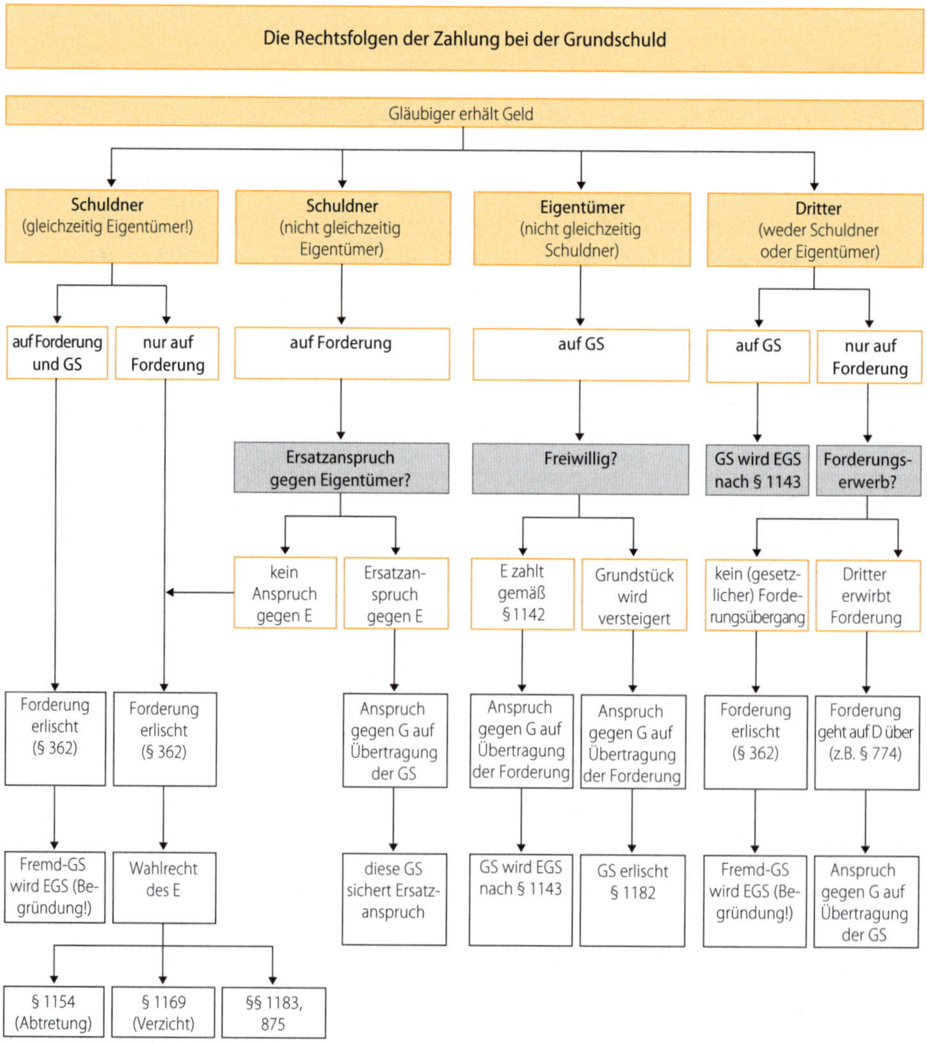

Die „schönsten" Fälle aus dem Bereich des Grundschuldrechts sind bekanntlich die, bei denen die Gefahr besteht, dass zweimal gezahlt werden muss. Bevor wir uns aber mit diesen speziellen Konstellationen beschäftigen, sollten wir zunächst die Folgen des Normalfalles verstanden haben. Die alles entscheidende Frage ist doch, was passiert, wenn der Gläubiger sein Geld erhält.

Wie schon bei der Hypothek sind auch bei den Zahlungen im Zusammenhang einer Sicherungsgrundschuld vier Fälle auseinanderzuhalten. **369**

- Es zahlt der Schuldner, der gleichzeitig Eigentümer ist.
- Es zahlt der Schuldner, ohne Eigentümer des belasteten Grundstücks zu sein.
- Es zahlt der nur haftende Eigentümer, der also nicht gleichzeitig auch Schuldner der gesicherten Forderung ist.
- Es zahlt ein Dritter.

Dabei geht es letzten Endes immer nur um zwei Fragen: **370**

1. Welches Recht (Forderung oder Grundschuld oder beide) erlischt durch die Zahlung?
2. Wie begründet man das Ergebnis juristisch korrekt?

aa) Zahlung durch Schuldner (gleichzeitig Eigentümer)

Betrachten wir zuerst den typischen „Häuslebauer". **371**

Beispiel S baut auf seinem Grundstück ein Gebäude. Dafür nimmt er bei Bank G ein Darlehen auf. Zur Absicherung bewilligt er G eine Grundschuld auf dem Grundstück. Nun zahlt S an G das Darlehen zurück. ■

Wenn wir seine Zahlung als eine **Leistung auf „Forderung und Grundschuld"** ansehen, dann hat sein Verhalten zwei Konsequenzen. **372**

Erstens: Die Forderung aus dem Darlehen (§ 488 Abs. 1 S. 2) erlischt durch Erfüllung (§ 362 Abs. 1).

Zweites: Auch sind sich alle einig, dass dadurch aus der Fremdgrundschuld automatisch[44] eine Eigentümergrundschuld wird. Die herrschende Meinung wendet die §§ 1142, 1143 analog an.[45]

JURIQ-Klausurtipp

Haben Sie es mit dem Fall zu tun, dass der Schuldner auch Eigentümer ist und zahlt dieser Schuldner „auf Forderung und Grundschuld", schreiben Sie:

„Durch die Zahlung des S auf Forderung und Grundschuld wird aus der bisherigen Fremdgrundschuld kraft Gesetzes eine Eigentümergrundschuld analog §§ 1142, 1143".

Es ist aber auch möglich, dass der Schuldner **nur auf die Forderung** leistet. Dann erlischt nur die Forderung wegen Erfüllung. Das mag in unserem Häuslebauerfall nicht sehr lebensnah erscheinen, kommt aber in der Praxis immer wieder vor. Der Grund dafür ist folgender: Wenn **373**

44 *Habersack* Sachenrecht Rn. 402.

45 *Habersack* a.a.O. mit weiteren Nachweisen; andere wollen das Ergebnis aus den Grundgedanken der §§ 1168, 1171 ableiten.

durch die Zahlung auch auf die Grundschuld diese kraft Gesetzes zur Eigentümergrundschuld wird (vorangegangene Randnummer), steht sie dem Gläubiger nicht ohne erneuten Übertragungsakt als Sicherheit für spätere Verbindlichkeiten zur Verfügung.

Beispiel Bauträger U finanziert seine Projekte regelmäßig dadurch, dass er auf einem ihm gehörenden Grundstück eine Grundschuld eintragen lässt, die der Sicherung der Kredite für neue Baumaßnahmen dient. Wenn er diese abgeschlossen hat, zahlt er die Kredite zurück. Hier wird er im Zweifel auf die Forderung zahlen, damit die Grundschuld in der Hand der Bank bleibt, um als Sicherheit für das nächste Projekt zur Verfügung zu stehen. ■

374 Ausschlaggebend ist also die Frage, wann Zahlung nur auf die Forderung und wann Zahlung auf Forderung und Grundschuld anzunehmen ist. Entscheidend ist dabei das, was der Zahlende erklärt. Wenn dafür Anhaltspunkte fehlen, müssen Sie auslegen. Nur dann, wenn anzunehmen ist, dass der **Sicherungszweck endgültig erledigt** ist, ist Zahlung **sowohl auf die Forderung als auch auf die Grundschuld** anzunehmen.[46]

375 Wenn der Schuldner ausschließlich auf die Forderung zahlt, muss geklärt werden, was mit der Grundschuld passiert. Auch hier hilft es, sich das Ergebnis vor Augen zu halten: Die Grundschuld muss zum Eigentümer, dem S. Wenn der Gläubiger nichts mehr zu sichern hat, muss er auch die Grundschuld zurückgeben. Aus dem **Sicherungsvertrag** ergibt sich entweder aus einer ausdrücklichen Vereinbarung des Eigentümers (= Schuldners) mit dem Grundschuldinhaber oder sonst aus einer ergänzenden Vertragsauslegung desselben[47] **bei Wegfall des Sicherungszwecks** ein **Gegenanspruch** und **zugleich eine Einrede**, die die Durchsetzbarkeit des Duldungsanspruches dauerhaft hemmt (sog. Einrede der „Nichtvalutierung").[48]

Fällt der Sicherungszweck durch Zahlung des „Eigentümer-Schuldners" weg, hat der Zahlende ein **Wahlrecht**:

Er kann vom Gläubiger verlangen, dass er ihm analog § 1154 die Grundschuld zurücküberträgt. Sie wird dann in seiner Hand zur Eigentümergrundschuld.

Alternativ hat er den Anspruch auf Verzicht des Gläubigers auf die Grundschuld nach §§ 1192, 1169, was nach § 1168 Abs. 1 ebenfalls zu einer Eigentümergrundschuld führt.

Drittens schließlich kann der Schuldner in diesem Fall vom Gläubiger verlangen, dass die Grundschuld aufgehoben wird. Dieser Anspruch ergibt sich aus §§ 1192, 1183, 875. Dann wird die Grundschuld im Grundbuch gelöscht.

bb) Zahlung durch Schuldner (nicht auch Eigentümer)

376 Der Schuldner, der nur Partei des Kreditvertrages ist, aber nicht gleichzeitig auch der Sicherungsgeber (Eigentümer), zahlt naheliegenderweise **nur auf die Forderung** (etwas zynische Merkhilfe: Was geht mich das Schicksal des anderen an?).

---

46 *Medicus/Petersen* Bürgerliches Recht Rn. 501.

47 Palandt-*Bassenge* § 1191 Rn. 17; *Medicus/Petersen* Bürgerliches Recht Rn. 500; *Habersack* Sachenrecht Rn. 400.

48 Palandt-*Bassenge* § 1191 Rn. 23.

Beispiel N macht sich selbstständig. Er erhält einen Investitionskredit der Bank über 100 000 €. Zur Sicherung bestellt O, der Onkel von N, auf seinem Grundstück zugunsten der B eine entsprechende Sicherungsgrundschuld. N zahlt den Kredit zurück. ■

Im Hinblick auf die schuldrechtliche Forderung ist deren Schicksal wieder eindeutig: Die Forderung erlischt nach § 362 Abs. 1.

Da in diesem Beispiel der N keinen Ersatzanspruch gegen den O hat (warum auch?), steht dem O wegen Wegfall des Sicherungszwecks wieder das Wahlrecht nach Rn. 375 zu, das er der Grundschuld einredeweise entgegenhalten kann. **377**

Schwieriger wird es, wenn der zahlende Schuldner einen Ersatzanspruch gegen den Eigentümer hat. Dieser Fall war uns schon bei der Hypothek begegnet. **378**

Die Lösung solcher Fälle bei der Hypothek erfolgte über § 1164. Der Ersatzanspruch tritt an die Stelle der Forderung. Die Hypothek sichert diesen Ersatzanspruch. Auf die Grundschuld ist aber § 1164 nicht anwendbar, da er Ausfluss der Akzessorietät der Hypothek ist.[49]

» Lesen Sie das *Beispiel* aus Rn. 303 noch einmal und unterstellen Sie dann, dass statt der Hypothek eine Sicherungsgrundschuld eingetragen war. «

Hier behilft man sich, indem man dem zahlenden Schuldner einen Anspruch gegen den Gläubiger auf Übertragung der Grundschuld gibt, die dann als Sicherheit für den Ersatzanspruch gegen den Eigentümer dient.

cc) Zahlung durch Eigentümer (nicht auch Schuldner)

Drittens kann der Eigentümer, der nicht zugleich auch Schuldner der gesicherten Forderung ist, an den Gläubiger zahlen. Es ist naheliegend, dass er **auf die Grundschuld** zahlt, denn schließlich geht es um sein Grundstück und die Abwendung der Verwertung. **379**

Mit der Zahlung „auf die Grundschuld" erwirbt der Eigentümer die Grundschuld analog § 1143 als **Eigentümergrundschuld** (wie oben Rn. 305).[50] Die Forderung erlischt nicht – allerdings kann der Schuldner dem Gläubiger über § 242 (Rechtsmissbrauch) den Einwand einer verbotenen Doppelbefriedigung entgegenhalten.[51] **380**

dd) Zahlung durch Dritten (weder Eigentümer noch Schuldner)

Zahlt ein Dritter, kann es (im Ausnahmefall) sein, dass er **„auf die Grundschuld"** zahlt. **381**

Beispiel Das Ehepaar A und B nehmen in einer Börsenboomphase einen Kredit auf, um mit dem Geld Aktien zu kaufen. Die Bank verlangt neben der Verpfändung des entsprechenden Wertpapierdepots eine Grundschuld auf dem Einfamilienhaus. Als in der Finanzkrise die Werte der gekauften Aktien ins Bodenlose fallen, will die Bank aus der Grundschuld vorgehen. Sohn S will nicht, dass seine Eltern ihr Haus verlieren, und löst die Grundschuld ab. ■

In diesem Fall hat S keinen Ersatzanspruch gegen seine Eltern. Die Grundschuld der Bank wird analog § 1143 zur Eigentümergrundschuld.[52]

---

49 Palandt-*Bassenge* § 1164 Rn. 5.
50 Palandt-*Bassenge* § 1191 Rn. 36.
51 *BGH* in BGHZ 105, 154 ff.; Palandt-*Bassenge* § 1191 Rn. 36.
52 Palandt-*Bassenge* § 1191 Rn. 38; *Habersack* Sachenrecht Rn. 403.

382 Zahlt der Dritte nach § 267 freiwillig **„auf die Forderung"**, erlischt diese durch Erfüllung nach § 362 Abs. 1. Der Eigentümer erhält bei Wegfall des Sicherungszwecks durch Erlöschen der Forderung in Bezug auf die Grundschuld aus dem Sicherungsvertrag (entspr. Rn. 377) einen Freigabeanspruch.

» Lesen Sie jetzt noch einmal die Rn. 38 zur Technik der cessio legis. «

383 Im Regelfall wird aber ein Dritter „auf die Forderung" zahlen, weil er als **Sicherungsgeber** eine Haftung vermeiden will (z.B. als Bürge, Pfandgläubiger) oder weil er wegen der Forderung ein **Ablösungsrecht nach § 268** hat. In diesen Fällen erwirbt er die schuldrechtliche Forderung gegen den Schuldner im Wege der cessio legis nach § 774 Abs. 1, § 1225 oder § 268 Abs. 3.

Anders als die Hypothek wandert aber hier die Grundschuld nicht automatisch mit. Hier gibt die völlig herrschende Meinung dem zahlenden Dritten einen Anspruch auf Übertragung der Grundschuld gegen den befriedigten Gläubiger.[53]

Hinweis

Zu den Problemen beim Ausgleich zwischen mehreren Sicherungsgebern untereinander kommen wir im 5. Teil eingehend zurück.

3. Anspruch durchsetzbar

a) Fälligkeit, § 1193

384 Das Kapital aus der Grundschuld wird erst nach, wie es § 1193 formuliert, „vorgängiger" Kündigung fällig. Anders als bei der Hypothek muss als der Gläubiger der Grundschuld dem Eigentümer diese erst kündigen.

Die Grundschuld muss also im Unterschied zur akzessorischen Hypothek, deren Fälligkeit der Fälligkeit der gesicherten Forderung folgt, erst fällig gestellt werden.

385 Die Kündigungsfrist beträgt sechs Monate. Zwar sind nach § 1193 Abs. 1 S. 1 abweichende Vereinbarungen grundsätzlich zulässig. Dies gilt allerdings nicht für die (hier ausschließlich behandelte) Sicherungsgrundschuld, § 1193 Abs. 2 S. 2.

Hinweis

Das Verbot, die Kündigungsfrist des § 1193 Abs. 1 zu verkürzen, gibt es erst seit kurzem. Durch das sogenannte „Risikobegrenzungsgesetz" v. 19.8.2008 wurden aufgrund der bitteren Erfahrungen aus der Finanzkrise einige Vorschriften geändert und eingefügt. Hierzu zählt auch der § 1193 Abs. 2 S. 2. Gemäß Art. 229 § 18 Abs. 3 EGBGB gilt das aber nur bei Sicherungsgrundschulden, die nach dem 19.8.2008 bestellt wurden, nicht vereinbart werden.

Der Sinn der Kündigungsfrist liegt auf der Hand: Der Gläubiger soll Zeit haben, sich das Kapital „zu besorgen", das er benötigt, um die Verwertung des Grundstücks durch Zahlung abwenden und die Grundschuld als Eigentümergrundschuld erwerben zu können.

53 Palandt-*Bassenge* § 1191 Rn. 38.

b) Einreden

aa) (Keine) Forderungsbezogenen Einreden

Von den bei der Hypothek besprochenen Einreden scheiden die „forderungsbezogenen Einreden“ i.S.d. § 1137 aus, da diese Vorschrift als Ausdruck der Akzessorietät auf die Grundschuld keine Anwendung finden kann.[54] **386**

bb) Pfandrechtsbezogene Einreden

Damit bleiben die „pfandrechtsbezogenen“ Einreden. Neben den gesetzlich geregelten (z.B. §§ 1192 Abs. 1, 1160) Einreden ist insbesondere an die Einreden aus dem Rechtsverhältnis zwischen Eigentümer und „Erstinhaber“ der Grundschuld – namentlich dem Sicherungsvertrag – zu denken. Unter Rn. 375 oben haben wir die **Einrede der Nichtvalutierung** (Wegfall des Sicherungszwecks) kennengelernt. Dabei gibt es zwei Varianten: **387**

(1) Einrede wegen anfänglicher Nichtvalutierung

Zahlt der Gläubiger trotz wirksamer Verträge und Bestellung der Grundschuld das Darlehen nicht aus, so müssen wir zwei Probleme differenzieren: Zu fragen ist erstens, wie der Sicherungsgeber (Eigentümer) seine Grundschuld wieder zurückbekommt und zweitens, wie er sich dagegen wehren kann, wenn der Gläubiger trotzdem aus der bestellten Grundschuld gegen ihn aus § 1147 vorgeht. **388**

Der Sicherungsgeber, der gleichzeitig auch Partei des Kreditvertrages ist, kann Gläubiger eine Nachfrist setzen und dann nach § 323 vom Vertrag zurücktreten. Dann erhält er die Sicherheit gemäß § 346 Abs. 1 zurück.[55] **389**

Sollte der Gläubiger (oder der Zessionar des Gläubigers) aus der Grundschuld vorgehen wollen, obwohl die Valuta nicht ausgezahlt wurde, hat der Eigentümer die Einrede aus dem Sicherungsvertrag, wonach er ohne ausgezahlte Valuta nicht die Verwertung seines Grundstücks dulden muss. **390**

(2) Einrede wegen nachträglicher Nichtvalutierung

Fällt der Sicherungszweck nachträglich, insbesondere wegen Erlöschens der gesicherten Forderung, weg, entsteht aus dem Sicherungsvertrag der Freigabeanspruch mit den Wahlmöglichkeiten entsprechend (Rn. 375) oben. **391**

54 Palandt-*Bassenge* § 1137 Rn. 8.
55 *Medicus/Petersen* Bürgerliches Recht Rn. 496.

III. Besonderheiten beim Zweiterwerb

PRÜFUNGSSCHEMA

392 **Anspruch gegen Eigentümer aus Grundschuld gem. § 1147 (Zweiterwerb)**

I. Anspruchsentstehung nach Übertragung der Grundschuld
1. Übertragung der Grundschuld
   a) Briefgrundschuld: § 1154 analog
   b) Buchgrundschuld: § 873
2. Verfügungsberechtigung des Veräußerers
3. Ggf. gutgläubiger Erwerb, § 892 (ggf. § 1192, 1155)
4. Umfang der Hypothekenhaftung

II. Rechtsvernichtende Einwendungen
wie im PS oben (Rn. 353) unter Ziff. II.

III. Durchsetzbarkeit
1. Fälligkeit
2. Einreden
   - Gutgläubiger einredefreier Erwerb Rn. 394
   - Trennung von Hypothek und Grundschuld Rn. 397

1. Übertragungstatbestand

393 Beim Anspruch des „Zweiterwerbers" (oder „Dritterwerbers" etc.) ist die wirksame Übertragung der Grundschuld Voraussetzung für die Entstehung des Anspruchs nach §§ 1192 Abs. 1, 1147. Dabei ist zwischen Brief- und Buchgrundschuld zu unterscheiden. Es gelten die in Rn. 323 ff. dargestellten Grundsätze.

2. Gutgläubiger einredefreier Erwerb

394 Besonderheiten gelten auch bei den pfandrechtsbezogenen Einreden.

Wie wir oben gesehen haben, wird bei einigen Zahlungen auf die Grundschuld diese zur Eigentümergrundschuld. Der Gläubiger kann also aus ihr nicht mehr vorgehen, weil er nicht mehr Inhaber des Rechts ist. Dem Eigentümer steht also eine rechtsvernichtende Einwendung gegen den Anspruch aus §§ 1192, 1147 zu.

Bei anderen Zahlungen hat der Eigentümer gegen den Gläubiger einen Anspruch auf Übertragung der Grundschuld, was er dem dennoch gegen ihn vorgehenden Gläubiger als Einrede entgegenhalten kann.

395 Zum Problem wird dies dann, wenn der Gläubiger trotzdem die Grundschuld an einen gutgläubigen Dritten abtritt. Nach dem grundsätzlich auch bei der Grundschuld anwendbaren § 1157[56] kann zwar der Eigentümer auch dem Zessionar der Grundschuld

56 Palandt-*Bassenge* § 1157 Rn. 4.

die gegenüber dem ursprünglichen Gläubiger zustehenden Einreden geltend machen. Doch nach § 1157 S. 2 ist ein gutgläubiger Erwerb möglich. Es besteht die große Gefahr der doppelten Inanspruchnahme:

Beispiel Bank G finanziert dem S seine Eigentumswohnung. Es wird ein Grundschuldbrief übergeben. G verspekuliert sich am amerikanischen Immobilienmarkt. Um an dringend benötigte Mittel zu kommen, überträgt sie die Grundschuld an eine andere Bank B ab, obwohl zu diesem Zeitpunkt der S das Darlehen bereits getilgt hatte. B ist gutgläubig. Als sie gegen S vorgeht, wendet dieser ein, er habe das Darlehen doch längst getilgt. B schlägt S vor, doch gegen G vorzugehen. Diese ist aber zwischenzeitlich insolvent.[57]

Wenn wir unterstellen, dass B tatsächlich gutgläubig war, dann muss der S tatsächlich noch einmal zahlen (§ 1142 analog) oder die Zwangsvollstreckung dulden (§§ 1192 Abs. 1, 1147). Er hat natürlich einen Anspruch gegen G aus § 280 Abs. 1. Wenn die G aber insolvent ist, nützt dieser Anspruch dem S nichts.

Deswegen hat der Gesetzgeber durch das uns schon bekannte „Risikobegrenzungsgesetz" **396**
den § 1192 Abs. 1a eingefügt, wonach ein gutgläubiger einredefreier Erwerb für Sicherungsgrundschulden gemäß § 1157 S. 2 ausgeschlossen ist.

Was freilich verwundert, ist die Tatsache, dass diese Vorschrift nur für Grundschulden gilt und nicht für Verkehrshypotheken, bei denen das gleiche Problem droht.[58]

3. Folgen der Trennung von Grundschuld und Forderung

Viel diskutiert und in Klausuren beliebt sind die Konstellationen, in denen der Gläubiger (ver- **397**
tragswidrig) eine Trennung von Grundschuld und Forderung herbeiführt. Dies ist möglich, weil die Grundschuld eben nicht akzessorisch ist und deswegen an einen Erwerber abgetreten werden kann. Die Forderung existiert unabhängig daneben und kann an einen anderen ebenfalls grundsätzlich wirksam zediert werden.

Auch hier möchte ich mit dem Ergebnis anfangen. Es muss natürlich verhindert werden, dass **398**
zweimal gezahlt wird. Die Frage ist, wie dieses Ergebnis juristisch untermauert werden kann.

Der aus der abgetretenen Forderung in Anspruch genommene Schuldner kann nach § 404 **399**
einwenden, dass er den Kredit nur gegen die Rückgewähr der Sicherungsgrundschuld zurückzuzahlen brauche. Diese Einrede beruht entweder auf § 320 (wenn man zwischen Rückgewährverpflichtung und Rückzahlungsanspruch ein Synallagma[59] annimmt) oder sonst auf § 273. Da der (neue) Gläubiger dies nicht kann, kann er den erworbenen Anspruch nicht durchsetzen.[60]

57 Ähnlichkeiten mit tatsächlich existierenden oder untergegangenen Unternehmen sind rein zufällig.
58 *Medicus/Petersen* Bürgerliches Recht Rn. 507.
59 Siehe dazu im Skript „Schuldrecht AT II" Rn. 276.
60 *Medicus/Petersen* Bürgerliches Recht Rn. 508.

400 Der Erwerber der Grundschuld hingegen wird mit seinem Anspruch nach § 1147 Erfolg haben. Als nämlich der Zessionar die Grundschuld erwarb, war der Rückgewähranspruch noch nicht entstanden. § 1157 S. 1 gilt aber nur für solche Einreden, die zum Zeitpunkt des Erwerbes der Grundschuld bereits entstanden waren.[61]

Online-Wissens-Check

Woraus ergibt sich die „Einrede der Nichtvalutuierung?"

Überprüfen Sie jetzt online Ihr Wissen zu den in diesem Abschnitt erarbeiteten Themen. Unter **www.juracademy.de/skripte/login** steht Ihnen ein Online-Wissens-Check speziell zu diesem Skript zur Verfügung, den Sie kostenlos nutzen können. Den Zugangscode hierzu finden Sie auf der Codeseite.

61 Palandt-*Bassenge* § 1157 Rn. 3.

5. Teil
Die Regress- und Ausgleichsansprüche

A. Die Grundproblematik

Bereits einleitend (Rn. 3) hatten wir festgestellt, dass ein Regress im Rechtssinne nur dann Sinn macht, wenn Sicherungsgeber und Schuldner personenverschieden sind. Sind Schuldner und Sicherungsgeber ein und dieselbe Person, ist es sinnlos darüber nachzudenken, ob z.B. der Eigentümer des Grundstücks, der aus der Grundschuld in Anspruch genommen wird, weil er selber die Raten des gesicherten Darlehens nicht mehr beglich, gegen sich einen Anspruch hat. Ansprüche zum Zwecke des Regress gibt es daher nur bei Personenverschiedenheit zwischen Schuldner und Sicherungsgeber. **401**

Zweitens müssen wir prüfen, ob der zahlende Sicherungsgeber einen Ausgleichsanspruch gegen einen anderen Sicherungsgeber hat. Das Gesetz spricht dies ausdrücklich nur für Mitbürgen aus (§ 774 Abs. 2 i.V.m. § 426). Dieselbe Problematik stellt sich aber bei der Konkurrenz von akzessorischen Sicherheiten untereinander und in noch viel stärkerem Maße bei der Konkurrenz von akzessorischer Sicherheit einerseits und einer nicht akzessorischen Sicherheit, die beide für dieselbe Forderung haften. **402**

Die Sachverhaltsgestaltungen, bei denen Regress- und Ausgleichsansprüche bei den Kreditsicherungsmitteln „Eigentumsvorbehalt", „Sicherungsübereignung" und „Sicherungszession" überhaupt denkbar wären, sind sehr konstruiert und werden daher in der gebotenen Knappheit dargestellt. **403**

B. Der Regress gegen den Schuldner

I. Regress bei akzessorischen Sicherungsmitteln

Die Ansprüche des Sicherungsgebers gegen den Schuldner nach Befriedigung des Gläubigers bei akzessorischen Sicherungen **404**

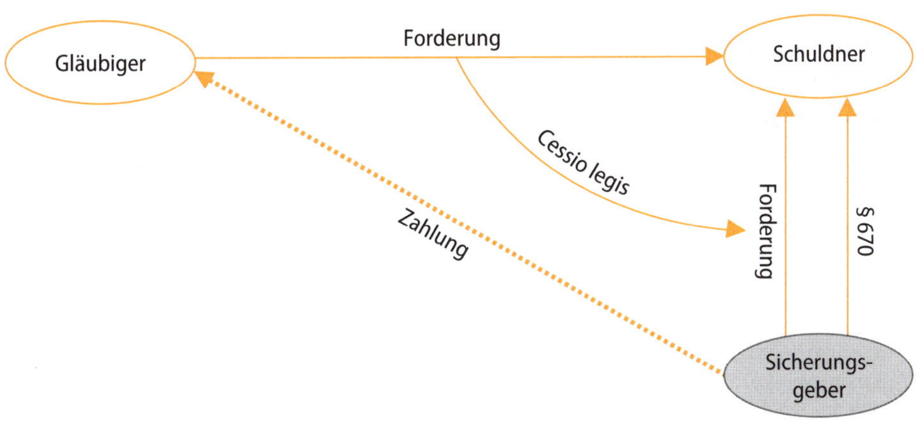

1. Eigener Ersatzanspruch des Sicherungsgebers

405 Es wird gerne vergessen, dass ein vom Schuldner personenverschiedener Sicherungsgeber nicht ohne jeden Rechtsgrund die Haftung für eine Verbindlichkeit übernimmt. Denkbar sind vor allem drei Rechtsverhältnisse.[1]

1. Auftrag nach §§ 662 ff.
2. Entgeltliche Geschäftsbesorgung nach §§ 675 ff.
3. Geschäftsführung ohne Auftrag nach §§ 677 ff.

406 Trotz drei verschiedener Varianten ist im Ergebnis dieselbe Anspruchsgrundlage, nämlich der Aufwendungsersatzanspruch aus § 670 heranzuziehen: Für den Auftrag i.S.d. § 662 gilt § 670 direkt, während bei der entgeltlichen Geschäftsbesorgung § 675 Abs. 1 und bei einer Geschäftsführung ohne Auftrag § 683 auf diese Norm verweist. § 670 lautet:

Macht der Beauftragte zum Zwecke der Ausführung des Auftrages Aufwendungen, die er den Umständen nach für erforderlich halten darf, so ist der Auftraggeber zum Ersatz verpflichtet.

> **Aufwendungen** sind Vermögensopfer, die der Beauftragte zum Zweck der Ausführung des Auftrags freiwillig oder auf Weisung des Auftraggebers macht; ferner solche, die sich als notwendige Folge der Ausführung des Auftrages ergeben.[2]

Mit diesen Ansprüchen haben wir uns bereits an anderer Stelle ausführlich beschäftigt. Ich verweise wegen der Voraussetzungen dieser Ansprüche daher auf das entsprechende Skript aus dieser Reihe.[3]

2. Ersatzanspruch aus übergegangenem Recht (cessio legis)

PRÜFUNGSSCHEMA

407 **Anspruch des Sicherungsgebers aus übergegangenem Recht**

I. Anspruchsentstehung
1. Anspruch Gläubiger gegen Schuldner
2. Anspruch durch Zahlung auf SiG übergegangen
   a) bei zahlendem Bürgen
   b) bei zahlendem Verpfänder
   c) bei zahlendem Eigentümer bei der Hypothek

II. Rechtsvernichtende Einwendungen (allgem. Regeln)

III. Durchsetzbarkeit
1. Fälligkeit
2. Einreden (Achtung: §§ 404, 412!)

---

1 *Looschelders* Schuldrecht Besonderer Teil Rn. 976.
2 Palandt-*Sprau* § 670 Rn. 3.
3 Siehe das Skript „Schuldrecht BT III".

a) Anspruchsentstehung

aa) Anspruch Gläubiger gegen Schuldner

Damit überhaupt eine Forderung im Wege der cessio legis übergehen kann, muss diese im Verhältnis des Gläubigers zum Schuldner bestanden haben. Bestand diese nämlich nicht, so ist das akzessorische Sicherungsmittel ebenfalls nicht entstanden. Bürgschaft, Pfand und Hypothek setzen einen Anspruch des Gläubigers gegen den Schuldner voraus. Fehlt dieser, existiert auch keine Sicherung (siehe jeweils unter Rn. 78, Rn. 150 sowie Rn. 283). 408

Zahlt der also nur vermeintlich verpflichtete Sicherungsgeber einer akzessorischen Sicherung auf für eine in Wahrheit nicht existierende Forderung, so zahlt er ohne Rechtsgrund. Einen Anspruch gegen den Schuldner hat er nicht. Wohl aber kann er das Geleistete bereicherungsrechtlich vom Gläubiger zurückverlangen. Einschlägig ist die sogenannte condictio indebiti nach § 812 Abs. 1 S. 1 Alt. 1.[4] 409

In diesen Zusammenhang gehört auch der § 1138, den Sie in Rn. 328 kennengelernt haben. Für den Erwerb der Hypothek wird unter bestimmten Umständen eine nicht existierende Forderung fingiert. Dennoch existiert diese Forderung nicht als Anspruch gegen den Schuldner und kann deshalb auch nicht auf den zahlenden Sicherungsgeber im Wege der cessio legis übergehen. 410

» Ist Ihnen die Funktion und Wirkungsweise des § 1138 noch präsent? Wenn nicht: Bitte lesen Sie nochmals Rn. 328 ff.! «

bb) Übergang des Anspruchs auf Sicherungsgeber

(1) Zahlung durch Bürgen

Zahlt der Bürge die Verbindlichkeit des Schuldners, so geht gemäß § 774 Abs. 1 die Forderung gegen den Schuldner auf ihn kraft Gesetzes über.[5] Zahlt er nur teilweise (z.B. bei einer Höchstbetragsbürgschaft, siehe dazu Rn. 85 und 111), so erwirbt er die Forderung auch nur in diesem Umfang. Dies ergibt sich zwanglos aus dem Wortlaut des § 774 Abs. 1 („*Soweit* der Bürge...befriedigt...“). 411

Hinweis

Jetzt stoßen wir zwangsläufig auf die Frage, wozu es bei der Bürgschaft (und allen anderen akzessorischen Sicherungsrechten) die cessio legis überhaupt gibt, wenn doch der zahlende Sicherungsgeber ohnehin einen Anspruch gegen den Schuldner aus § 670 (Rn. 405) hat.

Die Bedeutung der cessio legis liegt auch weniger darin, dem Gläubiger einen weiteren Anspruch gegen den Schuldner zu geben. Das ist letztlich nur ein Nebeneffekt, sodass der Sicherungsgeber zwei Ansprüche gegen den Schuldner geltend machen kann.[6]

Seine eigentliche Bedeutung erhält die cessio legis durch den § 401, der gemäß § 412 auch für den gesetzlichen Forderungsübergang gilt. Mit dem Erwerb der Forderung erwirbt der zahlende Bürge auch die mit der Forderung verbundenen sonstigen akzessorischen Sicherungsrechte.

4 Siehe im Skript „Schuldrecht BT III“ insbes. Rn. 150 ff.
5 *Huber/Bach* SRBT 1 Rn. 728.
6 Wobei er hier ein Wahlrecht hat: siehe Palandt-*Sprau* § 774 Rn. 2.

(2) Zahlung durch Verpfänder

412 Dieselbe Konstruktion (Übergang der Forderung auf den Zahlenden in der Höhe, in der er den Gläubiger befriedigt) findet sich in § 1225 für den Verpfänder. Auch auf ihn gehen dann mit der Forderung gemäß §§ 412, 401 die weiteren akzessorischen Sicherungsrechte über.[7]

(3) Zahlung durch den Eigentümer bei der Hypothek

413 Zahlt schließlich der Eigentümer des mit einer Hypothek belasteten Grundstücks an den Gläubiger, ordnet § 1143 dasselbe an.[8]

b) Rechtsvernichtende Einwendungen

414 Wie jeder andere Anspruch auch kann der Anspruch gegen den Schuldner durch Erfüllung oder eines seiner Surrogate untergegangen sein. Es gelten die allgemeinen Regeln.[9]

Hinweis

Der Einwand des Schuldners, er habe die Forderung gegenüber dem Gläubiger schon vor der Leistung des Sicherungsgebers erfüllt, führt schon dazu, dass dem Sicherungsgeber gar kein Anspruch zusteht, siehe Rn. 281.

c) Anspruch durchsetzbar

415 Die Fälligkeit richtet sich nach den für den übergeleiteten Anspruch geltenden Regeln. Im Zweifel gilt § 271 Abs. 1.

416 Wenn der Schuldner vom Sicherungsgeber aus der Forderung in Anspruch genommen wird, die der Sicherungsgeber aufgrund der Befriedigung des Gläubigers im Wege der cessio legis erworben hat, hat er zunächst einmal die eigenen Einreden gegen den Sicherungsgeber aus dem zugrundeliegenden Sicherungsvertrag.

Beispiel Denkbar ist etwa, dass der Schuldner mit dem Sicherungsgeber vereinbart hat, dass dieser ihn nicht, nur teilweise oder erst ab einem bestimmten Zeitpunkt in Regress nimmt. ■

417 Besonders wichtig ist hier die Beachtung des § 404, der nach § 412 auch im Fall der cessio legis gilt. Danach kann der Schuldner dem Sicherungsgeber auch die Einreden entgegenhalten, die dieser gegen den Gläubiger hatte.

418 Zuzugeben ist allerdings, dass man für diese theoretische Möglichkeit wenig praktische Anwendungsfälle finden wird. Denn wenn dem Schuldner gegen den Gläubiger eine Einrede zusteht, kann sie der Sicherungsgeber einer akzessorischen Sicherheit auch bei seiner Inanspruchnahme durch den Gläubiger geltend machen. Für die Bürgschaft ergab sich das aus § 768, für das Pfandrecht aus § 1221 und für die Hypothek grundsätzlich aus § 1137.

7 Palandt-*Bassenge* § 1225 Rn. 1.
8 Palandt-*Bassenge* § 1143 Rn. 3.
9 Im Skript „Schuldrecht AT I" Rn. 67 ff.

Wir hatten den § 1138 bereits oben besprochen (Rn. 328 ff.). Es ist für den Erwerber einer hypothekarischen Forderung möglich, die **Hypothek** einredefrei zu erwerben. Am Bestand und der Wirksamkeit der Einrede ändert das aber nichts. Der in Anspruch genommene Eigentümer muss daher beim Regress die Einreden gegen den auf ihn übergegangenen Anspruch gegen sich gelten lassen. 419

Hinweis

Es kann (in Extremfällen) also dazu kommen, dass der Eigentümer dem Erwerber einer Hypothek befriedigen muss, gegen den Schuldner jedoch keinen Regress aus der cessio legis hat, weil der Geltendmachung eine (dauernde) Einrede entgegensteht.

II. Der Regress gegen den Schuldner bei nichtakzessorischen Sicherungsmitteln

1. Aufwendungsersatzanspruch

Im Hinblick auf den Aufwendungsersatzanspruch des (vom Schuldner personenverschiedenen) Sicherungsgebers gegen den Schuldner gibt es im Vergleich der akzessorischen Sicherungsmittel mit den nichtakzessorischen Sicherungsmitteln keinerlei Unterschiede. 420

Zahlt also (insbesondere) der Eigentümer des Grundstücks, der für eine fremde Verbindlichkeit auf diesem eine Sicherungsgrundschuld bestellt hat, so hat er dieselben vertraglichen Ansprüche gegen den Schuldner wie derjenige, der eine akzessorische Sicherheit bestellt hat. Die Ausführungen in Rn. 405 gelten also uneingeschränkt auch hier. 421

2. Anspruch aus übergegangener Forderung?

Anspruch aus übergegangener Forderung

PRÜFUNGSSCHEMA

I. Anspruch entstanden

1. Sicherungsrecht wirksam entstanden und nicht vor Zahlung erloschen *oder*
2. Sicherungsrecht wirksam erworben
3. Zahlung „auf das Sicherungsrecht“
4. Wirksame Abtretung des Anspruchs vom Gläubiger auf den Sicherungsgeber
   - keine akzessorischer Übergang Rn. 424

II. Anspruch erloschen

III. Anspruch durchsetzbar

- Einwand des Schuldners aus § 242 Rn. 436

a) Vorbemerkung

Das obige Prüfungsschema gilt für alle nichtakzessorischen Sicherungsmittel, bei denen der Sicherungsgeber vom Schuldner der abgesicherten Forderung personenverschieden ist. Der Hauptanwendungsfall ist natürlich die Sicherungsgrundschuld. Denkbar ist aber auch, dass ein Dritter einen beweglichen Gegenstand dem Gläubiger zur Sicherheit übereignet und dann bei Fälligkeit der gesicherten Hauptverbindlichkeit dieselbe zahlt, um die zur Sicherheit übereignete Sache(n) behalten zu können. 422

Beispiel Der Vater des A übereignet seine Oldtimersammlung (Gesamtwert 250 000 €) zur Absicherung eines Kredites in Höhe von 200 000 € des A, den dieser bei der Bank B aufgenommen hat, um seine Selbstständigkeit zu finanzieren. Der Kredit ist fällig und A ist nicht zahlungsfähig. Um die Verwertung seiner Schätze zu vermeiden, zahlt der Vater den Kredit zurück. ■

423 Praktisch keine Bedeutung hat die Absicherung eines ***fremden*** Kredites durch die Sicherungszession. Zwar wäre es theoretisch denkbar, dass ein Sicherungsgeber eine oder mehrere Forderungen zur Sicherung eines Kredites eines anderen abtritt. Dass dies nicht getan wird, liegt vor allem daran, dass diejenigen, die Forderungen regelmäßig erwerben, diese in aller Regel selbst benötigen, um ihr Unternehmen zu finanzieren. Privatpersonen haben meist keinen sich ständig erneuernden Forderungsbestand. Eine einzelne Forderung ist aber als längerfristiges Sicherungsinstrument unbrauchbar. Sie wird bezahlt sein, bevor der Sicherungsfall eintritt. Eine private Person hat wie gesagt in der Regel keine diese Forderung ersetzende Nachfolgeforderung. Folglich wird ein Gläubiger eine einzelne Forderung nicht als Sicherheit für einen Kredit akzeptieren.

424 Bei den nichtakzessorischen Sicherungsmitteln kann es bei Zahlung auf die Sicherheit keine cessio legis geben, die eine der prägenden Charakteristika der Akzessorietät ist. Dennoch ist man sich vom Ergebnis her einig, dass auch der zahlende Eigentümer bei der Grundschuld (und der zahlende Eigentümer bei der Sicherungsübereignung im Falle der Absicherung eines Kredites eines Dritten) die Forderung erwirbt. Streitig ist dort nur die Begründung:

b) Voraussetzungen und Umsetzung des Forderungserwerbs

aa) Sicherungsrecht wirksam entstanden und nicht vor Zahlung erloschen

425 Bei der nichtakzessorischen Sicherheit zahlt der vom Schuldner verschiedene Eigentümer auf die Sicherheit. Diese will er behalten (siehe zur Grundschuld Rn. 379). Bestand das Sicherungsrecht überhaupt nicht oder war es zum Zahlungszeitpunkt bereits erloschen, kann schon aus diesem Grunde kein Regressanspruch entstehen.

Beispiel Erbe E geht aufgrund der beim Erblasser gefundenen Unterlagen davon aus, dass auf einem der ererbten Grundstücke eine Grundschuld zugunsten des G eingetragen ist. Tatsächlich aber hatte G längst die Löschung der Grundschuld bewilligt, da Schuldner S die abgesicherte Forderung bezahlt hat. Aufgrund eines Irrtums im Grundbuchamt wird aber die Löschung nicht eingetragen. Nachdem G seinerseits verstirbt, macht sein Erbe gegen E die Grundschuld geltend. E zahlt. ■

In einem solchen Fall zahlt der Eigentümer auf eine nur vermeintliche Grundschuld. Schon deshalb verbietet sich jeder Gedanke an einen Regress gegen den Schuldner.

Hinweis

Die Leistung des E an den Rechtsnachfolger des G ist somit eine Leistung ohne Rechtsgrund, die nach den Regeln der ungerechtfertigten Bereicherung wieder rück abzuwickeln ist.[10]

---

10 Siehe dazu im Skript „Schuldrecht BT III" Rn. 127 ff., insbes. 150 ff.

bb) Sicherungsrecht wirksam erworben

Wenn die Grundschuld abgetreten wurde, verlangt ein anderer den dinglichen Anspruch als der ursprüngliche Gläubiger. Folglich muss er nachweisen, dass er die Grundschuld (bzw. das Eigentum im Fall der Sicherungsübereignung) wirksam erworben hat. **426**

Die Möglichkeiten, wie eine Grundschuld übertragen wird, haben wir in Rn. 393 ff. besprochen. Die Möglichkeit des Erwerbs des Sicherungseigentums war Gegenstand der Rn. 185 ff. Auf diese Ausführungen verweise ich daher zur Vermeidung von Wiederholungen. **427**

cc) Zahlung „auf" das Sicherungsrecht

Bereits bei der Frage der Wirkung der Zahlung durch den Eigentümer bei der Hypothek und bei der Grundschuld haben wir die Frage besprochen, „auf welche Forderung" der Eigentümer denn nun leistet. **428**

» Wiederholen Sie die Schaubilder Rn. 297 (Zahlung bei Hypothek) und Rn. 368 (Zahlung bei Grundschuld). «

Wenn eine Zahlung nämlich „auf die Forderung" erfolgt, hat dies eine ganz einfache Rechtsfolge: Die Forderung erlischt nach § 362 Abs. 1. Es gäbe folglich nichts, was der zahlende Sicherungsgeber gegen den Schuldner bekommen könnte. **429**

Der vom Schuldner der gesicherten Forderung verschiedene Eigentümer zahlt deshalb in aller Regel auf das Sicherungsrecht, also im Fall der Grundschuld auf diese.[11] **430**

JURIQ-Klausurtipp

Gehen Sie bei der Zahlung des Eigentümers, der nicht auch Schuldner der gesicherten Forderung ist, davon aus, dass er auf die Grundschuld leistet. Sie können dies mit dem Satz begründen, dass der Eigentümer den dinglichen Anspruch auf Duldung der Verwertung seines Grundstücks abwehren will und allein deshalb zahlt und nicht, um die Forderung des Schuldners endgültig zum Erlöschen zu bringen.

dd) Wirksame Abtretung des Anspruchs gegen den Schuldner

Wir haben es nun mehrfach erwähnt: Die nichtakzessorischen Sicherungsrechte kennen die cessio legis nicht. Deshalb gibt es nicht den Automatismus wie bei der Bürgschaft, dem Pfandrecht oder der Hypothek. **431**

Auch eine analoge Anwendung verbietet sich, weil der Gesetzgeber hier keine planwidrige[12] Lücke gelassen hat. Im Gegenteil. Aus § 1192 können wir für die Grundschuld erkennen, dass dem Gesetzgeber diese Situation durchaus bewusst war und deshalb nicht von einer Lücke, geschweige denn von einer planwidrigen ausgegangen werden kann.[13] **432**

Dieselbe herrschende Meinung, die die analoge Anwendung des § 1143 auf die Grundschuld ablehnt, gibt deshalb dem zahlenden Eigentümer, der nicht gleichzeitig Schuldner ist, einen **Anspruch auf Abtretung der Forderung** des Gläubigers gegen den Schuldner. Dieser Anspruch ergibt sich aus dem Sicherungsvertrag zwischen Eigentümer und Gläubiger. **433**

---

11 Siehe hier nur Palandt-*Bassenge* § 1113 Rn. 24 sowie die Ausführungen oben Rn. 379 f.

12 Siehe hierzu im Skript „BGB AT I" Rn. 54.

13 So die ganz herrschende Meinung: Palandt-*Bassenge* § 1191 Rn. 37; *Habersack* Sachenrecht Rn. 403 (jeweils mit weiteren Nachweisen). A.A.: *Westermann* Sachenrecht Rn. 625 (mit weiteren Nachweisen zur Gegenmeinung).

434 Voraussetzung für die Inanspruchnahme des Schuldners durch den Sicherungsgeber aus der gesicherten Forderung ist also, dass der Gläubiger diese dem Sicherungsgeber abgetreten hat.

c) Besonderheiten bei der Prüfung der abgetretenen Forderung

435 Nach der (hier rechtsgeschäftlichen Abtretung) der Forderung verläuft die weitere Anspruchsprüfung des abgetretenen Anspruchs nach den allgemeinen Regeln.

436 Zu prüfen ist aber ein weiterer Einwand: Würde der Gläubiger, der vom Sicherungsgeber (Eigentümer) befriedigt wurde und die Forderung nicht abgetreten hat, aus dieser nochmals gegen den Schuldner vorgehen, so kann dieser einwenden, dass diese doppelte Inanspruchnahme gegen § 242 verstößt (siehe bereits Rn. 383).

437 Nun erwirbt der zahlende Sicherungsgeber im Wege der rechtsgeschäftlichen Abtretung die Forderung vom Gläubiger. Folglich kann sich der Schuldner bei der Inanspruchnahme auf § 404 berufen und argumentieren, dass er diese Einrede, die er gegen den Gläubiger hat, auch gegenüber dem ihn nun belangenden Eigentümer geltend machen kann.

438 Bereits das „Gefühl" sagt Ihnen vermutlich, dass das nicht richtig sein kann. In der Tat: In den Fällen der akzessorischen Sicherheiten hat der Schuldner diesen Einwand bei der kraft Gesetzes übergangenen Forderung auch nicht. Dem liegt der allgemeine Rechtsgedanke zugrunde, dass ein solcher Einwand nicht greifen kann, wenn der nur zur Sicherheit Haftende[14] zahlt. Denn im Ergebnis muss der eigentliche Schuldner die Schuld ausgleichen. Er ist der primär Haftende. Dieser Rechtsgedanke gilt deshalb auch bei der Sicherungsgrundschuld.[15]

C. Der Ausgleich bei mehreren Sicherungsgebern

I. Vorbemerkungen

439 Während wir gerade behandelt haben, wie sich (rechtlich) der zahlende Sicherungsgeber beim Schuldner schadlos halten kann, geht es in diesem Abschnitt um die Frage, ob und ggf. wie mehrere Sicherungsgeber untereinander – bildlich gesprochen – sich den Schaden teilen.

440 Gesetzlich geregelt ist nur ein Fall: Verbürgen sich mehrere Bürgen für die gleiche Verbindlichkeit, so sind sie nach § 769 Mitbürgen. Aus § 774 Abs. 2 folgt, dass sie untereinander nur nach § 426 haften. Dieser besagt in Abs. 1 S. 1

Die Gesamtschuldner sind im Verhältnis untereinander zu gleichen Anteilen verpflichtet.

In Absatz 2 S. 1 heißt es:

Soweit ein Gesamtschuldner den Gläubiger befriedigt und von den übrigen Schuldnern Ausgleichung verlangen kann, geht die Forderung des Gläubigers gegen die übrigen Schuldner auf ihn über.

Das führt dazu, dass Mitbürgen im Zweifel zu gleichen Anteilen haften. Aber Achtung: Ist einer der Bürgen ein sogenannter Ausfallbürge, so haftet er nicht. Hierauf hatte ich Sie bereits in Rn. 144 hingewiesen. Bitte lesen Sie dort noch einmal nach.

441 Eine entsprechende Vorschrift fehlt für die anderen beiden akzessorischen Sicherungsmittel (Pfandrecht und Hypothek) sowie (erst recht) bei den nichtakzessorischen Sicherungsmitteln.

14 *Habersack* a.a.O. spricht vom „privilegiert Haftenden".

15 *Habersack* a.a.O.

Probleme treten immer dann auf, wenn für eine Verbindlichkeit mehrere akzessorische[16] untereinander und/oder nichtakzessorische Sicherheiten in Konkurrenz treten. 442

Hinweis 443

Auch beim Ausgleich der Sicherungsgeber untereinander müssen Sie (wenigstens im Hinterkopf) behalten, dass etwaige vertragliche Vereinbarungen der Sicherungsgeber untereinander Vorrang haben.

Wenn z.B. der Eigentümer des Grundstücks, auf dem die Grundschuld lastet, und der Bürge vereinbaren, dass „im Fall der Fälle" im Innenverhältnis der Bürge zu ¼ und der Eigentümer zu ¾ haften sollen, geht diese vertragliche Vereinbarung natürlich vor.

II. Der Ausgleich bei Zahlung

444

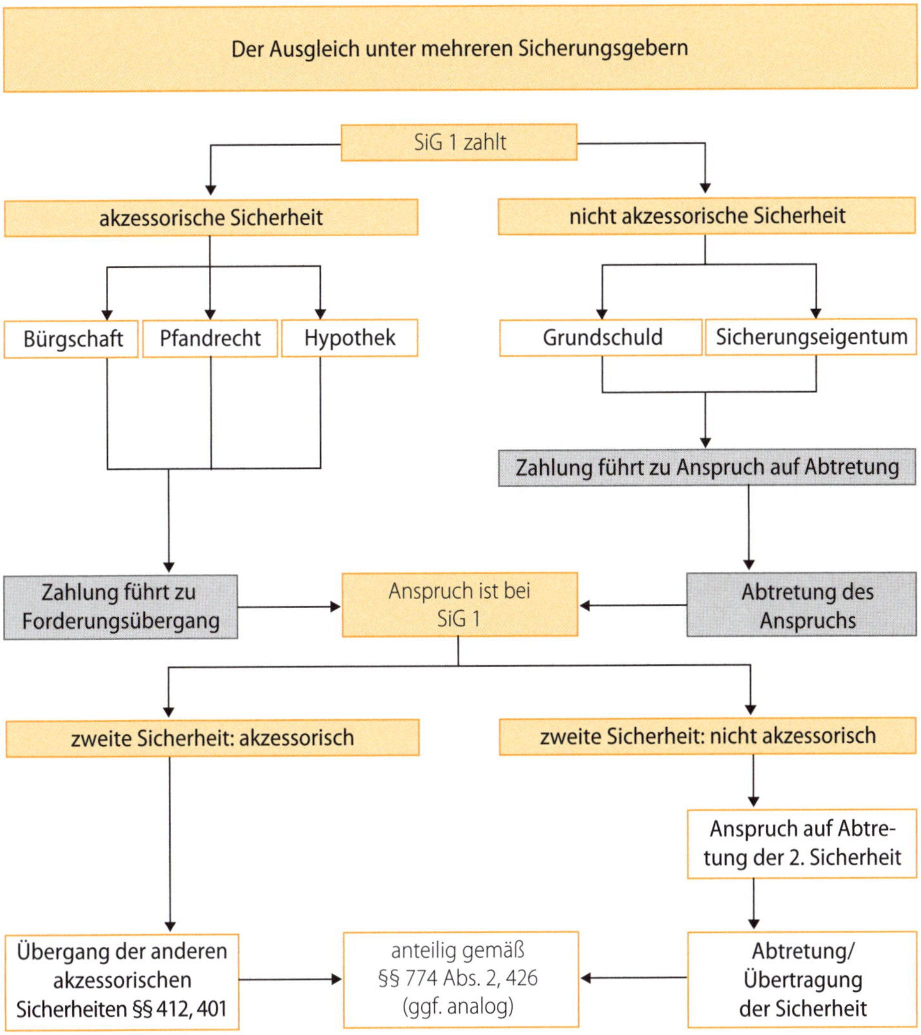

16 Mit der Ausnahme der Mitbürgschaft, für die es die in Rn. 112 beschriebene Regelung gibt.

Die Lösung scheint immer dieselbe zu sein. Hier gilt: „Der Weg ist das Ziel!" Sie müssen die Lösung im Einzelnen begründen. Das erarbeiten wir in den folgenden Randnummern.

1. Erwerb der Forderung des Gläubigers

445 Zahlt der Sicherungsgeber einer **akzessorischen Sicherheit** (Bürgschaft, Pfandrecht oder Hypothek), so erwirbt er grundsätzlich die Forderung des Gläubigers gegen den Schuldner kraft Gesetzes. Hier gilt das oben erörterte Prüfungsschema (siehe Rn. 407).

Hinweis

Wir hatten bei der Besprechung des Regressanspruches schon festgestellt, dass der eigentliche wirtschaftliche Sinn des Erwerbs der Forderung des Gläubigers im § 401 steckt, weil durch den Forderungserwerb die anderen akzessorischen Sicherheiten mitwandern (vgl. Rn. 411).

446 Zahlt hingegen der Sicherungsgeber einer **nichtakzessorischen Sicherheit** (meist ist dies der Eigentümer eines mit einer Grundschuld belasteten Grundstücks), so muss er sich den Anspruch gegen den Schuldner erst abtreten lassen. Hier gilt das unter Rn. 431 Gesagte.

2. Zweite Sicherheit akzessorisch

447 Es ist gleichgültig, ob nun der Sicherungsgeber einer akzessorischen Sicherheit zahlt oder derjenige, der eine nichtakzessorische Sicherheit bestellt hat. Nach Zahlung (und ggf. Abtretung) erwirbt der eine durch die cessio legis und der andere durch eine rechtsgeschäftliche Abtretung, auf die er Anspruch hat, die Forderung. Damit erwirbt der zahlende Sicherungsgeber über § 401[17] die sonst noch bestehenden akzessorischen Sicherungsrechte.

448 Dann aber kommen wir zu dem Problem, das mit dem Begriff **„Wettlauf der Sicherungsgeber"**[18] beschrieben wird. Warum dieser Begriff eine gewisse Berechtigung hat, zeigt folgendes Beispiel.

Beispiel S schuldet G 50 000 €. E bestellt eine Hypothek auf seinem Grundstück. B verbürgt sich. Bei Fälligkeit kann S nicht zahlen. ■

» Haben Sie noch alle Rechtsfolgen bei der Zahlung hypothekarisch gesicherter Forderungen präsent? Wenn nicht, wiederholen Sie Rn. 297 ff. «

449 Zahlt nun E (was er nach § 1142 kann), erwirbt er die Forderung (§ 1143) und mit ihr (§§ 412, 401) die Bürgschaft.

Er kann somit gegen B aus § 765 vorgehen und sich schadlos halten.

Zahlt aber B zuerst, passiert rechtlich fast das gleiche: Seine eigene Bürgschaftsverpflichtung erlischt. Nach § 774 Abs. 1 erwirbt er die Forderung und über §§ 412, 401 damit die Hypothek. B könnte also von E die Duldung der Zwangsvollstreckung nach § 1147 verlangen.

Es sieht also ganz so aus, als wenn derjenige unter den akzessorischen Sicherungsgebern „gewinnt", der zuerst bezahlt.

---

17 Bei der cessio legis über § 412, sonst direkt.
18 *Huber/Bach* SRBT 1 Rn. 732.

Wie dieser „Wettlauf“ verhindert und das Problem zu lösen ist, dazu gibt es zwei Meinungen. Eine Auffassung bevorzugt den Bürgen, die andere herrschende Auffassung hingegen wendet die §§ 774 Abs. 2, 426 Abs. 2 analog an. 450

Die (Minder)meinung, die den Bürgen bevorzugt, gibt ihm, wenn er zuerst zahlt, die Hypothek. Zahlt hingegen der Eigentümer des belasteten Grundstücks, soll die Bürgschaft erlöschen. Begründet wird diese Auffassung mit § 776. Wenn bei einer Bürgschaft eine Sicherheit aufgegeben wird, erlischt die Bürgschaft. Eine entsprechende Vorschrift fehlt bei der Hypothek. Damit bringt nach dieser Meinung der Gesetzgeber zum Ausdruck, dass der Bürge als persönlich haftender Sicherungsgeber besser gestellt sein soll, als der Hypothekar (oder der Verpfänder), der nur mit einem einzelnen Gegenstand haftet.[19] 451

Die heute völlig herrschende Meinung,[20] die insbesondere auch von der Rechtsprechung[21] geteilt wird, wendet hingegen die §§ 774 Abs. 2, 426 Abs. 2 auf diese Fälle analog an. Das bedeutet (bei zwei Sicherungsgebern), dass der zuerst leistende das Sicherungsrecht des zweiten Sicherungsgebers „im Zweifel“[22] zur Hälfte erhält. 452

Begründet wird dies entweder damit, dass § 776 nur das Verhältnis zwischen Gläubiger und Hauptschuldner betreffe und auch sonst keine Gründe ersichtlich sind, nach denen der Bürge gegenüber anderen Sicherungsgebern bevorzugt werden muss.[23]

Eine andere (dogmatischere) Begründung lautet: Auch die § 1143 Abs. 1 S. 2 und der § 1225 S. 2 verweisen auf den § 774. Damit hat der Gesetzgeber zum Ausdruck gebracht, dass er den Verpfänder- und Bürgenregress als gleichwertig ansieht.[24]

3. Zweite Sicherheit nichtakzessorisch

Für diese Variante rufen wir uns das Zwischenergebnis aus Rn. 446 ins Gedächtnis. Der zahlende Sicherungsgeber hat die Forderung. Wenn aber die zweite Sicherheit eine nichtakzessorische ist (Grundschuld oder Sicherungseigentum), folgt der Forderung nach der herrschenden Meinung das Sicherungsrecht nicht nach. 453

---

19 Siehe die Nachweise bei *Medicus/Petersen* Bürgerliches Recht Rn. 940 sowie bei *Huber/Bach* SRBT 1 Rn. 732.

20 *Medicus/Petersen* Bürgerliches Recht Rn. 941; *Huber/Bach* SRBT 1 a.a.O.; Palandt-*Grüneberg* § 426 Rn. 2.

21 BGHZ 108, 179 ff.; *BGH* NJW 2009 S. 437.

22 D.h., wenn sich keine Anhaltspunkte für eine andere Quotelung finden.

23 So *Huber/Bach* a.a.O.

24 So: *Medicus/Petersen* a.a.O.

454 

An dieser Stelle stellt sich das quasi umgekehrte Problem aus Rn. 449. Während bei der Konkurrenz zweier akzessorischer Sicherheiten der zu „gewinnen" schien, der zuerst zahlte (Wettlauf der Sicherungsgeber), entsteht bei der Konkurrenz zwischen akzessorischem Sicherungsgeber (z.B. Bürge) und dem nichtakzessorischen Sicherungsgeber die Situation des „Weglaufens der Sicherungsgeber".

Beispiel (Abwandlung von Beispiel Rn. 448) S schuldet G 50 000 €. E bestellt eine Sicherungsgrundschuld auf seinem Grundstück. B verbürgt sich. Bei Fälligkeit kann S nicht zahlen. ■

455 Zahlt hier B zuerst, erlischt seine Bürgschaft. Die Grundschuld folgt aber nicht nach, weil sie kein akzessorisches Sicherungsrecht nach § 401 ist. Zahlt E zuerst, wird seine Grundschuld zwar zur Eigentümergrundschuld (siehe Rn. 368), aber er erwirbt nicht die Forderung. Die Sicherungsgeber würden also vor ihrer Haftung davonlaufen.[25]

456 Letztlich mit der gleichen Begründung, warum der zahlende Eigentümer eines mit einer Grundschuld belasteten Grundstücks die schuldrechtliche Forderung vom Gläubiger verlangen konnte (Rn. 383), hat der den Gläubiger befriedigende Sicherungsgeber Anspruch auf Übertragung der nichtakzessorischen Sicherheit.[26]

Damit hat der zahlende Grundstückseigentümer die Forderung (und dadurch gemäß § 401 auch die Bürgschaft) und der Bürge im umgekehrten Fall die Grundschuld.

457 Auch in diesem Fall werden die §§ 774 Abs. 2, 426 Abs. 2 analog angewandt, sodass auch hier das konkurrierende Sicherungsrecht im Zweifel zur Hälfte erworben wird.

Online-Wissens-Check

Wissen Sie noch, welchen Vorteil die Regresstechnik der „cessio legis" bietet?

Überprüfen Sie jetzt online Ihr Wissen zu den in diesem Abschnitt erarbeiteten Themen. Unter **www.juracademy.de/skripte/login** steht Ihnen ein Online-Wissens-Check speziell zu diesem Skript zur Verfügung, den Sie kostenlos nutzen können. Den Zugangscode hierzu finden Sie auf der Codeseite.

25 *Huber/Bach* SRBT 1 Rn. 735.

26 *Huber/Bach* a.a.O.; *Looschelders* Schuldrecht Besonderer Teil Rn. 976 jeweils mit weiteren Nachweisen.

D. Übungsfall Nr. 3

„Pfandsysteme“ 458

E ist Eigentümer eines Grundstücks. Da sich sein volljähriger Sohn S selbständig machen möchte und dafür ein verzinsliches Darlehen in Höhe von 100 000 € bei der B Bank AG aufnehmen will, erklärt sich E einverstanden, der B zur Sicherung ihres Rückzahlungsanspruches gegen S ein Pfandrecht an seinem Grundstück zu bestellen. Das Darlehen ist nach dem – wirksam geschlossenen – Darlehensvertrag am 10.1.2016 zur Rückzahlung fällig.

E einigt sich mit der B über die Bestellung des Pfandrechts, das im Juni 2015 zugunsten der B im Grundbuch eingetragen wird. Gleichzeitig zahlt die B den Darlehensbetrag an den S aus.

Bereits am 15.8.2015 zahlt E auf Bitten des S einen Teilbetrag von 20 000 € an die B „in Anrechnung auf das Pfandrecht“.

Am 1.12.2015 wird das Pfandrecht in voller Höhe (100 000 €) nach den jeweils einschlägigen Vorschriften wirksam von B an die Z Bank AG übertragen. E und S werden darüber nicht informiert. Am 10.1.2016 zahlt S die restliche Darlehensforderung in Höhe von 80 000 € an die B.

Als die ahnungslose Z den E im Februar 2016 auf die beabsichtigte Verwertung des Grundstücks wegen eines Betrages von 100 000 € hinweist, klärt sich für Z, S und E der ganze Sachverhalt auf.

Welche Ansprüche hat Z gegen S und E, wenn als Pfandrecht

- eine Briefhypothek oder
- eine Buchgrundschuld

bestellt wurde?

Lösung 459

A. Lösung im Fall der Bestellung einer Briefhypothek

I. Anspruch der Z gegen S auf Zahlung von 100 000 € gemäß §§ 488 Abs. 1 S. 2 i.V.m. §§ 398, 1153, 1154 Abs. 1

Der Z könnte gegen S ein Anspruch auf Zahlung von 100 000 € aufgrund einer von B im Wege der Abtretung erworbenen Darlehensforderung zustehen.

1. Anspruchsentstehung

a) Entstehung eines Rückzahlungsanspruches gegen S

Nach dem Sachverhalt wurde zwischen der nach § 1 Abs. 1 S. 1 AktG rechtsfähigen B und dem S ein wirksamer Darlehensvertrag geschlossen, der den S gem. § 488 Abs. 1 S. 2 zur Rückzahlung des ihm gewährten Darlehens in Höhe von 100 000 € verpflichtet. Ein Rückzahlungsanspruch zugunsten der Bank ist damit entstanden.

b) Wirksame Abtretung

Die Entstehung des Anspruchs in der Person der Z setzt weiter voraus, dass Z durch wirksame Abtretung Inhaberin des Rückzahlungsanspruches gegen S geworden ist.

Z ist als Aktiengesellschaft ebenfalls nach § 1 Abs. 1 S. 1 AktG rechtsfähig und kann damit Forderungen erwerben. Hier kommt nur ein Erwerb durch Abtretung nach § 398 in Betracht.

aa) Abtretungsvereinbarung

Laut Sachverhalt wurde die zur Sicherung der Rückzahlungsforderung von B am Grundstück des E bestellte Briefhypothek „wirksam nach den einschlägigen Regeln“ am 1.12.2015 auf Z übertragen. Im Hinblick auf § 1153 Abs. 2 setzt die Übertragung einer Briefhypothek die Vereinbarung einer Abtretung der hypothekarisch gesicherten Forderung gemäß §§ 398, 1154 Abs. 1 und Übergabe des Hypothekenbriefes voraus.

Von einer Abtretungsvereinbarung bezüglich eines Rückzahlungsanspruches der B gegen S in Höhe von 100 000 € gemäß § 488 Abs. 1 S. 2 ist also auszugehen.

bb) Voraussetzungen des § 1154 Abs. 1

Außerdem ist nach dem Sachverhalt davon auszugehen, dass die nach § 1154 Abs. 1 einzuhaltende Schriftform der Abtretungserklärung der B und die Übergabe des Hypothekenbriefes stattgefunden hat.

cc) Abtretungsberechtigung der B

Schließlich erfordert die Abtretung als auf Übertragung einer Forderung gerichtetes Verfügungsgeschäft, dass der Abtretende zur Abtretung berechtigt ist. Diese Verfügungsberechtigung steht grundsätzlich dem Gläubiger zu. B war aufgrund des Vertragsschlusses mit S Gläubigerin des gesicherten Rückzahlungsanspruches geworden.

Fraglich ist, ob die Zahlung eines Teilbetrages von 20 000 € des E an die B am 15.8.2015 bereits zu einem teilweisen Erlöschen der Forderung durch Teilerfüllung nach § 362 Abs. 1 geführt hatte. Die Erfüllung setzt nach § 362 nicht voraus, dass der Schuldner selber die geschuldete Leistung an den Gläubiger bewirkt. Die Erfüllung einer fremden Schuld durch einen Dritten erfordert aber, dass der Dritte erkennbar auf die fremde Schuld leisten wollte.

Von dieser Möglichkeit hat E indessen keinen Gebrauch gemacht. Laut Sachverhalt machte E deutlich, dass er nicht auf die Forderung der B gegen S aus dem Darlehensvertrag, sondern auf die von ihm bestellte Briefhypothek leisten wollte.

§§ 1142, 1143 sehen ausdrücklich vor, dass der Eigentümer den Gläubiger in dieser Weise befriedigen darf, auch wenn er nicht zugleich persönlich haftender Schuldner ist, und in Höhe einer solchen Zahlung die gesicherte Forderung nebst Hypothek (§§ 401 Abs. 1, 412) erwirbt.

Allerdings steht dem Eigentümer die Möglichkeit zur „Ablösung" der Hypothek durch Gläubigerbefriedigung nach § 1142 Abs. 1 Alt. 2 nur zu, wenn der Schuldner zur Leistung berechtigt ist. Nach der zwischen B und S getroffenen Vereinbarung war das verzinsliche Darlehen erst am 10.1.2016 zur Rückzahlung fällig. Wie sich § 488 Abs. 3 S. 2 entnehmen lässt, ist der Darlehensnehmer beim verzinslichen Darlehen entgegen der Auslegungsregel des § 271 Abs. 2 nicht zur vorzeitigen Leistung berechtigt. Eine vorzeitige Leistung führt aber zunächst nur dazu, dass die Bank die Leistung zurückweisen könnte, ohne in Annahmeverzug zu geraten. Damit könnte sie auch die Wirkung des § 1143 verhindern. Nimmt der Gläubiger die vorzeitige Leistung jedoch – wie hier – an und behält diese, dann liegt darin ein konkludentes Einverständnis des Gläubigers mit der vorzeitigen Leistung, so dass im Ergebnis § 1143 zur Anwendung kommen muss.

Damit liegt eine Zahlung i.S.d. §§ 1142, 1143 vor, die nicht zum Erlöschen der gesicherten Schuld, sondern zum Übergang der Forderung auf E führte.

Der B stand zum Zeitpunkt der Abtretung folglich nur noch eine Forderung in Höhe von 80 000 € gegen S zu.

Hinsichtlich der bei B verbliebenen Restforderung sind Anhaltspunkte für eine Verfügungsbeschränkung aus besonderen Gründen nicht ersichtlich.

Da ein gutgläubiger Forderungserwerb grundsätzlich ausgeschlossen ist und der Ausnahmetatbestand des § 405 vorliegend keine Rolle spielt, konnte B der Z nur eine Darlehensforderung in Höhe von 80 000 € wirksam übertragen.

dd) Abtretungsverbote

Die Forderung der B auf Rückzahlung eines Darlehens müsste auch abtretbar sein. In §§ 399, 400 sind Abtretungsverbote vorgesehen. Nach dem Sachverhalt sind deren Voraussetzungen aber nicht erfüllt, sodass gegen die Abtretbarkeit der Forderung keine Bedenken bestehen.

c) Zwischenergebnis

Z hat damit am 1.12.2015 nur eine Forderung in Höhe von 80 000 € gegen S von B erworben.

2. Erlöschen der auf Z übertragenen Restforderung

Zu prüfen ist weiter, ob die auf Z übergangene Forderung durch die Zahlung des S an die B vom 10.1.2016 erloschen ist.

a) Erfüllung nach § 362 Abs. 1

Eine Erfüllung gemäß § 362 Abs. 1 scheidet aus, da S mit der Zahlung an die Zedentin B keine Leistung an die Gläubigerin bewirken konnte. Zu diesem Zeitpunkt war nicht mehr B, sondern die Z neue Gläubigerin der Forderung gegen S in Höhe von 80 000 €.

b) Erlöschen nach § 407 Abs. 1

Möglicherweise ist S von seiner Leistungspflicht gegenüber Z aber nach § 407 Abs. 1 frei geworden. Danach muss der neue Gläubiger eine Leistung des Schuldners an den Altgläubiger gegen sich gelten lassen, wenn dieser von dem mit der Abtretung verbundenen Gläubigerwechsel keine Kenntnis hatte. Diese Voraussetzung ist hier erfüllt, da weder B noch Z den S auf die Abtretungsvereinbarung hingewiesen hatten und S erst nach Zahlung Kenntnis vom wahren Sachverhalt erlangt hatte.

3. Ergebnis

Der auf Z übergegangene Zahlungsanspruch gegen S ist durch Zahlung des S an die B erloschen. Z kann von S somit keine Zahlung aus abgetretenem Recht verlangen.

Sonstige Anspruchsgrundlagen der Z gegen S sind nicht ersichtlich.

II. Anspruch der Z gegen E auf Duldung der Zwangsvollstreckung in das Grundstück gemäß §§ 1147 i.V.m. §§ 398, 1153

1. Anspruchsentstehung

Z müsste zunächst Inhaberin einer Hypothek am betroffenen Grundstück des E sein. Da Z nicht Ersterwerberin der Hypothek gewesen ist, kann sie die Hypothek nur durch Zweiterwerb von B erworben haben. Nach § 1153 kann eine Hypothek nur zusammen mit der hypothekarisch gesicherten Forderung erworben werden. Der Erwerb richtet sich bei einer durch Briefhypothek gesicherten Forderung nach den §§ 398, 1154 Abs. 1 S. 1.

a) Abtretungsvereinbarung und Briefübergabe

Laut Sachverhalt ist von einer Abtretungsvereinbarung zwischen Z und B in Bezug auf die gesicherte Forderung in der Form des § 1154 Abs. 1 S. 1 sowie einer Briefübergabe auszugehen.

b) Verfügungsberechtigung in Bezug auf Briefhypothek

Die Verfügungsberechtigung steht grundsätzlich dem Rechtsinhaber zu. Laut Sachverhalt hat E der B eine Briefhypothek zur Sicherung des vollen Rückzahlungsanspruchs in Höhe von 100 000 € bestellt. Gegen die Wirksamkeit der Bestellung bestehen keine Bedenken.

Allerdings hatte B die Hypothek in Höhe von 20 000 € an E aufgrund dessen Teilzahlung vor Abtretung der Forderung gemäß §§ 1143 Abs. 1 S. 1, 412, 401 Abs. 1 verloren. Wegen eines Teilbetrages von 20 000 € war B also nicht zur Verfügung über die Hypothek berechtigt.

c) Gutgläubiger Erwerb gemäß § 892

Möglicherweise kann E der Z diesen Mangel im Hinblick auf deren Gutgläubigkeit gemäß § 892 aber nicht entgegenhalten.

aa) Rechtsgeschäftlicher Erwerb

§ 892 setzt einen rechtsgeschäftlichen Erwerb in Bezug auf ein Grundstücksrecht voraus. Dies ist hier der Fall, da die Hypothek aufgrund eines zwischen B und Z vorgenommenen Rechtsgeschäfts übergehen soll.

bb) Grundbuchlage

Damit B Ersterwerberin der Briefhypothek werden konnte, musste sie nach §§ 873, 1113, 1115 im Grundbuch als Inhaberin der Hypothek und Gläubigerin der damit gesicherten Forderung über 100 000 € eingetragen werden. Der mit der Teilzahlung des E verbundene Übergang von Forderung und Hypothek (§§ 1143, 1153) wurde nicht in das Grundbuch eingetragen. Auch über die Eintragung eines Widerspruchs gegen die Richtigkeit des Grundbuchs gibt der Sachverhalt keine Auskunft. Damit weist das Grundbuch die B als uneingeschränkt verfügungsberechtigte Inhaberin einer Hypothek wegen eines Betrages von 100 000 € aus.

cc) Übereinstimmender Brief

Nach § 1140 ist die Berufung auf § 892 ausgeschlossen, wenn sich die Unrichtigkeit des Grundbuchs aus dem Hypothekenbrief oder einem Vermerk auf diesem Brief ergibt. Besondere Eintragungen im Hypothekenbrief bestehen laut Sachverhalt aber ebenfalls nicht.

dd) Gutgläubigkeit der Z in Bezug auf Hypothek

Nach § 892 ist der Erwerber bösgläubig, wenn ihm die Unrichtigkeit bekannt ist. Fahrlässige Unkenntnis schadet ihm also nicht. Z war aber zum Zeitpunkt der Abtretungsvereinbarung ahnungslos und hatte deshalb keine Kenntnis von der Zahlung des E.

Der Übergang eines Teils der Hypothek auf E vor Abschluss der Abtretungsvereinbarung steht einem vollen Hypothekenerwerb durch Z somit nicht entgegen.

ee) Gutgläubigkeit der Z in Bezug auf Forderung

Die mit der Hypothek gesicherte Forderung stand der B zum Zeitpunkt der Abtretungsvereinbarung nur in Höhe von 80 000 € zu und ging folglich nur in dieser Höhe auf Z über. Aus § 1153 Abs. 1 scheint zu folgen, dass die Hypothek aufgrund ihres akzessorischen Charakters ebenfalls nur in dieser Höhe auf Z übertragen werden konnte.

Anders als die Forderung kann die Hypothek nach § 1138 i.V.m. § 892 jedoch auch bei Mängeln in der Forderungsabtretung insgesamt gutgläubig erworben werden. Die Voraussetzungen des § 892 liegen hier auch in Bezug auf die nach § 1115 im Grundbuch eingetragene Forderung vor, so dass auch der Mangel in der Abtretung einem Erwerb der vollen Hypothek Z nicht entgegensteht.

d) Zwischenergebnis

Z hat von B die Briefhypothek am Grundstück des E in voller Höhe erworben. Der Anspruch auf Duldung der Zwangsvollstreckung gegen E ist damit entstanden.

2. Rechtsvernichtende Einwendungen

Möglicherweise ist der Anspruch auf Duldung der Zwangsvollstreckung aber dadurch teilweise erloschen, dass S nach Übertragung der gesicherten Forderung 80 000 € an B gezahlt hat.

a) Übergang der Hypothek auf E nach §§ 1163 Abs. 1 S. 2, 1177

Die Zahlung des S führt nach § 407 Abs. 1 in jedem Fall zum Erlöschen der Forderung, da S von der Abtretung an Z keine Kenntnis hatte. Aufgrund des akzessorischen Charakters der Hypothek hat das Erlöschen der gesicherten Forderung nach § 1163 Abs. 1 S. 2 zur Folge, dass die Hypothek dem Eigentümer zusteht und sich in eine Grundschuld zu seinen Gunsten verwandelt, § 1177 Abs. 1 S. 1. Aufgrund dieses Inhaberwechsels stünde der Z die Hypothek nur noch in Höhe von 20 000 € zu.

b) Ausnahme nach § 1156 S. 1

Allerdings bestimmt § 1156 S. 1, dass die Erfüllungswirkung des § 407 Abs. 1 „in Ansehung der Hypothek" keine Auswirkungen auf das Verhältnis zwischen Eigentümer und Gläubiger hat. Der E kann der Z somit die Zahlung des S an B nicht entgegenhalten.

3. Ergebnis

Z kann von E Duldung der Zwangsvollstreckung gemäß § 1147 i.V.m. §§ 398, 1154, 1153 wegen eines Betrages von 100 000 € verlangen.

B. Lösung im Fall der Bestellung einer Buchgrundschuld

I. Anspruch der Z gegen S auf Zahlung von 100 000 € gemäß §§ 488 Abs. 1 S. 2 i.V.m. § 398

Laut Sachverhalt wurde „das Pfandrecht" wirksam übertragen. Das in § 1153 zum Ausdruck gebrachte Akzessorietätsprinzip findet nach § 1192 Abs. 1 auf die Grundschuld gerade keine Anwendung, so dass die Grundschuld auch ohne die gesicherte Forderung übertragen werden kann.

Da der Sachverhalt über eine explizite Abtretungsvereinbarung in Bezug auf die Forderung keine Auskunft gibt, fehlt es bereits an einer Abtretungsvereinbarung.

Z kann allein wegen des Erwerbs der Grundschuld von S somit keine Zahlung verlangen.

II. Anspruch der Z gegen E auf Duldung der Zwangsvollstreckung gemäß § 1147 i.V.m. § 1192 Abs. 1

1. Anspruchsentstehung

Z müsste Inhaberin einer Buchgrundschuld am betroffenen Grundstück des E sein. Da Z nicht Ersterwerberin der Grundschuld gewesen ist, kann sie die Grundschuld nur durch Zweiterwerb von B erworben haben. Der Erwerb einer Buchgrundschuld richtet sich nach § 873.

a) Einigung und Eintragung im Grundbuch

Laut Sachverhalt ist von einer Abtretungsvereinbarung zwischen E und B in Bezug auf die Grundschuld sowie von einer Grundbucheintragung auszugehen.

b) Verfügungsberechtigung der B

Die Verfügungsberechtigung steht grundsätzlich dem Rechtsinhaber zu. Laut Sachverhalt hat E der B eine Grundschuld zur Sicherung des vollen Rückzahlungsanspruchs in Höhe von 100 000 € bestellt. Gegen die Wirksamkeit der Bestellung bestehen keine Bedenken.

Fraglich ist, ob B die Grundschuld vor Vereinbarung ihrer Übertragung auf Z bereits in Höhe von 20 000 € an den E aufgrund dessen Teilzahlung entsprechend § 1143 Abs. 1 S. 1 i.V.m. § 1192 Abs. 1 verloren hatte.

Gegen einen Übergang nach § 1143 könnte sprechen, dass diese Vorschrift primär nur den Forderungsübergang regelt und der Übergang des Pfandrechts nur aus § 1153 bzw. §§ 412, 401 Abs. 1 folgen kann. Der Übergang des Pfandrechts ist damit die Folge des nur für die Hypothek geltenden Akzessorietätsprinzips. Allerdings erscheint es unbillig, dem Gläubiger das Pfandrecht uneingeschränkt zu belassen, wenn er durch den Eigentümer ganz oder teilweise befriedigt wurde. Um ein solches Ergebnis zu vermeiden und andererseits dem Charakter der Grundschuld als nichtakzessorischem Recht Rechnung zu tragen, muss § 1143 auf die Grundschuld in der Weise angewendet werden, dass sich die Grundschuld bei Zahlung des Eigentümers insoweit von einer Fremd- in eine Eigentümergrundschuld umwandelt. Auf den Bestand der gesicherten Forderung hat die Zahlung hingegen keinen Einfluss.

In Höhe von 20 000 € stand die Grundschuld somit nicht mehr der B, sondern dem E zu.

c) Gutgläubiger Erwerb gemäß § 892

E kann der Z die teilweise fehlende Verfügungsberechtigung der B im Hinblick auf deren Gutgläubigkeit und fehlenden Widerspruchs im Grundbuch gemäß § 892 aber nicht entgegenhalten.

d) Zwischenergebnis

Z hat von B die Buchgrundschuld am Grundstück des E in voller Höhe erworben. Der Anspruch auf Duldung der Zwangsvollstreckung gegen E wegen eines Betrages von 100 000 € ist somit entstanden.

2. Rechtsvernichtende Einwendungen

Fraglich ist, ob der Anspruch auf Duldung der Zwangsvollstreckung dadurch teilweise wieder erloschen ist, dass S nachträglich 80 000 € an B gezahlt hat.

Die Zahlung des S führt nach § 407 Abs. 1 in jedem Fall zum Erlöschen der Forderung, da S von der Abtretung an Z keine Kenntnis hatte. Aufgrund des nichtakzessorischen Charakters der Grundschuld, kann eine Änderung im Bestand der nach der Sicherungsvereinbarung gesicherten Forderung aber keinen Einfluss auf den Bestand der Grundschuld haben. § 1163 Abs. 1 S. 2 findet auf die Grundschuld daher keine Anwendung. Sonstige rechtsvernichtende Einwendungen sind nicht ersichtlich.

3. Durchsetzbarkeit

a) Fälligkeit

Der Anspruch auf Duldung der Zwangsvollstreckung ist nach § 1193 Abs. 1 S. 1 fällig, wenn die Grundschuld gekündigt worden ist. Z hat dies bislang noch nicht getan, kann dies aber noch mit der in § 1193 Abs. 1 S. 3 bestimmten Frist von 6 Monaten tun.

b) Einredefreiheit

Möglicherweise kann E der Z aber einredeweise entgegenhalten, dass die gesicherte Restforderung in Höhe von 80 000 € durch S ausgeglichen wurde und deshalb das bei Grundschuldbestellung bestehende Sicherungsbedürfnis nachträglich entfallen ist.

aa) Einrede aus Verhältnis Z und E

Aus den §§ 1191 ff. ergibt sich ein Einredetatbestand, der dieser Situation Rechnung trägt, jedoch nicht. Zwischen E und Z wurden auch keine besonderen Vereinbarungen getroffen, aus denen sich ein entsprechender Einredetatbestand ableiten ließe.

Fraglich ist, ob sich eine Einrede aus dem Rechtsverhältnis zwischen E und B ergibt. Eine solche Einrede könnte nach §§ 1157 S. 1, 1192 Abs. 1 grundsätzlich auch dem neuen Inhaber der Grundschuld entgegengehalten werden.

bb) Einrede aus Verhältnis zwischen B und E

(1) Rechtsverhältnis zwischen B und E

Indem E der B die Grundschuld zur Sicherung ihres Rückzahlungsanspruches gegen S bestellen wollte und beide sich über diesen Sicherungszweck einig waren, haben E und B einen Sicherungsvertrag geschlossen. Durch diesen Vertrag verpflichtete sich E zur Bestellung der Grundschuld. Der Vertrag bildet somit die Rechtfertigung für die in der Bestellung der Grundschuld liegende Leistung. Außerdem waren sich beide über den Sicherungszweck einig.

(2) Einrede der Nichtvalutierung

Aus dem Sachverhalt ergibt sich nicht, dass E und B besondere Vereinbarungen für den Fall des Wegfalls des ursprünglich bestehenden Sicherungszwecks getroffen hätten. Allerdings ist anerkannt, dass jeder Sicherungsvertrag mangels abweichender Bestimmungen gemäß §§ 133, 157 ergänzend dahin auszulegen ist, dass dem Sicherungsgeber ein vom Wegfall des Sicherungszwecks aufschiebend bedingter Anspruch auf Freigabe der Sicherheit zusteht, der dem Sicherungsnehmer einredeweise dauerhaft entgegengehalten werden kann. Die Freigabe kann nach Wahl des Sicherungsgebers durch Rückübertragung, Verzicht oder Aufhebung erfolgen.

Im vorliegenden Fall ist die gesicherte Restforderung erloschen. Da die Grundschuld lediglich diese Forderung sichern sollte, ist die Bedingung für den Rückgewähranspruch und damit für den Einredetatbestand eingetreten. B hätte die Grundschuld somit nicht mehr gegen E durchsetzen können.

(3) Gutgläubiger einredefreier Erwerb?

Allerdings bestimmt § 1157 S. 2 i.V.m. § 1192 Abs. 1, dass diese Einrede dem Erwerber dann nicht entgegengehalten werden kann, wenn dieser bei Erwerb der Grundschuld gutgläubig gewesen ist. Für die Sicherungsgrundschuld gilt dies nach § 1192 Abs. 1a i.V.m. Art. 229 § 18 Abs. 3 EGBGB aber nicht, wenn sie – wie hier – nach dem 19.8.2008 übertragen wurde. Ein einredefreier Erwerb scheidet damit aus.

4. Ergebnis

Z kann von E nach Kündigung der Grundschuld Duldung der Zwangsvollstreckung in sein Grundstück nur wegen eines Betrages von 20 000 € verlangen.

Sachverzeichnis

Abhandenkommen 149
Abteilung 266
Abtretung 229
Abtretungsverbot 241
AGB 71
Akzessorietät 6
Anfechtung 57
Angehöriger 65
Anlassverbindlichkeit 71
Auftrag 116
Aufwendungsersatz 32

Besitzmittlungsverhältnis 142
Bindung, emotionale 65
Blanketturkunde 52
Briefhypothek 269, 325
Buchhypothek 273, 324, 326
Bürgschaft 11, 108

Dolo agit 87

Eigenschaft, verkehrswesentliche 59
Eigentümergrundschuld 281
Eigentumsvorbehalt 1, 22, 203, 210, 212, 217
Einigung 139, 264
Einrede 101, 103, 106
Einwendung 94, 101

Factoring 252
Faustpfand 142
Fernabsatzvertrag 91
Fiduziarisches Recht 22, 176
Formvorschrift 324
Freigabeanspruch 236
Fremddisposition 75

Garantievertrag 15, 48
Gesamtschuldner 112
Geschäftsbesorgungsvertrag 116
Globalbürgschaft 71
Grundbuch 266
Grundschuld 30, 347

Handelsgeschäft 54
Haustürsituation 93
Höchstbetragsbürgschaft 85, 111
Hypothek 28, 257
Hypothekenbrief 269

Kaufmann 54
Kfz-Brief 135
Kontokorrentvorbehalt 213
Konzernvorbehalt 214
Kredit 1
Kreditauftrag 115

Leistungsverweigerungsrecht 106

Mitbürge 402
Mitbürgschaft 112
Mitlaufgebot 337

Nachgeschalteter Eigentumsvorbehalt 215
Nichtberechtigter 147, 278

Organ 54

Patronatserklärung 13, 120, 122
Pfandrecht 17, 20
Prioritätsprinzip 238
Publizität 142, 265

Regress 32, 35, 401
Rückgriff 32

Schriftform 49
Schuldbeitritt 14, 47, 123
Schuldmitübernahme 47
Schuldübernahme 47
Sicherungsabrede 179
Sicherungsfall 99
Sicherungshypothek 344
Sicherungsübereignung 19, 22, 177
Sicherungsvertrag 177
Sicherungszession 21 f.

Sittenwidrigkeit 62
Surrogation, dingliche 132

Täuschung, arglistige 60
Teilverzichtsklausel 239

Überforderung, krasse 67
Übergabe 142
Übergabesurrogate 19
Unternehmer 1

Verbraucher 1
Verbraucherdarlehen 47, 91
Verbraucherkredit 93
Verfügung 18, 146
Verjährung 105
Verkehrshypothek 322
Vertrag, dinglicher 139
Vertragsbedingungen, vorformulierte 71
Vertragsbruchlehre 239
Vindikationslage 161
Vorausklage 108

Widerruf 91
Willensmängel 57
Wirtschaftliches Interesse, eigenes 68

Zeitbürgschaft 96, 113